国际航空货物运输

International Air Cargo Transport

主　编：刘晓玉　王国保
副主编：郭利利　张　磊

中国财经出版传媒集团
中国财政经济出版社
北京

图书在版编目（CIP）数据

国际航空货物运输 / 刘晓玉，王国保主编；郭利利，张磊副主编. -- 北京：中国财政经济出版社，2023.8
ISBN 978-7-5223-2417-3

Ⅰ.①国… Ⅱ.①刘… ②王… ③郭… ④张… Ⅲ.①国际运输－航空运输－货物运输 Ⅳ.①F560.84

中国国家版本馆 CIP 数据核字（2023）第 157177 号

责任编辑：彭　波　　　　责任印制：史大鹏
封面设计：卜建辰　　　　责任校对：张　凡

国际航空货物运输
GUOJI HANGKONG HUOWU YUNSHU
中国财政经济出版社 出版
URL：http：//www.cfeph.cn
E-mail：cfeph@cfeph.cn

社址：北京市海淀区阜成路甲 28 号　邮政编码：100142
营销中心电话：010-88191522
天猫网店：中国财政经济出版社旗舰店
网址：https：//zgczjjcbs.tmall.com
北京密兴印刷有限公司印刷　各地新华书店经销
成品尺寸：185mm×260mm　16 开　17.75 印张　310 000 字
2023 年 8 月第 1 版　2023 年 8 月北京第 1 次印刷
定价：62.00 元
ISBN 978-7-5223-2417-3
（图书出现印装问题，本社负责调换，电话：010-88190548）
本社质量投诉电话：010-88190744
打击盗版举报热线：010-88191661　QQ：2242791300

前言

随着经济全球化的加速，国际航空运输的战略地位日益显著。作为贸易物流中的重要方式之一，国际航空货物运输已经成为连接全球贸易的高效桥梁。

为适应教学需要和人才培养要求，编者在多年的教学实践基础上编写了本书。本书以IATA（国际航空运输协会）《航空货物运价手册》及《OAG货运指南》为依据，结合IATA最新版本的规定及航空运输企业的实际情况，主要介绍国际航空货物运输的基本知识、航空货物运输的业务流程及操作流程等。全书共分为九章，具体包括：航空货运概论、航空货运基础知识、航空货运的设备设施、航空货物的收运与装载、航空货物运价及运费、托运书及航空货运单、航空货运的出入境运送、特种货物运输、货物不正常运输及处理等。

本书主要适用于交通运输、物流管理、国际贸易等专业本科层次的学生学习，亦可作为国际航空货物运输从业人员的岗位培训用书，对企事业单位从事航空运输、物流管理、货运代理、市场营销的人员也有一定的参考价值。通过对本书的学习，读者能够了解与国际航空货物运输有关的各环节的机构、业务及流程，并掌握一定的实际操作技能，为将来从事与国际航空货物运输相关的工作打下基础。

与同类教材相比，本书主要特点包括：（1）与时俱进。本书着重梳理了近年来国际和国内航空货运的发展态势，并结合近年来IATA（国际航空运输协会）、FIATA（国际货运代理协会联合会）、航空业界专家、行业权威学者等的意见和建议，对未来航空货运的未来发展趋势进行了预测和展望。（2）知行合一。本书注重理论和实践相结合，既包含对航空货物运输核心理论的阐述和分析，又包括对航空货运核心操作技能的培养和训练，为院校相关专业提供了主干教材，同时为相关岗位培训提供了理论依据。（3）专业性强。本书从国际航空货物运输的角度，兼顾国内航空运输对货运的相关规定，以IATA

(国际航空运输协会)《航空货物运价手册》及《OAG货运指南》为依据，博采众长，力求规范性和严谨性。书中出现的专业词汇均采用了中英文对照制，便于学生查找和自学。

本书由郑州航空工业管理学院刘晓玉博士、航空经济发展河南省协同创新中心研究员王国保教授担任主编，郑州航空工业管理学院郭利利和张磊担任副主编。编写工作分工如下：第一章由王国保编写；第五章、第六章由刘晓玉编写；第二章、第三章、第四章由郭利利编写；第七章、第八章、第九章由张磊编写；刘晓玉负责全书统稿，并承担了大部分图表的制作和完善等工作。

本书内容从2021年6月就开始准备，历时两年时间终于完成书稿。合上书稿，有一种如释重负的感觉，正所谓“雄关漫道真如铁，而今迈步从头越”。限于编者的水平，书中难免会存在一些错误与纰漏，恳请读者批评指正！

编　者

2023年6月

目录

第一章 航空货物运输概论

第一节 航空货物运输发展简史

一、国际航空货物运输的发展

1903 年 12 月 17 日，美国莱特兄弟驾驶“飞行者”号飞行了 36.58 米，是世界上首次可操纵的、持续的、有动力的飞行，标志着国际民用航空业的诞生。1911 年 2 月，法国飞行员佩奎特驾驶汉伯尔双翼机在印度运送邮件，这是世界上首次航空邮政飞行。1911 年 7 月 4 日，英国飞行员巴伯为通用电气公司运送灯泡，并接受 100 英镑的酬金，开始了世界上第一次航空货物运输。

在两次世界大战之间的和平时期，航空技术在民航领域得到了长足的发展。为了让公众相信航空技术不仅有军事价值，还有经济价值，从 1918 年 5 月至 1927 年 8 月历时九年的时间里，美国邮政部共花费了 1768 万美元，建立了横贯美国大陆的航空邮政干线，运送了近 3 亿封信件，开辟了美国民用航空史。1935 年，泛美航空进行首次环太平洋邮政运输飞行。许多航空公司都是在 20 世纪 20 年代开始运营的，历经近十年的沉淀与发展，一些航空公司开始经营货运。犹如一百年后的今天一样，他们运输的货物通常也是需要快速运输的机械零件或商品。尽管如此，在当时国际航空货运仍然是一种新鲜事物。

第二次世界大战结束后，航空运输的地位得到了进一步巩固，许多提供定期客运服务的航空公司开始了自己的航空货运服务。全球航空发展的一个关键日期是 1944 年 12 月 7 日，52 个国家签署了《国际民用航空公约》（又称《芝加哥公约》）。

航空开始进入民用发展的辉煌时代。激烈的商业竞争使国际民航业发展得很快，主要表现在服务质量的提高、飞机更新加快及新航线的开辟。直至1972年，全球航线基本固定。同年，波音公司的B747－200F货机在大西洋航线上投入运营，采用标准的集装箱装载系统，揭开了航空集装箱运输的序幕，也彻底地改变了国际航空货运业。

下一次革命性的变化发生在大约五年后。这是一项业务的开始，而不是新型飞机的引入。Fred Smith创立了FedEx（联邦快递），该公司于1973年4月开始运营。联邦快递将货运从传统的航空运输业务中剥离出来，通过自建航线和网络，加快货物的流动，提高货物的运输效率。联邦快递异军突起，并在以后的一百年中保持了领先的地位。由于FedEx（联邦快递）、UPS（联合包裹）及DHL（敦豪速递）等在快递包裹递送领域的崛起，航空货运量在20世纪90年代不断增长。技术创新也产生了更大的流量。

有限的航空客运量、大幅增长的货运量，以及较高的收益率，成为近年来航空运输业的固定组合。从区域角度来看，自2019年起，亚太、欧洲、北美三大地区一直长期占据全球航空货运市场80%以上的份额，其中，亚太地区占比超过1/3，保持全球最大航空货运市场地位，并在未来10年继续主宰世界航空货运市场。从行业的角度来看，航空货运的主要赢家仍然是拥有全货机的公司，其货运收入占据了全球货运收入的90%。从航空公司的角度来看，货运航空公司的龙头老大——FedEx和UPS已连续多年位于全球航空货运量排名前列。根据波音最新发布的2022年《世界航空货运预测》（简称WACF），未来20年针对航空货运服务的需求将保持强劲，全球航空货运量将翻番，货机机队将增长60%以上。航空货运市场正在恢复更加正常的发展步伐，包括快递网络增长、供应链战略变化和新的货运市场参与者出现在内的结构性因素正在推动持续的货机需求。在全球运输网络中，航空货运将继续作为运输高价值货物的关键推动力，在不断扩张的市场中提升运量。

二、中国航空货物运输的发展

中国航空货运行业发展经历了四个阶段——起步期、重组期、发展期、融合期。第一阶段：2002年以前，各大航司以客运业务为主，民用航空货物周转率不足50亿吨公里；第二阶段：2002～2007年，东航集团、中航集团和南航集团三大航空集团重组，航空公司推进“客货并举”，纷纷成立专业化的货运公司或货运部，开展航空货运与航空快递服务，通过空中服务与地面服务相结合，推动物流环节专业化发展；第三阶段：2007～2012年，航空快递与航空货运竞争加速，航空货运向航空快递看齐，实施“快运化融合”，航空货运管理更加精细化，关注服务时效性与地空资源整合的服务链延伸；第四阶段：2012年至今，跨境电商高速发展，航空货运开始关注用户体验零售化、时效标准化与竞争性、便捷化与贸易便利化等关键成功因素，垂直化整合加快。

从区域的角度，东部地区发展较好，航空货运发展与区域经济发展情况高度相关，因此产业多位于东部经济发达地区，以北上广深等一线城市及核心省会城市为中心形成区域集中；从行业的角度，航空公司间的竞争日渐激烈，国有航空公司规模仍处于领先地位，南方航空、中国国航、中国外运、顺丰控股等公司年营业额超500亿元；从航空公司的角度，各航司的业务布局大同小异，其中南方航空货运业务规模最大；除航空公司外，航空速递业应运而生，航空货运朝着物流化的方向发展，而且与物流业的整合度越高，航空货运的发展越是凸显出自身高效、高速的优势。尽管如此，航空货运市场一直以来都处于供大于求的状态，市场竞争激烈，货运价格处于低位，未来盈利可能受到限制。航空货运的未来在哪里？或许我国三大货运航空公司通过混改已经给出了答案。

2016年4月，在国家发改委和国资委的推进下，作为混改先行者的中国东方航空公司率先拉开了“混改潮”的大幕。东航集团专门成立产业投资公司东航产投，以非公开协议转让方式受让东航股份持有的东航物流100%的股权。2016年11月，东航物流实现从上市公司的剥离。2017年6月，东航物流引入联想控股、普洛斯投资、德邦物流等非国有资本进行增资扩股，并实施了员工持股。由此，物流板块从东航集团剥离，东航集团持股比例降至45%，增资扩股引入45%非国有资本和10%核心员工持股，完成股权多元化改革，成为央企混改中首家放弃绝对控股权的国有企业。混改后的东航物流依托东航股份700多架客机腹舱以及中货航10余架全货机，借助天合联盟网络，构建了遍布全国、辐射全球的航线网络，欲与顺丰航空、圆通航空、中邮航空等航空物流企业一决高下。

紧接着，中国南方航空公司、中国国际航空公司相继启动混改项目。国航货运物流是以国航股份子公司、货运航空公司国货航为基础，将国货航从国航股份转移至中航集团下的中国航空资本控股旗下。2020年，国货航获菜鸟网络、深圳国际等48.52亿元股权融资。2020年12月22日，南航全资子公司南方航空货运物流（广州）有限公司正式实施混合所有制改革，引入普洛斯隐山资本、钟鼎资本、国改双百基金、君联逸格、中国外运、中金启辰和中金浦成7家投资主体，并实施员工持股，增资金额共计人民币33.55亿元。

对于中国的航空货运业来说，无论是货运航空业务，还是通用航空业务，都在通过市场化经营和股权改革，希望找到一条市场化的道路。东航物流已经走了第一步，其他公司正在尽力跟上。货运航空公司都在努力把自身打造成为媲美 FedEx、UPS、DHL 的国际化现代航空物流服务集成商，不断增强精细化、高品质物流服务供给能力，提高市场竞争力，助力国家构建功能完善、布局合理、衔接顺畅的航空货运设施布局和通达全球的航空货运网络体系。

三、航空货物运输发展新趋势

（一）航空冷链物流持续助力航空货运发展

近年来，随着人们消费能力提升和健康意识增强，市场对医药用品、生物制剂、鲜活易腐货物等高价值温敏物资的需求快速增长。航空冷链物流作为时效性更高、安全性更佳的运输方式，由此进入快速上升通道。国际航协（IATA）大力推行 CEIV Pharma（药品物流独立验证卓越中心标准认证），用于协助货运承运人针对其温度敏感型药品实施有效运输的标准。中国南方航空作为大陆首家同时获得 IATA CEIV Pharma 航空公司和地面代理双认证的企业，已经为持续的航空冷链运输做好了充足的准备。

航空冷链运输不仅需要航空公司做好准备，机场相关冷链配套设施也需要为温敏物资的运输提供设施保障。我国《“十四五”冷链物流发展规划》中提出，要积极探索机场异地货站模式，提升一体化组织服务能力，创新运输组织服务模式，提升航空冷链运输效率。未来，冷链市场将释放巨大发展空间，成为航空货运业务量增长的核心驱动力。

（二）跨境电商稳步推动航空货运复苏

近年来跨境电商等新业态新模式在保订单、保市场、保份额方面发挥了重要作用。中国海关统计数据显示，2021 年中国跨境电商进出口 1.98 万亿元，同比增长 15%；其中出口 1.44 万亿元，增长 24.5%。目前由于 80% 的跨境电商货物是通过航空来运输的，而未来 5 年跨境电商货量将以每年 10% 的增速持续增长，跨境电商带来的航空货运量将为航空货运的增长提供新的动能，而航空货运的产业优化也会持续推进跨境电商业务的稳定增长。

（三）无人货机提升航空货运运输效率

自 2013 年以来的 10 年间，国际物流领域最受人关注的焦点无疑就是“无人化配送”。货运无人机以其载重量大、运输效率高、运营成本低、地域限制小等独特优势，成为打通支线末端物流通道的“潜力股”。在世界范围内，无人机航空货运和低空经济仍属于起步阶段，相关法律法规还在不断制定和完善的过程中。美国、法国、德国、新加坡、日本、韩国等国均完成了无人机物流的测试和首次商业配送。中国作为目前世界上最重要的无人机产业基地，2021 年的无人机行业总产值达到 870 亿元，工业级无人机占据全球 50% 市场份额，对无人机运营标准化方面的需求非常强烈。货运无人机应用的逐渐推广，将在很大程度上提升物流业的效率，降低物流企业的成本，同时也将为航空货运业的发展提供新的思路与方向。

（四）绿色低碳引领航空货运持续发展

在全球气候危机背景下，航空业可持续发展的重要性不言而喻。2021 年，在第 77 届国际航空运输协会年度大会上，国际航空运输协会（IATA）承诺其成员航空公司到 2050 年实现净零排放，届时航空公司排放的二氧化碳能够与其从大气中去除的二氧化碳相平衡。航空业减排已成为全球性的共识。在此背景下，各大航空公司纷纷加快了革新的步伐，航空业可持续发展成为业内的普遍关切。为了更好地应对气候变化，尽快实现碳中和，包括国际组织、区域力量和各国政府等在内的各方正积极倡导航空业转型，力求实现绿色飞行。

第一节　航空货物运输的概念

一、航空运输

航空运输是指通过使用航空器把旅客或货物通过空域从一地运往另一地，从而使之发生地理位置上的转移的商业性的运输服务。该运输方式由航空器、机场、航线、空中交通管理、飞机维修工程、航材和航油供应等子系统构成。

二、航空货物运输

根据《华沙公约》和《海牙议定书》给出的定义，国际航空货物运输是指根据当事人所订立的合同约定，不论运输中有无间断或转运，始发地和目的地是在两个缔约国的领土内；或者始发地和目的地都在一个缔约国的领土内而在另一个缔约国

（甚至非缔约国）的领土内有一个约定的经停点的任何货物和邮件的运输。

三、航空货物运输的特征

航空运输是现代化运输业中历史最短、发展最快的一种高速运输方式，是联系社会生产、分配、交换、消费的纽带和桥梁。就其性质而言，它是使用航空器把旅客、行李、货物和邮件从一地运送至另一地的交通作业。航空货物运输相对其他运输方式来说，具备以下特点。

（一）运输速度快

由于航空货运所采用的运送工具是飞机，飞机的飞行时速都在每小时600公里到800公里，比其他的交通工具要快得多。这一特点使航空运输的进出口货物能够抢行就市，应对瞬息万变的市场行情。同时，许多货物必须采用航空运输方式，如生鲜易腐品、急救物资、精密仪器、贵重物品等。目前，我国的进出口商品中，采用航空运输的主要有电脑、成套设备中的精密仪器、电子产品和其他高科技产品。出口商品主要有服装、丝绸、纺织品、海鲜产品、水果、蔬菜等。

（二）破损率低、安全性好

由于航空运输的地面操作流程的环节比其他运输方式严格得多，货物破损的情况大大减少；并且货物装上飞机后，在正确操作和牢固固定的前提下，货物也不易损坏。因此，在整个货物运输环节之中，能够有效降低货物的破损率。虽然从物理特性来讲，有些超大超重货物不适合空运，如体积较大、重量较重的机械设备仪器等，但这类货物中有些货物容易因碰撞导致损坏，只能采用航空运输减少损坏的概率。

（三）时间跨度大

在有限的时间内，飞机的空间跨度是最大的，现有的宽体飞机通常一次可以飞7000公里左右，能够很好地完成跨洋飞行，如从中国飞到美国西海岸，通常只需13个小时左右。这对于某些货物的运输来说是极大的优点。例如，活体动物进行跨洋运输，采用海运通常需要半个月左右，这是无法承运的，只有采用航空运输，才能在很短时间内保证活体动物的存活。

（四）节省生产企业的相关费用

由于航空运输的快捷性，一方面可加快生产企业商品的流通速度，从而节省产品的仓储费、保险费和利息支出等；另一方面产品的流通速度加快也带来了资金的周转速度，可大大地提高资金的利用率。

（五）运价高、载量有限

由于航空货运的诸多优点，导致其运价相对较高。例如，从中国到美国西海岸，空运价格至少是海运价格的10倍以上，因此对于货物价值比较低、时间要求不严格的货物，通常不适合采用航空货运。加之航空器本身的载重和容积都十分有限，相较于海运来说少得多，即使是B747F这样的全货机的货物最大载重仅为119吨，相较于海运几万吨、十几万吨的载重来说，相差甚远。在运力一定的情况下，有限的载量会进一步拉高航空货运的价格。

（六）易受天气影响

飞机本身易受天气的影响，如遇到大雨、大雪、雾等恶劣天气，航班就不能按时执行，对货物运输造成的影响较大。例如，一票货物从沈阳运往温州，运输的对象是螃蟹苗，到了温州上空，由于天气原因无法降落只好备降到福州长乐机场，由于螃蟹苗的运输有时间限制，超过有效时间螃蟹苗可能就要死亡，即使再用汽车转运也来不及了，最后只能采取削价给福州当地的水产批发市场。

综上所述，航空货运既有优势，也有劣势。需要托运人或代理人在实际的操作当中，充分发挥航空货运的优势，克服其劣势，才能发挥航空货运在经济发展中的巨大潜力作用。

第三节　航空货物运输的分类

按照不同的分类方式，航空货运可以分为不同的类型。

一、按运输的性质

（一）国内航空货物运输

国内航空货物运输是指运送货物时，其始发地、目的地和经停点都在一国国境内的运输。

（二）国际航空货物运输

国际航空货物运输是指运送货物时，其始发地、目的地和经停点至少有一点不在一国境内的运输。

二、按运输物品的特征

（一）普通货物运输

普通货物运输是指不具有特殊性质的一般货物的运输。

（二）特种货物运输

特种货物运输包括活体动物运输、鲜活易腐物品运输、贵重物品运输、危险品运输等。

（三）快件运输

快件运输是指托运人要求以最早航班和限定时间运送至目的地，并经承运人同意受理的一种运输形式。

三、按运输组织形式

（一）班机运输

班机运输是指通过在固定航线上按预定时间定期航行的方式，即有固定始发站、固定经停站和固定到达站的航班所进行的运输。

班机运输的优势为进出口商可以在贸易合同签署之前预期货物的起运和到达时间，核算运费成本，合同的履行也比较有保障；航空公司不断加强航班的准班率，提出为企业特别是跨国企业提供后勤服务的观点，有利于跨国公司产品分拨。

由于班机运输多采用客货混合机型，航班以客运服务为主，货物舱位有限，不能满足大批量货物及时出运要求；不同季节同一航线客运量的变化直接影响货物装载的数量，使班机运输在货物运输方面存在很大的局限性。

（二）包机运输

托运人为一定的目的，包用空运企业的飞机载运货物的一种运输形式。包机运输可分为整包机、部分包机和包舱运输。

整包机指航空承运人按照事先约定的条件和运价，将整架飞机租借给他人。

部分包机指航空公司把一架飞机的舱位分别卖给几家航空货运公司或发货人装载货物，适用于托运不足一架整机，但载货量又较重的货物运输。

包舱运输指承运人采取专门措施给予保证托运人所托运的货物在一定时间内单独占用飞机货舱的一种运输方式。

包机运输能够满足大批量货物进出口运输的需要，费用比班机运输形式下低，且随国际市场供需情况的变化而变化，给包机人带来潜在的利益；可以由承租飞机的双方议定航程的起止点和中途停靠的空港，更具有灵活性。

由于包机运费是按往返路程计收费用，存在回程空放的风险。各国政府出于安全的需要，也为了维护本国航空公司的利益，对他国航空公司的飞机通过本国领空或降落本国领土往往大加限制，复杂烦琐的审批手续增加了包机运输的营运成本。

（三）集中托运

集中托运是由集中托运商将若干票单独发运、发往同一方向的货物集中起来，作为一票货物，一同发往同一站点的运输方式。这是航空货物运输中开展最为普遍的一种运输方式，是航空货运代理的主要业务之一。

集中托运通常采用一份航空总运单集中发运到同一目的地站，由集中托运商在目的地指定的代理收货，由分拨代理商统一办理海关手续后，再根据集中托运商签发的航空分运单分别将货物交付给不同收货人。

集中托运的优势为航空运费的费率随托运货物数量的增加而降低，当集中托运商将若干个小批量货物组成一大批出运能够争取到更低的费率；集中托运商的专业性服务使托运人受益，包括完善的地面服务网络，拓宽了的服务项目，以及更高的服务质量；航空公司的主运单和集中托运商的分运单效力相同，集中托运形式下托运人结汇的时间提前，资金周转加快。

集中托运的劣势为贵重物品、活体动物、危险品、外交信袋等根据航空公司的规定不得采用集中托运的形式；集中托运的情况下货物的出运时间不能确定，不适合易腐烂变质的货物，紧急货物或其他对时间要求高的货物的运输；对书本等可以享受航空公司优惠运价的货物来讲，使用集中托运的形式可能不仅不能享受到运费方面的节约，反而使托运人运费负担加重。

（四）联合运输

联合运输又称陆空联运，是指使用飞机、火车、卡车等运输工具的联合运输方式，简称为 TAT（Train Air Truck）。其中，仅使用飞机和火车进行运输的联合运输方式，简称为 TA（Train Air）。

（五）货主押运

根据货物的性质，在运输过程中需要专人照料或监护，由托运人派遣专人随机押运的一种运输方式。

（六）航空快递

航空快递是航空运输市场竞争的产物，它除了像普通意义上的航空货物运输外，还提供专门的限时速递服务。航空快递是指由承运人（航空公司/货代公司/快递公司）组织专门人员，负责把文件、样品、小包裹等快递件以最早的航班或最快的方式运送到收货人手中。航空快递的主要业务形式如图 1－1 所示。

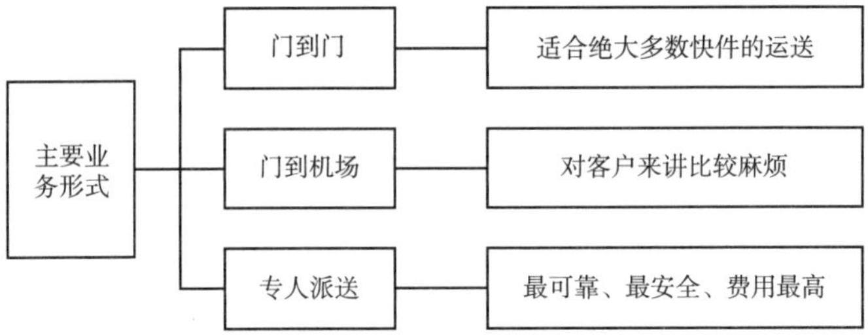

图 1－1　航空快递的主业务形式

第四节　航空货物运输的参与主体

一、托运人

托运人是指为货物运输与承运人订立合同，并在航空货运单或者货物记录上署名的人。托运人的职责如下：

1. 提供货物资料

提供与空运货物相关的资料，如品名、件数、重量、箱规尺寸、目的地、出货时间、收发货人名单、地址、电话等。

2. 准备齐全报关所需的资料

（1）准备清单、合同、发票、手册、核销单等；

（2）填写报关委托书并盖章，准备盖章空白信纸 1 份以备报关过程中备份需要，交由委托报关的货代或报关行进行处理；

（3）确认是否具有进出口权以及产品是否需要配额；

（4）根据贸易方式将上述文件或其他必备文件交由委托报关的货代或报关行进行处理。

3. 寻找货运代理

从运价、服务以及货代实力和售后服务等方面综合考虑，选择合适的货运代理公司。

4. 询价

与所选择的货运代理公司进行运价协商。由于航空公司产品和服务不同，给货运代理公司的运价和优惠也不同，应争取适合的运价。

二、承运人

航空公司为航空运输的实际承运人，也称航空运输企业，自身拥有飞机从事航空运输活动。在货运业务中，一般只负责空中运输。

（1）配载。航空公司计算舱位，将海关放行的通关货物根据尺寸、轻重编排装载表，交由货站进行装箱或预配。

（2）装机。货物经装箱或预配后，按照装机通知单进行装机工作，并按照装载舱单，通知中转站以及目的站，以便货物顺利中转及到达。

三、收货人

承运人按照航空货运单或者货物运输记录上所列名称而交付货物的人。根据《华沙公约》《海牙议定书》等相关规定，航空货运单不可转让，承运人一般不接受一票货物的航空货运单列有 2 个及以上的收货人。若在实际业务中有，则在该栏内填写第一收货人，同时在通知栏内填写第二收货人。

四、货运代理

（一）航空货运代理人的概念

国际货运代理（International Freight Forwarders）的角色和作用随国际贸易和多式联运的发展而改变。早期，国际货运代理仅指代表进出口商完成货物的装卸、储存与安排运输、收取货款等日常业务的代理机构，且大多被视为代理人而非实际承运人（Carrier）。如今，国际货运代理不仅通过大批量装载获得较低费率，并且掌握货源渠道和信息，在“门到门”运输、转运及其他服务方面占有优势。其性质更类似于“货物中间人”，既代表托运人，保护货方利益，又代表承运人，协调承运人工作，从中获取“附加价值”或“附加收益”。

国际货运代理协会联合会（FIATA）认为，货运代理人是根据客户的指示，并为客户的利益而揽取货物运输的人，其本身并不是承运人。依据这些条款，货运代理可以从事与运输合同有关的活动，如储货、报关、验收、收款等。我国在《国际货物运输代理业管理规定》中认为，货运代理企业是接受进出口货物收货人、发货人（托运人）的委托，以委托人的名义或者以自己的名义，为委托人办理国际货物运输及相关业务并收取服务报酬的企业。

一般地，航空货运代理人（Air Freight Forwarders）是指接受航空公司或托运人的委托，专门从事航空货物运输的组织工作，如揽货、接货、订舱、制单、报关、交运或转运等，为货主和航空承运人提供各种服务，从而获取一定的报酬。

（二）航空货运代理人的分类

航空货运代理人作为货主和航空公司之间的桥梁和纽带，一般具有两种职能：一是为货主提供服务的职能，代替货主向航空公司办理托运货物或提取货物；二是航空公司的代理职能，经航空公司授权代替航空公司接受货物，出具航空公司主运单和自己的分运单，或从事机场地面操作业务。

1. 销售代理

（1）航协代理（IATA Cargo Agent）和非航协代理

航空货运代理根据是否加入 IATA 分为航协代理和非航协代理。其中，航协代理，即 IATA 货运代理，是指具备一定的资格，经 IATA 注册，由 IATA 航空公司任命从事货运代理业务的代理人。IATA 货运代理需要对各类货物从生产到市场及销售的各个环节都有较全面的业务知识，如各种货物的运输条件、载运规则及文件要求，有关集中托运、货物尺寸及重量的计算方法，飞机的装载限制、货舱舱门限制和容积限制、有关货物重量限制等规定，集装器、中转货物等。IATA 货运代理提供的服务如图 1 – 2 所示。

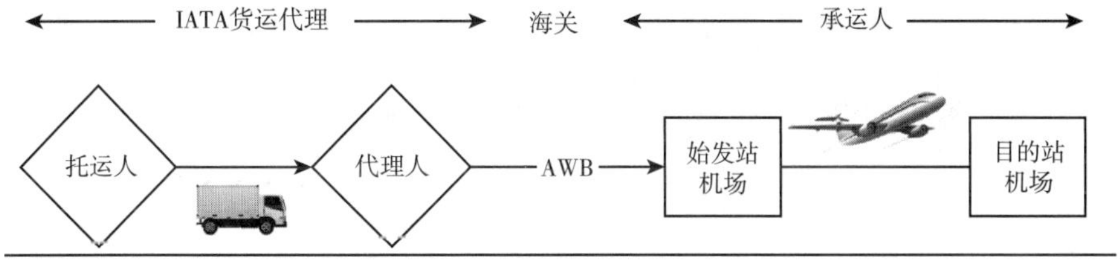

图 1 – 2 IATA 货运代理提供的服务

（2）集运商（Consolidator）和分运商（Break Bulk Agent）

集运商，即集中托运商，又称出口货物代理人，是指从事将多个托运人的货物集中起来作为一票货物交付承运商，并且使用较低运价的代理人。分运商，即分拨代理商，又称进口货物代理人，是指将多个收货人的货物分拆并且分别发给不同收货人的代理人。

（3）一级代理和非一级代理

一级代理：经过商务部、中国民航局批准认可的货运代理人。一级代理有领单权，可以向航空公司领取货运单并以自己的名义签发货运主单；有订舱权，可以向航空公司订舱交货，可以向海关申请监管仓库，也可以接受其他货运代理同行的委托；有代理销售权，是航空公司主要的分销商，可以从航空公司获取佣金和返利。

非一级代理：未经商务部、中国民航局批准从事货运代理的代理人。没有直接的订舱权、地面交接权、领单权、报关权和申请监管仓库权，但却是一级代理的主要货源之一。个别非一级代理与航空公司关系好时，可以直接和航空公司订舱，但必须找一家一级代理挂靠，以对方名义去交接，不能从航空公司获取佣金和返利。

（4）一类代理、二类代理和危险品代理

一类航空运输销售代理资质，可经营国际航线或者地区航线（香港、澳门、台湾地区），危险品除外。二类航空运输销售代理资质，只可经营国内航线（危险品除外）。

中国航协受民航局委托开展危险品和航空运输销售代理资质认可工作，并向符合相关条件的货运代理企业颁发“危险品货物航空运输销售代理业务资质认可证书”。一般来说，取得货运销售代理资质经营满十年并且无严重违规记录的航空运输销售代理，经过中国民航危险品运输管理中心的安全能力评估，可以申请危险品货物航空运输销售代理资质，获得资质后方可从事危险品运输代理。

2. 地面代理

早期，一家外国航空公司的航班飞到上海，这家外航在上海的办事处主要负责航班的安全正点，正常运转。另外，该外航还需要委托上海浦东机场的地面代理装卸货物、分解处理货物和集装器；为飞机加油、飞机维修检查、配餐、清洁飞机，以及为旅客办理乘机手续、托运行李等工作。

20 世纪 80 年代至 90 年代中期，上海浦东机场的航空公司地面代理业务基本上都由东航操作。而随着浦东机场的建成，出现了机场地面代理，机场的地面货站——浦东货站的成立使中性货站成为机场货运的发展趋势，使地面代理领域有了竞争和发展机制。详见本节“机场货站”的相关内容。

（三）航空货运代理的作用

航空货运代理公司之所以能够产生并迅速发展起来，是因为它的服务能够为货主和航空公司双方都带来方便和好处。货运代理企业作为货主（实际发货人和实际收货人）和实际承运人（航空公司）之间的桥梁和纽带，既可以是货主的代理，代替货主向航空公司办理托运或提取货物，也可以是航空公司的代理，代替航空公司接收货物，出具航空公司主运单和自己的分运单。

1. 提供专业化咨询服务，起顾问作用

货运代理是运输的设计师和组织协调者，他们熟悉运输环节手续和有关规章制度，特别是了解经常变化着的国内外海关手续、运费与回扣、港口与机场的业务流程、集装箱组织的运输、货物的包装和装卸、代收款及检验等，拥有复杂的进出口业务、海陆空运输、集装箱运输、危险品运输、结算、集运、仓储、保险等方面的专业知识，能够就运费、包装、单证、海关、检验检疫、金融、领事要求等提供咨询，并了解国内外市场的价格、销售情况等。

2. 提供专业化运作，起执行人作用

货运代理与民航、海关、商检、银行、保险和交通运输部门有着广泛而密切的联系，具备安全、迅速、准确地组织进出口货物运输和代办运输手续的有关条件，是“国际贸易运输的设计师与执行人”，是“门到门”运输的组织者和协调者。同时，货运代理企业在世界各地都设有分支机构或代理人，能够及时沟通联络，控制货物运输的全过程，使用现代化的通信设备随时向委托人报告货物的在途情况，可简化国际贸易程序，降低运输总成本。因此，委托航空货代企业办理进出口货物运输不仅高效、灵活，而且手续简单、方便。收、发货人可选择部分或全权委托货运代理提供各项增值服务，既可以节约成本，又可以提高效率。

3. 提供集中托运及特殊服务，起组织协调作用

货运代理主要业务是代理集中托运，即把若干单独发运的货物组成一整批货物，用同一份主运单发运到同一目的地，由其在当地的代理人负责接货，报关后分拨给实际收货人，形成“门到门”或“桌到桌”的一条龙服务，为用户提供极大的便利。集中托运方式使货主、实际承运人和货运代理三方受益。通过集中托运，货代公司可以从航空公司争取到最便宜的运价，其差价就是代理公司的收益；对货主而言，减少了四处奔波劳顿和有关费用的开销；对航空公司而言，省却了为揽货付出的大量人力和物力成本。此外，还可以为货主提供资金融通、拼箱拆箱、报关报检、代办保险等特殊服务。

4. 扩大航空公司营销能力，起市场开拓作用

航空公司通过与代理签订协议建立代理关系，就可以充分利用代理人的销售网络，不仅免去航空公司自设机构之累，而且通过代理人在开航城市撒网布点，建立销售网络，便于用户就近办理购票和托运手续，使航空公司的客货营销业务得以通过代理人的销售网络渗透到开航城市的旅行社、宾馆和车站码头等客货集散地。尽管航空公司要向代理公司支付一定的酬金，但是代理公司为其组织了成批货源，承揽了大批客户，将千家万户的货物集中起来托运，为其节省了大量的人力、物力和时间，从而有助于其进一步开拓空运市场。

5. 为航空公司提供信息服务，起中间人作用

航空公司往往委托代理人进行市场调查，尤其在没有派驻机构的城市更是如此。代理人通过其广泛的销售网络直接接触众多的客货用户，可以将其从市场上搜集到的有关信息反馈给航空公司，并分析作出有关决策、提出改进意见和建议，使航空公司能够根据市场的变化情况及时调整航班运力、广告策划和公共活动等。

6. 影响与航空运输有关的政策和规定，起影响者作用

航空货运代理还可利用自身组织协调和中间人的角色，间接影响货主对运输方式、运输路线的选择，以及航空公司运输费率和新产品市场开拓等的制定。按照IATA规定，因代理人为航空公司承揽了业务，代理人（取得航空销售代理资质的代理人）可以从航空公司收取5%的订舱佣金和一些运输折扣（按航空公司的空运费率）。航空公司委托代理人销售运力，一般按销售的数量和金额的一定比例提取佣金，作为支付代理人为航空公司代办业务的报酬。这样既有助于减轻货主的负担，同时也鼓励了代理人承揽客货业务的积极性。

五、其他

（一）机场货站

机场货站是中性航空货运站，既不属于任何航空公司，也不属于任何货运销售代理人，但既服务于所有航空公司，又服务于所有货运销售代理人。机场货站的基本业务是负责代运货物和到达货物的仓储、货物在仓库与机场间的地面运输工作及货主的装卸工作等。

（1）单货核对。根据托运书和出仓单核对货物，做到单货一致。

（2）货物安检。航空货物应当依照航空货物安检要求通过航空货物安检设备检查。对单体超大、超重等无法通过航空货物安检设备检查的航空货物，装入航空器前应当采取隔离停放至少24小时安全措施，并实施爆炸物探测检查。

（3）过磅。将贴好标签的货物过磅，丈量货物尺寸计算体积重量，之后货站将整票货物的实际重量以及体积重量写入“可收运书”，加盖“安检章”“可收运章”，并签名确认。

（4）打板装箱。将货物按照运输的机型装到集装板或集装箱上。

（5）货物仓储。依据货物的性质，将货物移至相应区域，进行装机前的海关监管仓储。

（6）特殊处理。根据货物的重要性、危险性以及装运限制等，货站将要求承运的航空公司代表进行审核，并签字说明后方可入舱。

除上述功能以外，机场货站介于航空货运销售和货物承运之间，已逐渐成为融经营性和服务性于一体的企业化属性经济实体。目前机场货站主要有以下两种操作模式。

1. 机场货站模式（地面处理）

此种模式是指机场成立中性货站，只负责代理航空公司地面处理业务，不参与航空销售。机场通过成立中性货站，对航空公司和代理人提供统一的服务标准，有利于航空货运市场的规范和有效运营。同时机场和航空公司可以实现服务设施、作业设备、人力资源、信息资源共享，避免由于业务交叉和重复建设而造成浪费，进行专业化的经营管理。

中性货站的模式在国外民航机场中早已被广泛采用，在国内作为一种新型而有效的组织形式，也已逐渐被认识和采纳。目前，国内主要的中性货站包括：上海浦东机场货站、深圳机场货站、广州机场货站、厦门机场货站、南京机场货站等。这些中性货站主营业务是集收运、仓储、配载、派送为一体的地面处理业务。

以上这些机场具有以下共同的特点：①均为国内或区域的航空货运枢纽中心；②管理意识较为先进，向物流园区业务的拓展力度较强；③机场的货邮吞吐量较大，特别是国际货物；④IT 系统投资的规模较大，对系统功能的期望值较高，特别是数据交换方面；⑤货运的收入来源是地面处理收费。

2. 机场综合操作模式（地面处理 + 销售）

此种模式是国内机场的传统模式，机场既负责代理航空公司地面处理业务，也参与航空销售，目前绝大部分机场仍采用此模式。

目前，国内采用此种模式的机场包括：贵阳机场、重庆机场、长沙机场、哈尔滨机场、桂林机场、南宁机场、合肥机场、咸阳机场、温州机场等。这些机场由于货量相对较小，地面处理收入有限，因此更多的是倾向于代理航空公司进行销售，获得销售差价和销售代理费。其中，销售差价主要是在航空公司的销售净价的基础上，依靠分单销售后拼货、包板包箱包舱、加价等方式获得营业收入。因此，这些机场在系统功能方面更关注于销售，地面处理只要具备基本功能就够了。

这些机场具有共同的特点：①机场的货邮吞吐量相对不大，国际货邮量较小；②IT 系统投资的规模较小，对系统功能的期望值并不高，主要是销售方面；③货运的收入来源主要是代理航空公司销售收费，辅助来源是地面处理收费。

（二）海关

海关（Custom）是国家的进出境监督管理机关，所谓货物报关是指货物在进出境时，由进出境的收、发货人或其代理人，按照海关规定格式填报“进出口货物报关单”，随附海关规定应交验的单证，请求海关办理货物进出境手续的全过程。

海关对进出境货物的通关监管一般分为四个环节。

（1）申报。经海关注册审核的专业报关公司，代理报关企业和自理报关企业及其报关员，准备好相应的单证，向海关进行申报。其中需要准备的单证包括商业发票、装箱单、运单、进出口许可证、原厂地证明等。

（2）查验。接受申报后，海关对进出口货物进行实际的核对和检查，确定货物的性质、原产地、货物状况、数量和价格等是否与报关单一致。

（3）征税。根据货物的类别，海关按照国家法律规定，收取税款，并填写“核销单”（货物出口后货主退税用）。

（4）放行。以上手续完备后，海关将对货物进行放行，在相关单证上加盖海关放行章，交给相关报关行。

（三）商检

商检是指在国际货物买卖过程中对卖方交付或者拟交付的合同货物进行品质、数量和包装的鉴定，以确保交货的品质、数量和包装是否与合同的规定一致。对特殊商品还需进行卫生检验和动植物病虫害检疫。一般中国产品出口都由中国出入境检验检疫局进行商品检验，主要有四个环节：单证、预约、检验和放行。

（1）单证：发货人必须出具清单、发票、合同、报检委托书（由报关行或货代提供）。

（2）预约：向商检预约查验时间，商检根据各类货物的“商品编码”监管条件进行相应的操作。

（3）检验：商检局抽取货物样品或现场评定，做出审核结论。

（4）放行：检验合格后，商检局在“报检委托书”上做出认证。

自2018年4月20日起我国出入境检验检疫被划入海关总署，以海关名义对外开展工作，一线旅检、查验和窗口岗位要统一上岗、统一着海关制服、统一佩戴关衔。关检合一后，通关作业上就会实现“一次申报”“一次查验”“一次放行”的“三个一”标准。对于广大进出口企业来说，企业通关费用将会减少，通关效率提升，贸易便利化程度进一步提高。

（四）报关行

报关行（Customs Broker）是指经海关准予注册登记，接受进出口货物收、发货人的委托，以进出口货物收、发货人名义或者以自己的名义，向海关办理代理报关业务，从事报关服务的境内企业法人。主要职责如下：

（1）接单、送单。客户或者货运代理公司需要将发货人准备好的所有报关资料，连同货站的“可收运书”、航空公司的正本运单及时交给报关行，以便及时报关及货物及早通关运输。

（2）预录入。报关行根据以上文件，整理完善所有报关文件，将数据录入海关系统，进行预先审核。

（3）申报。预审通过后，可进行正式申报程序，将所有单证交由海关审核。

（4）送单时间。根据我国报关行要求，在中午报关通过的货物单证最迟需要在上午10：00前交给报关行；在下午报关通过的货物单证最迟需要在下午15：00前交给报关行。

（五）保险

航空货物运输保险是航空运输保险人与被保险人，即保险公司与航空货物的进出口商之间订立的一项保险契约。

在被保险人交纳了保险费后，保险人根据契约的规定，对货物在运输过程中发生的损失给予被保险人经济上的补偿。

航空货物运输保险属于财产保险的范畴，它随着航空货物运输的发展而发展，但又反过来促进航空货物运输的发展。

习题

1. 简述世界航空货运的发展史。
2. 简述我国航空货运的发展史。
3. 简述航线的概念、分类。
4. 简述航线网络的概念、分类和优缺点。
5. 简述航空货物运输的概念。
6. 按照不同的分类形式，分别简述航空货运的分类。
7. 按运输组织形式分，航空货运可分为几类？分别简述其概念、优缺点。
8. 简述航空货物运输的参与主体及概念。
9. 简述航空货运代理的概念及分类。
10. 简述航空货运代理的作用。

▶▶ 第二章
航空货运基础知识

第一节　国际航空货物运输组织

随着国际民航运输对世界经济的影响越来越重要，民航运输的战略地位日益显著。随着民航运输行业与国际金融和世界贸易的联系越来越密切，国家一级跨地区性的组织，包括经济组织，都力图参与更多的国际民航运输事务。国际民用航空运输管理机构负责制定国际民用航空运输活动的行为规范，协调国际间民用航空运输业务关系，以保证国际航空运输的航行安全和有序发展。因此，通过国际民航管理机构的协调与管理，世界各国民航运输企业在国际民航活动中实施统一的技术标准、航行准则、操作规程，执行统一价格体系、价格标准和票据规格，遵循统一的国际法规准则，公正处理国际航空事务等。

一、国际民用航空组织（ICAO）

国际民用航空组织（International Civil Aviation Organization，ICAO），是协调世界各国政府在民用航空领域内各种经济和法律事务、制定航空技术国际标准的重要组织，简称国际民航组织。该组织成立于 1947 年 4 月 4 日，是各国政府之间组成的国际航空运输机构，也是联合国所属专门机构之一。

1944 年 11 月 1 日，52 个国家在美国芝加哥举行国际民用航空会议，并于 12 月 7 日签订了《国际民用航空公约》，又称为《芝加哥公约》。这是国际民用航空运输业界的一部重要法典，于 1947 年 4 月 4 日生效。根据公约规定，公约生效的当天成立国际民用航空组织，总部设在加拿大蒙特利尔，常设机构是理事会。我国是 1944 年《芝加哥公约》的签字国和国际民航组织的成员国，并于 1974 年 2 月 15 日起恢复参加国际民航组织的活动。

（一）ICAO 的宗旨

ICAO 的宗旨是发展国际空中航行的原则和技术，促进国际航行运输的规划和发展，以保证国际民航的安全和增长；促进和平用途的航行器的设计和操作艺术；鼓励用于国际民航的航路、航站和航行设备的发展；保证缔约各国的权利受到尊重和拥有国际航线的均等机会等。

根据芝加哥公约第 44 条规定，国际民航组织的宗旨和目的具体包括：

（1）确保全世界国际民用航空安全地、有效地和有秩序地发展；

（2）鼓励为和平用途的航空器设计和操作技术；

（3）鼓励发展国际民用航空应用的航路、机场和航行设施；

（4）发展安全、正常、有效和经济的民用航空运输，满足世界人民的要求；

（5）防止不合理的竞争，避免经济浪费；

（6）充分尊重缔约国的权利，保证每一个缔约国享有公平经营国际航空运输业务的机会；

（7）避免各缔约国之间的歧视；

（8）促进国际航空飞行安全；

（9）促进国际民用航空运输业的全面发展。

（二）组织机构

国际民航组织由大会、理事会和秘书处三级框架组成。成员大会为该组织最高权力机构，每 3 年开会一次，理事会为常设机构，有 33 名理事。第一类理事国是指在航空运输方面占主要地位的国家，占 10 席；第二类理事国是向国际民航提供便利方面作出重大贡献的国家，占 11 席；第三类理事国是具有区域代表性的国家，占 12 席。理事会每年开会 3 次。理事会下设财务、技术合作、非法干扰、航行、新航行系统、运输、联营导航、爱德华奖八个委员会。秘书处是国际民航组织的常设行政机构，由秘书长负责保证国际民航组织各项工作的顺利进行。秘书长由理事会任命。秘书处下设航行局、航空运输局、法律局、技术合作局、行政局五个局以及财务处、外事处。

（三）中国与国际民航组织

我国是国际民航组织的创始国之一，中国政府于 1944 年签署了《国际民用航空公约》，并与 1946 年正式成为会员国。1949 年，中国在该组织的合法权利被非法剥夺。1971 年，中国在国际民用航空组织的合法权利随着中华人民共和国在联合国的合法席位的恢复而恢复。

自 1974 年 9 月的第 21 届至第 34 届年会，中国一直当选为该组织的二类理事国。随着中国进一步改革开放和经济持续快速增长，中国的民用航空业发展迅速。2004 年，在国际民用航空组织于蒙特利尔召开的第 35 届年会上，中国首次竞选第一类理事国，并以高票顺利当选。

近 15 年来，运输量年均增速高出世界平均水平 1 倍多，中国在世界民航业的地位举足轻重。中国民航运输的实力和潜力在国际上得到普遍承认，中国已成为名副其实的空运大国。

二、国际航空运输协会（IATA）

IATA

国际航空运输协会（International Air Transport Association，IATA）前身是 1919 年在海牙成立并在第二次世界大战时解体的国际航空业务协会。第二次世界大战后，为了解决民用航空业迅速增长中出现的问题，世界上 58 家较大的航空公司于 1945 年 4 月在哈瓦那自发组织成立了国际民用航空运输协会，同年 12 月加拿大皇室批准了议会通过的关于建立国际航空运输协会的特别法案，新组织正式成立。加拿大的蒙特利尔也成为该协会的总部所在地。

IATA 是一个由世界各国航空公司所组成的非政府组织，从组织形式上是一个航空企业的行业联盟，为航空运输企业之间开展协作以及与国际民航组织、其他国际组织和地方航空公司协会合作提供方便。由于世界上大多数国家的航空公司是国家所有，即使非国有的航空公司也受到所属国政府的强力参预或控制，因此 IATA 实际上是一个半官方组织。国际航空运输协会的主要任务是制定国际航空客货运输价格、运载规则和运输手续，协助航空运输企业间的财务结算，执行 ICAO 所制定的国际标准和程序。IATA 制定运价的活动，也必须在各国政府授权下进行，它的清算所对全世界联运票价的结算是一项有助于世界空运发展的公益事业，因而国际航协发挥着通过航空运输企业来协调和沟通政府间政策，解决实际运作困难的重要作用。IATA 总部设在加拿大蒙特利尔，在瑞士日内瓦设有总办事处和清算所。

（一）IATA 的宗旨和目的

根据《国际航空运输协会章程》第三章的规定，IATA 的宗旨和目的如下：

（1）为了全世界人民的利益，促进安全、正常和经济的航空运输的发展，支持航空商业的发展并研究与之相关的问题；

（2）为直接或间接从事国际航空运输服务的各航空运输企业提供合作的途径；

（3）与国际民航组织和其他国际组织合作。

（二）组织机构

IATA 的最高权力机构是全体会议。全体会议由协会正式会员代表组成，每年召开一次，所有正式会员在决议中都有平等的一票。IATA 的常设机构是执行委员会，由全体会议选举产生，掌握全年的政策方向，管理国际民用航空运输协会的全年事务性工作。执行委员会下设 4 个常务委员会分管法律、业务、财务和技术。IATA 秘书处由以会长为首的工作人员组成，协助国际民用航空运输协会大会和委员会的会议和运输会议，还负责向会员航空公司和其他机构提供各种服务。

（三）协会活动

自成立半个多世纪以来，IATA 充分利用航空公司的专门知识在多个方面做出了重大贡献，这中间包括推动地空通信、导航、航空器安全飞行等新技术；制定机场噪音、油料排放等环境政策；与国际民航组织密切联系制定一系列国际公约；协助航空公司处理有关法律纠纷，筹建国际航空清算组织；推进行业自动化，促进交流；对发展中国家航空运输企业提供从技术咨询到人员培训的各种帮助；在航空货运方面制定空运集装箱技术说明及航空货运服务有关规管；培训国际航协代理人等。该协会的主要活动具体体现在以下五个方面：

（1）运价协调。IATA 协商制定国际航空运输客货运价，国际航空运输协会通过召开运输会议确定运价，经有关国家批准后即可生效。

（2）运输服务。IATA 统一国际航空运输的规章制度，推进国际航空运输各项业务标准化，简化运输手续。

（3）代理人事务。IATA 在 1952 年制定了代理标准协议，为承运人与代理人之间的关系设置了模式，并结算会员在企业间联运业务的账目。

（4）在法律上，IATA 的工作首先是为世界航空的平稳运营而建立文件和程序的标准，如合同；其次是为会员提供民航法律方面的咨询和诉讼服务；再次是在国际航空立法中表达承运人的观点。

（5）在技术上，IATA 的工作主要包括航空电子与电信、工程环境、机场、航行医学、简化手续和航空保安等工作。

（四）中国与国际航空运输协会

1993 年中国国际航空公司、中国东方航空公司、中国南方航空公司同时加入 IATA；1996 年，中国北方航空公司、中国西北航空公司和中国西南航空公司加入 IATA；1998 年，中国新疆航空公司、中国云南航空公司、上海航空公司和厦门航空公司加入 IATA；海南航空公司、山东航空公司和深圳航空公司分别在 2000 年、2001 年和 2002 年加入 IATA。1999 年，中国航空结算中心和中国航空信息技术有限公司加入 IATA，成为 IATA 的行业伙伴。

中国目前有 13 家航空公司成为 IATA 的多边联运协议成员。多边联运协议（MITA）的主要职能是为成员航空公司进行旅客、行李、货物的接收、中转、更改航程及其他程序提供统一的标准，成员航空公司间可互相销售而不必再签双边联运协议。这一协议使成员公司相互接受运输凭证，使用标准的国际航空运输协会客票和货单，将世界各航空公司各自独立的航线，结合成为有机的全球性航空运输网络。

三、国际货运代理协会联合会（FIATA）

国际货运代理协会联合会（International Federation of Freight Forwarders Associations，FIATA）是一个非营利性国际货运代理的行业组织。该会于1926年5月31日在奥地利维也纳成立，总部现设在瑞士苏黎士，并分别在欧洲、美洲、亚太、非洲和中东四个区域设立了区域委员会，任命有地区主席。FIATA设立目的是代表、保障和提高国际货运代理在全球的利益。该会是在世界范围内运输领域最大的非政府和非营利性组织，具有广泛的国际影响。其会员来自全球161个国家和地区的国际货运代理行业，包括106家协会会员和近6000家企业会员。

（一）FIATA的宗旨

国际货运代理协会联合会的宗旨和任务是保障和提高国际货运代理在全球的利益，具体如下：

（1）协调和联合各国的货运代理组织和行业协会；

（2）代表和维护货运发运人的利益；

（3）协调航空货运经营人与航空承运人、政府和其他组织之间的关系；

（4）航空运输委员会的任务是促进和维护航空货运代理的利益；

（5）与国际航协一起，设计并制订货运代理业的培训计划。

（二）组织机构

国际货运代理协会联合会的最高权力机构是会员代表大会，下设主席团。主席团对外代表FIATA，对内负责FIATA的管理。FIATA设有三个研究机构——航空货运、海关事务、多式联运，研究部下设工作组，五个咨询部门：危险货物咨询委员会、信息技术咨询委员会、法律事务咨询委员会、公共关系咨询委员会、职业培训咨询委员会。FIATA每年举行一次世界性的代表大会，即FIATA年会。大会通过FIATA上年度的工作报告和财务预算，并对一年内世界货运代理业所发生的重大事件进行回顾，探讨影响行业发展的紧迫问题，通过主要的法规和条例，促进世界贸易和货运代理业健康发展。

国际货运代理协会联合会自成立以来，不仅起草了提供各国立法时参考的《国际货运代理示范法》，推荐各国货运代理企业采用的《国际货运代理标准交易条件》，还制定了FIATA运送指示、FIATA货运代理运输凭证、FIATA货运代理收货凭证、FIATA托运人危险品运输证明、FIATA仓库收据、FIATA不可转让联运提单、FIATA可转让联运提单、FIATA发货人联运重量证明八种货运代理单证格式，培训了数万名学员，取得了举世瞩目的成就，被誉为“运输业的建筑师”。

作为世界运输领域最大的非政府间国际组织，国际货运代理协会联合会被联合国及许多政府组织、权威机构和非政府的国际组织，如国际商会、国际航空运输协会、国际铁路联盟、国际公路运输联盟、世界海关组织、世界贸易组织等一致认为是国际货运代理业的代表，并在联合国经济及社会理事会、联合国贸易与发展大会、联合国欧洲经济委员会、联合国亚洲及太平洋经济和社会理事会、联合国国际贸易法委员会中拥有咨询顾问的地位。

（三）FIATA 在中国

我国对外贸易运输总公司作为国家级会员的身份，于 1985 年加入了该组织。2000 年 9 月中国国际货运代理协会（CIFA）由经国家主管部门批准从事国际货运代理业务，在中华人民共和国境内注册的国际货运代理企业自愿组成，是经国务院批准，在民政部登记的全国性行业协会，属于非营利性的社团法人，受对外贸易经济合作部和民政部的指导和监督。2001 年初，中国国际货运代理协会（CIFA）作为国家级会员正式加入国际货运代理协会联合会（FIATA）。我国台湾省和香港特别行政区各有一个区域性会员，台湾以中国台北名称在 FIATA 登记注册。目前我国大陆有 74 个 FIATA 会员、624 个 CIFA 会员。

四、国际航空电信协会（SITA）

国际航空电信协会（Society International de Telecommunication Aeronautics，SITA），亦称国际电信协会，是联合国民航组织认可的一个非营利性的组织，是世界上航空运输业领先的电信和信息技术解决方案的集成供应商。

1949 年 12 月 23 日，荷兰、法国、英国、瑞士、莎伯那等 11 家欧洲航空公司代表在布鲁塞尔成立了国际航空电信协会，将成员航空公司的通信设备相互连接并共同使用。SITA 目前在全世界拥有 650 家航空公司会员，其网络覆盖全球 180 个国家和地区，SITA 的发展目标就是带动全球航空业使用信息技术的能力，并提高全球航空公司的竞争能力，不仅为航空公司提供网络通信服务，还可为其提供共享系统，如机场系统、行李查询系统、货运系统、国际票价系统等。

随着成员不断增加和航空运输业务对通信需求的增长，SITA 已成为一个国际化的航空电信机构，SITA 经营着世界上最大的专用电信网络，该网络由 4 个主要的系统构成，即数据交换和接口系统、用户接口系统、网络控制系统和存储转发报系统。此外，SITA 还建立并运行两个数据处理中心。一个是位于美国的亚特兰大的旅客信息处理中心，主要提供自动订座、离港控制、行李查询、航空运价和旅游信息；另一个是设在伦敦的数据处理中心，主要提供货运、飞行计划处理和行政事务处理业务。

中国民航于 1980 年 5 月加入 SITA。中国民航通信网络与 SITA 相连通，实现了国内各个航空公司、机场航空运输部门与外国航空公司和 SITA 亚特兰大自动订座系统连通，实现大部分城市订座自动化。SITA 从 20 世纪 80 年代初在中国成立办事处，中国会员已达 11 家。SITA 货运系统已在中国国际航空公司、中国货运航空有限公司使用。系统开通后，与外地营业部、驻外办事处联网，货运工作人员可以及时地将航班信息、运单信息、入库信息、装载信息、货物到达信息及中转信息等数据输入系统，系统在航班关闭后自动给沿途各站拍发舱单电报、运单电报等货运电报。沿途各站只要打开系统网络，就能够全程追踪货物的运输情况，从而为货主查询联程货物和进口货物提供极大方便。

五、国际机场理事会（ACI）

AIRPORTS COUNCIL
INTERNATIONAL

国际机场理事会（Airports Council International，ACI），原名为国际机场联合协会（Airports Association Council International），于 1991 年 1 月成立，1993 年 1 月 1 日改称国际机场理事会。国际机场理事会是全世界所有机场的行业协会，是一个非营利性的组织，其宗旨是加强各成员与全世界民航业各个组织和机构的合作，包括政府部门、航空公司和飞机制造商等，并通过这种合作促进建立一个安全、有效、与环境和谐的航空运输体系。

ACI 在与国际组织的讨论中追求机场利益，其对外关系中最重要的是与 ICAO 的关系，ACI 在该组织中就国际航空运输标准进行辩论和制定。ACI 维护机场的立场，在安全和环境倡议方面制定标准和推荐做法。它还在机场收费和管制的重要政策变化中促进和保护机场的利益，加强机场与航空公司打交道的能力。与此同时，ACI 为机场与航空公司协会、政府和监管机构建立建设性合作关系提供了平台。在关键的行业问题上，ACI 在自由化、所有权、容量规划、监管限制和环境行动方面捍卫机场的观点，并加强机场塑造行业未来的能力，支持机场的个别行动。ACI 也会为会员提供大量培训机会、客户服务基准计划、详细的行业统计分析和实用出版物。

ACI 有 5 个常务委员会，就其各自范围内的专业制定有关规定和政策。ACI 下设 6 个地区分会：非洲地区分会，亚洲地区分会，欧洲地区分会，拉丁美洲/加勒比海地区分会，北美地区分会和太平洋地区分会。

国际机场理事会的发展目标是：

（1）保持和发展世界各地民用机场之间的合作，相互帮助；

（2）就各成员机场所关心的问题，明确立场，形成惯例，以“机场之声”的名义集中发布和推广这些立场和惯例；

（3）制定加强民航业各方面合作的政策和惯例，形成一个安全、稳定、与自然环境相适应的高效的航空运输体系，推动旅游业和货运业乃至各国和世界经济的发展；

（4）在信息系统、通信、基础建设、环境、金融、市场、公共关系、经营和维修等领域内交流有关提高机场管理水平的信息；

（5）向国际机场理事会的各地区机构提供援助，协助其实现上述目标。

第二节　中国主要航空组织

一、中国民用航空局（CAAC）

中国民用航空局（Civil Aviation Administration Organization，CAAC），简称中国

民航局或民航局，是中华人民共和国国务院主管民用航空事业的由部委管理的国家局，归交通运输部管理。其前身为中国民用航空总局，在2008年3月改为部委管理的国家局，同时更名为中国民用航空局。

（一）组织职能

（1）提出民航行业发展战略和中长期规划、与综合运输体系相关的专项规划建议，按规定拟订民航有关规划和年度计划并组织实施和监督检查。起草相关法律法规草案、规章草案、政策和标准，推进民航行业体制改革工作。

（2）承担民航飞行安全和地面安全监管责任。负责民用航空器运营人、航空人员训练机构、民用航空产品及维修单位的审定和监督检查，负责危险品航空运输监管、民用航空器国籍登记和运行评审工作，负责机场飞行程序和运行最低标准监督管理工作，承担民航航空人员资格和民用航空卫生监督管理工作。

（3）负责民航空中交通管理工作。编制民航空域规划，负责民航航路的建设和管理，负责民航通信导航监视、航行情报、航空气象的监督管理。

（4）承担民航空防安全监管责任。负责民航安全保卫的监督管理，承担处置劫机、炸机及其他非法干扰民航事件相关工作，负责民航安全检查、机场公安及消防救援的监督管理。

（5）拟订民用航空器事故及事故征候标准，按规定调查处理民用航空器事故。组织协调民航突发事件应急处置，组织协调重大航空运输和通用航空任务，承担国防动员有关工作。

（6）负责民航机场建设和安全运行的监督管理。负责民用机场的场址、总体规划、工程设计审批和使用许可管理工作，承担民用机场的环境保护、土地使用、净空保护有关管理工作，负责民航专业工程质量的监督管理。

（7）承担航空运输和通用航空市场监管责任。监督检查民航运输服务标准及质量，维护航空消费者权益，负责航空运输和通用航空活动有关许可管理工作。

（8）拟订民航行业价格、收费政策并监督实施，提出民航行业财税等政策建议。按规定权限负责民航建设项目的投资和管理，审核（审批）购租民用航空器的申请。监测民航行业经济效益和运行情况，负责民航行业统计工作。

（9）组织民航重大科技项目开发与应用，推进信息化建设。指导民航行业人力资源开发、科技、教育培训和节能减排工作。

（10）负责民航国际合作与外事工作，维护国家航空权益，开展与港澳台的交流与合作。

（11）管理民航地区行政机构、直属公安机构和空中警察队伍。

（12）承办国务院及交通运输部交办的其他事项。

（二）组织机构

中国民用航空局是国务院的一个职能机构。1980 年中国民用航空局进行了体制改革，不再经营航空业务，主要行使政府职能，进行行政宏观管理调控。2002 年经过重组，CAAC 形成了包括综合司、发展计划司、国际司、航空器适航审定司等 17 个内设机构组成，并设有中国民用航空华北地区管理局、中国民用航空东北地区管理局、中国民用航空中南地区管理局、中国民用航空华东地区管理局、中国民用航空西南地区管理局、中国民用航空西北地区管理局等 23 个直属单位。全国分为 7 大民用航空管理局（民航华北管理局、民航华东管理局、民航东北管理局、民航中南管理局、民航西南管理局、民航西北管理局、民航乌鲁木齐管理局），各管理局负责管理本地区所属航空公司、机场、航站、导航台等企事业单位的行政与航空事务。

二、中国航空运输协会（CATA）

中国航空运输协会（China Air Transport Association，CATA），简称中航协，成立于 2005 年 9 月 26 日，是依据中国有关法律规定，经中华人民共和国民政部核准登记注册，以民用航空公司为主体，由企、事业法人和社团法人自愿参加组成的、行业性的、不以营利为目的的全国性社团法人。

CATA 的基本宗旨是遵守宪法、法律法规和国家的方针政策，按照社会主义市场经济体制要求，努力为航空运输企业服务，为旅客和货主服务，维护行业和航空运输企业的合法权益，为会员单位之间及会员单位与政府部门之间的沟通，发挥桥梁和纽带作用。

中国航空运输协会的最高权力机构是会员大会，理事会是会员大会的执行机构，在闭会期间领导协会工作，对会员大会负责。中国航空运输协会下设多个部门，具体组织架构见图 2-1。

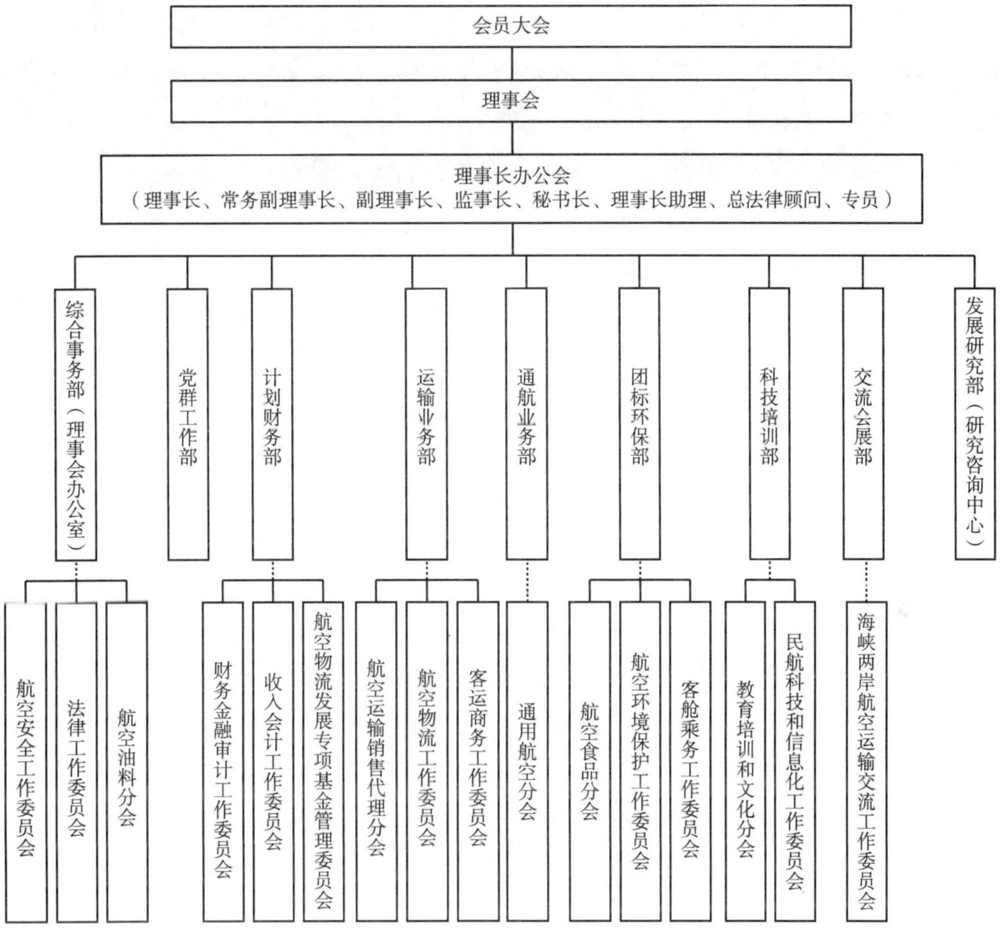

图 2－1　CATA 组织架构

三、中国国际货运代理协会（CIFA）

中国国际货运代理协会（China International Freight Forwarders Association，CIFA），简称中货协，是我国国际货运代理行业的全国性社会组织，2000 年在北京成立，会员涵盖全国各省区市国际货运代理行业组织、国际货代物流企业以及与货代物流相关的企事业单位，亦吸纳在中国货代物流领域有较高威望和影响的个人会员。目前，协会拥有会员近 600 家，其中理事及以上单位 95 家，各省区市货运代理行业组织 21 家。全国国际货运代理企业在会数量达 6000 多家。

CIFA 的业务指导部门是国家商务部。作为联系政府与会员之间的纽带和桥梁，CIFA 本着“反映诉求、提供服务、规范行为”的主旨，立志“依法办会、专业立会、务实兴会、创新强会”，积极开展各项工作：

（1）协助政府部门加强对我国国际货代物流行业的管理；

（2）维护国际货代物流业的经营秩序；

（3）推动会员企业的交流合作；

（4）依法维护本行业利益；

（5）保护会员企业的合法权益；

（6）促进对外贸易和国际货代物流业健康发展；

（7）为行业培训现代货代物流人才，提升行业人员素质，增强行业企业的国际竞争力；

（8）以民间形式代表中国货代物流业参与国际经贸运输事务并开展国际商务往来。

CIFA 是 FIATA 的协会级会员，代表我国国际货代物流行业权益在国际组织发声，协会副会长兼秘书长为现任 FIATA 亚太区域副主席，协会多名领导曾在 FIATA 担任重要管理职务，积极参与 FIATA 行业管理事务。同时，协会广泛与各国行业组织开展合作，为我国国际货代物流企业“走出去”争取更多发展机遇。

四、中国民用机场协会

CCAA 中国民用机场协会 China Civil Airports Association

中国民用机场协会（China Civil Airports Association，CCAA），简称机场协会，是经中国民用航空局、民政部批准的中国民用机场行业（不含香港、澳门和台湾）唯一的合法代表，协会总部设在北京。

协会按照“共同参与、共同分享、共同成就”的指导思想，以维护会员合法权益为宗旨，采用多种形式服务会员，诸如举办各类国内外交流会议，收集和评估机场发展信息，组织课题调研和提出政策建言，并受政府委托，起草行业标准，推动新技术运用等。截至 2022 年 9 月，中国民用机场协会现有会员 559 家，其中机场集团 30 家、运输机场 223 家、通用机场 128 家、企事业单位 178 家。理事会下设 18 个分支机构，秘书处下设 6 个部门。

第三节　航空货物运输法律法规

国际货物的运输要遵循国际航空公约的有关规定。随着国际航空货运的国际化，与航空货物运输有关的国际和国内法律法规正在逐步完善。

一、华沙体制

华沙体制是以《华沙公约》为基础的统一国际航空运输某些规则的公约和议定书系列，该体系形成于1929年至1975年，由《华沙公约》《海牙议定书》《瓜达拉哈拉公约》《危地马拉城议定书》以及《蒙特利尔第1号、第2号、第3号、第4号议定书》等8个文件构成，即：

（1）1929年在华沙签订的《统一国际航空运输某些规则的公约》，简称《华沙公约》；

（2）1955年在海牙签订的《修订1929年10月12日在华沙签订的〈统一国际航空运输某些规则的公约〉的议定书》，简称《海牙议定书》；

（3）1961年在瓜达拉哈拉签订的《统一非立约承运人所作国际航空运输的某些规则以补充〈华沙公约〉的公约》，简称《瓜达拉哈拉公约》；

（4）1971年在危地马拉城签订的《修订经海牙议定书修订的〈统一国际航空运输某些规则的公约〉的议定书》，简称《危地马拉城协议书》；

（5）1975年在蒙特利尔签订的第1号、第2号、第3号、第4号《关于修改〈统一国际航空运输某些规则的公约〉的附加议定书》，简称《蒙特利尔第几号议定书》。

《华沙体制》是重要的国际航空司法法典。《华沙公约》以外的7个文件是对《华沙公约》的修改和补充。到1994年生效的只有《华沙公约》《海牙议定书》和《瓜达拉哈拉公约》，为此ICAO曾在1983年第24届大会上通过决议，敦促各国尽早批准蒙特利尔各议定书。

（一）《华沙公约》

《华沙公约》的全称是《统一国际航空运输某些规则的公约》（Convention for the Unification of Certain Rules Relating to International Carriage by Air），于1929年10月12日在波兰华沙签订，1933年2月13日生效。公约规定了以航空运输承运人为

一方和以旅客和货物托运人与收货人为另一方的法律义务和相互关系，主要涉及航空运输凭证与航空承运人损害赔偿责任，共分为五章41条。

1. 适用范围

《华沙公约》只适用于国际性的运输，适用于所有的人员、行李与货物的收取报酬的国际运输以及航空运输企业以航空器办理的免费运输，但按照国际邮政公约的规定办理的运输除外。对于一部分用航空运输，一部分用其他运输方式联合办理的运输，公约只适用于符合公约规定条件的航空运输部分。

2. 内容方面

在航空运输凭证规定中，《华沙公约》规定了运输凭证的法定形式、法定内容法定效力、对违反规定的承运人实施的法律制裁，并体现了航空运输以合同为准则的基本原则。

在航空承运人损害赔偿责任规则中，《华沙公约》规定了承运人承担损害赔偿责任的范围、一般原则、损害赔偿原则、消费者索赔期限与诉讼期限、损害赔偿责任争议、司法管辖程序以及仲裁等事宜。

（二）《海牙议定书》

《海牙议定书》全称是《修改1929年10月12日在华沙签订的〈统一国际航空运输某些规则的公约〉的议定书》，1955年9月28日在海牙订立，1963年8月1日生效，共三章27条。《海牙议定书》补充了关于国际航空运输凭证和承运人的责任，我国于1975年8月宣布参加。

《华沙公约》生效后，对处理国际私法问题发挥了良好作用，但从1929年到1955年期间出现了一些法律问题和实际问题，需要对原有条文做出一些改进，于是产生了《海牙议定书》。

《海牙议定书》对《华沙公约》作了重要修改和补充：

（1）修改后的适用范围：经修改的公约适用于公约第一条所确定的国际运输；

（2）以 Air Waybill 代替原用的 Air Consignment Note；

（3）增加承运人的责任：删去原公约关于货物和行李运输中凡遇承运人证明该损害系驾驶、操作与导航的过失所引起则免除承运人的责任的规定；

（4）旅客最高赔偿额由12500法郎提高到25000法郎；

（5）延长索赔时效：对货物的时限由7天延长到14天，对行李由3天延长至7天，对延误引起的损害赔偿由14天延长至21天；

（6）责任限额的引用：对损失是由于承运人的代理人之一在执行他的职务范围

内所造成的，也可引用责任限额。

（三）《瓜达拉哈拉公约》

《瓜达拉哈拉公约》的全称是《统一非缔约承运人所办国际航空运输某些规则以补充〈华沙公约〉的公约》，在墨西哥瓜达拉哈拉外交会议上讨论后产生。《瓜达拉哈拉公约》区分了订立合同的承运人与实际承担全部或部分运输的承运人，并规定了各自应负的责任。

由于《华沙公约》并未包括非运输合同一方所办国际航空运输的专门规则，因此制定了该公约，该公约对“缔约承运人”“实际承运人”作了说明，共16条，于1964年5月1日生效。

（四）《危地马拉城议定书》

《危地马拉城议定书》于1971年3月8日在危地马拉签订，其全称为《修改经1955年9月28日在海牙签订的议定书所修改的1929年10月12日在华沙签订的统一国际航空运输某些规则的公约的议定书》。《危地马拉城议定书》修改的是《海牙议定书》修改的《华沙公约》，修改只涉及旅客和行李运输而不涉及货物运输。该议定书尚未生效。

（五）蒙特利尔协议

1975年9月25日在加拿大蒙特利尔共签订了四个议定书。蒙特利尔第1号、第2号、第3号附加议定书，以与《华沙体制》接轨为目的，对《华沙公约》中以法国法郎为标准货币单位规定的损害赔偿金最高限额做出了变更。根据以上议定书规定，《华沙公约》缔约国如为国际货币基金组织的成员，或本国是可以使用特别提款权的国家，《华沙公约》中以法国法郎为货币单位规定的承运人损害赔偿金最高限额，均改为以国际货币基金组织特别提款权表示。特别提款权（Special Drawing Rights），简称SDR，是指国际货币基金组织所指定的货币计算单位，它是由美元、英镑、法国法郎、德国马克和日元五种货币，通过加权方式计算出来的。特别提款权可以折合成为某个特定国家的货币。

蒙特利尔第4号议定书做出的最重大的举措，是将客观责任原则适用于货物运输。该议定书规定：

（1）由于灭失、遗失、毁损等原因造成的货物损害，只要损害事件发生在航空运输期间，承运人应承担责任。

（2）除非承运人能够证明损害的发生是由于货物属性、品质、缺陷；承运人或其雇佣人、代理人以外的人包装货物的，货物包装不良；战争或武装冲突；政府有关部门实施的有关货物出境、入境、过境行为所导致，不然，承运人应当承担损害赔偿责任。

（3）不适用于客观责任的，如对由于延误导致的货物损害，如果承运人能够证明，为避免损害已经采取了一切必要措施或不可能采取此种措施时，承运人可以不承担损害赔偿责任。

（4）对由于索赔方的过失导致或促成的货物损害，如经承运人举证，承运人可以全部或部分免除其损害赔偿责任。

二、《芝加哥公约》

《芝加哥公约》，即《国际民用航空公约》（Chicago Convention on International Civil Aviation），于1944年12月7日在美国芝加哥签订，并有《国际航班过境协定》和《国际航空运输协定》两个附属协定。公约共有二十二章96条，于1947年4月4日正式生效，是当前国际上最为广泛接受的国际公约之一。我国于1974年2月15日承认该公约，同时决定参加国际民用航空组织的活动。

《芝加哥公约》是国际航空领域的一个宪章性文件，它对国际民航领域的基本问题作了规定。公约所依据的基本原则之一是使所有国家都在平等的基础上参加航空运输。根据公约规定：

（1）缔约各国承认每一国家对其领空具有完全的、排他的主权；

（2）航空器必须具有一国国籍，任何缔约国不得允许不具有缔约国国籍的航空器在其领空飞行；

（3）国际航班飞行必须经缔约国许可并遵照许可的条件，非航班飞行则无须经事先获准即可不降停地飞入，飞经缔约国领空；

（4）缔约国有权保留其国内载运权；

（5）设立“国际民用航空组织”；

（6）公约仅适用于民用航空器而不适用于国家航空器。

除序言外，分为空中航行、国际民用航空组织、国际航空运输和最后条款四部分，以及有关国际标准和建议措施的十八个附件。它规定了五种空中自由权，包括：

（1）不降停而飞越其领土的权利；

（2）非商业性降停的权利，即只作技术性降停，如增加燃油、检修飞机等而不上下旅客、货物、邮件的权利；

（3）卸下来自航空器国籍国领土的旅客、货物、邮件的权利；

（4）装上前往航空器国籍国领土的旅客、货物、邮件的权利；

（5）装卸前往或来自任何其他缔约国领土的旅客、货物、邮件的权利。

五种空中自由权的第三、第四种自由权是两国通航的最基本原则。第五种自由权需经双方政府谈判并达成协议。详见本章第五节“航路、航线与航权”。

三、《中华人民共和国民用航空法》

《中华人民共和国民用航空法》于 1995 年 10 月 30 日第八届全国人民代表大会常务委员会第十六次会议通过，自 1996 年 3 月 1 日起施行。最新版本于 2021 年 4 月 29 日第十三届全国人民代表大会常务委员会第二十八次会议修改。

《中华人民共和国民用航空法》吸收了《华沙公约》的主要精神，如国际航空运输的定义，承运人责任期间，发、收货人的权利和义务、诉讼时效等，同时采纳了《海牙议定书》中的合理内容，删除了承运人的驾驶过失免责，延长的索赔时效。针对承运人对货物灭失或损坏的责任，采取了更为严格的态度，即不是以是否存在过失来判断承运人是否负责，而是采用了严格责任制为基础。

第四节　世界航空运输区域划分

为了制定国际航空运输中运价的计算规则，IATA（国际航空运输协会）把世界划分为三个区域，各区域下面又细分为多个小的次区，这样划分出的区域称为 IATA Traffic Conference Areas（国际航空运输协会运价协调区），简称 TC（或 IATA 区域）。同时也将全球分为两个半球：东半球（Eastern Hemisphere，EH），包括 TC2 区和 TC3 区；西半球（Western Hemisphere，WH），包括 TC1，如表 2－1 所示。

表 2－1　　东西半球与 TC1、TC2、TC3 区

半球（Hemisphere）	IATA 区域（TC）	次区（Sub Area）
西半球（Western Hemisphere）	TC1（IATA 一区）	北美洲（North America）
		中美洲（Central America）
		南美洲（South America）
		加勒比海地区（Caribbean Islands）

续表

半球（Hemisphere）	IATA 区域（TC）	次区（Sub Area）
东半球（Eastern Hemisphere）	TC2（IATA 二区）	欧洲（Europe）
		非洲（Africa）
		中东（Middle East）
	TC3（IATA 三区）	东南亚（South East Asia）
		东北亚（North East Asia）
		南亚次大陆（South Asian Subcontinent）
		西南太平洋（South West Pacific）

一、IATA 三个区域的定义

IATA 一区（TC1 或 Area 1）指南北美洲大陆及其邻近的岛屿，格陵兰、百慕大、西印度群岛及加勒比海群岛，夏威夷群岛（包括中途岛和棕榈岛）。

IATA 二区（TC2 或 Area 2）指欧洲（包括俄罗斯联邦的欧洲部分）和邻近的岛屿，冰岛，亚速尔群岛，非洲及其临近的岛屿，阿松申岛以及亚洲的一部分，即伊朗以西（包括伊朗）。

IATA 三区（TC3 或 Area 3）指伊朗以东的亚洲部分及其邻近的岛屿，东印度群岛，澳大利亚，新西兰及其邻近的岛屿，太平洋岛屿中除去属于一区的部分。

二、IATA 一区及其次区

IATA 一区的范围是北起格陵兰岛，南至南极洲，区域包括北美洲、拉丁美洲以及附近岛屿和海洋，即美洲大陆以及与之毗邻的岛屿，格陵兰、百慕大、西印度洋和加勒比海群岛、夏威夷群岛等。IATA 一区包括北美洲、南美洲、中美洲和加勒比地区四个次区。

（1）北美洲次区：包括阿拉斯加、加拿大、美国大陆、夏威夷、墨西哥、圣皮埃尔和密克隆。

（2）中美洲次区：包括伯利兹、哥斯达黎加、萨尔瓦多、危地马拉、洪都拉斯、尼加拉瓜。

（3）南美洲次区：包括阿根廷、玻利维亚、巴西、智利、哥伦比亚、厄瓜多尔、法属圭亚那、圭亚那、巴拿马、巴拉圭、秘鲁、苏里南、乌拉圭、委内瑞拉。

（4）加勒比次区：包括巴哈马、百慕大、加勒比群岛、圭亚那、法属圭亚那、苏里南。（注意：南美次区和加勒比次区有一部分是重合的。）

另外，当使用一区和二/三区间经大西洋航线的运价时，一区还可以划分为以下三个次区。

（1）北大西洋次区：包括加拿大、格陵兰、墨西哥、圣皮埃尔和密克隆、美国（包含阿拉斯加、夏威夷、波多黎各、美属维尔京群岛）。

（2）中大西洋次区：包括安圭拉、安提瓜和巴布达、阿鲁巴、巴哈马、巴巴多斯、贝利兹、百慕大、玻利维亚、开曼群岛、哥伦比亚、哥斯达黎加、古巴、多米尼克、多米尼加共和国、厄瓜多尔、萨尔瓦多、法属圭亚那、格林纳达、瓜德罗普、危地马拉、圭亚那、海地、洪都拉斯、牙买加、马提尼克、蒙特赛拉特、荷属安的列斯、尼加拉瓜、巴拿马、秘鲁、圣基茨和尼维斯、圣卢西亚、圣文森特和格林纳丁斯、苏里南、特立尼达和多巴哥、特克斯和凯科斯群岛、委内瑞拉、英属维尔京群岛。

（3）南大西洋次区：包括阿根廷、巴西、智利、巴拉圭、乌拉圭。

三、IATA 二区及其次区

IATA 二区的范围由整个欧洲大陆（包括俄罗斯的欧洲部分）及毗邻岛屿，冰岛、亚速尔群岛，非洲大陆和毗邻岛屿，亚洲的伊朗及伊朗以西地区组成。需要注意的是，IATA 定义的欧洲次区除了包括地理上的欧洲外，还应加上突尼斯、阿尔及利亚、摩洛哥、加纳利群岛、马德拉群岛及塞浦路斯和土耳其的亚洲部分。

（一）欧洲次区

除包括地理上的欧洲外，还包括摩洛哥、阿尔及利亚、突尼斯、加纳利群岛、马德拉群岛以及塞浦路斯和土耳其（既包括欧洲部分，也包括亚洲部分）。俄罗斯仅包括其欧洲部分。具体有：

北欧：冰岛、挪威、丹麦、瑞士、芬兰；

西欧：英国、法国、爱尔兰、比利时、荷兰、卢森堡；

中欧：瑞士、德国、奥地利、捷克共和国、斯洛伐克、波兰、列支敦士登；

南欧：阿尔巴尼亚、安道尔、保加利亚等；

东欧：俄罗斯（乌拉尔山以西部分）、乌克兰、白俄罗斯等。

另外，IATA 的欧洲次区还可划分为以下几个小区：

斯堪的那维亚：包括丹麦（格陵兰除外）、挪威、瑞典（运价计算时，上述三国应被视为是同一国）；

欧共体航空区域（European Common Aviation Area，ECAA）包括奥地利、比利时、丹麦、芬兰、法国、德国、希腊、冰岛、爱尔兰、意大利、列支敦士登、卢森堡、荷兰、挪威、葡萄牙、西班牙、瑞典、英国。

（二）非洲次区

含非洲大多数国家及地区，但北部非洲的摩洛哥、阿尔及利亚、突尼斯、埃及和苏丹不包括在内。该次区由下列小区组成：

中非：包括马拉维、赞比亚、津巴布韦；

东非：包括布隆迪、吉布提、厄立特里亚、埃塞俄比亚、肯尼亚、卢旺达、索马里、坦桑尼亚、乌干达；

南非：包括博茨瓦纳、莱索托、莫桑比克、纳米比亚、南非、斯威士兰；

西非：包括安哥拉、贝宁、布基纳法索、喀麦隆、佛得角、中非共和国、乍得、刚果（布）、刚果（金）、科特迪瓦、赤道几内亚、加蓬、冈比亚、加纳、几内亚、几内亚比绍、利比里亚、马里、毛里塔尼亚、尼日尔、尼日利亚、圣多美和普林西比、塞内加尔、塞拉利昂、多哥；

印度洋岛屿：包括科摩罗、马达加斯加、毛里求斯、马约特、留尼旺、塞舌尔；

利比亚：利比亚属于非洲次区，但不属于上述任何小区。

注意：地理上的非洲比 IATA 区域定义的要广，还包括阿尔及利亚、加拿利群岛、埃及、马德拉群岛、摩洛哥、突尼斯、苏丹；但上述国家在 IATA 区域的划分中分属于欧洲和中东次区。

（三）中东次区

包括巴林、塞浦路斯、埃及、伊朗、伊拉克、以色列、约旦、科威特、黎巴嫩、阿曼、卡塔尔、沙特阿拉伯、苏丹、叙利亚、阿拉伯联合酋长国、也门等。

四、IATA 三区及其次区

IATA 三区的范围由整个亚洲大陆及毗邻岛屿（已包括在二区的部分除外），澳大利亚、新西兰及毗邻岛屿，太平洋岛屿（已包括在一区的部分除外）组成。三区包括南亚次大陆次区、东南亚次区、西南太平洋次区以及日本、韩国、朝鲜次区。

南亚次大陆次区：包括阿富汗、孟加拉国、不丹、印度、马尔代夫、尼泊尔、巴基斯坦、斯里兰卡等南亚国家。

东南亚次区：包括中国（含港、澳、台）、东南亚诸国、蒙古国、俄罗斯亚洲部分及土库曼斯但等独联体国家、密克罗尼西亚等群岛地区。具体包括文莱、柬埔寨、中国（不包括香港、澳门、台湾）、圣诞岛、澳属科科斯群岛、关岛、香港特别行政区、印度尼西亚、哈萨克斯坦、吉尔吉斯斯坦、老挝、澳门特别行政区、马来西亚、马绍尔群岛、密克罗尼西亚、蒙古国、缅甸、北马里亚纳群岛、帕劳、菲律宾、俄罗斯（乌拉尔山以东）、新加坡、中国台湾、塔吉克斯坦、泰国、土库曼斯坦、乌兹别克斯坦、越南。

西南太平洋次区：包括澳大利亚、新西兰、所罗门群岛等。具体包括美属萨摩亚、澳大利亚、库克群岛、斐济、法属波利尼西亚、基里巴斯、瑙鲁、新喀里多尼亚、新西兰、纽埃、巴布亚新几内亚、萨摩亚、所罗门群岛、汤加、图瓦卢、瓦努阿图、瓦利斯和富图纳群岛以及中间的所有岛屿。

日本、朝鲜、韩国次区：仅含日本、韩国、朝鲜三个国家。

第五节 航路、航线与航权

一、航路

航路是由国家统一划定的具有一定宽度的空中通道，宽度通常为20千米。每条航路上都需要配备完善的通信和导航设备，并由空中交通管理机构提供必要的空中交通管制和航行情报服务。划定航路的目的是维护空中交通秩序，提高空间利用率，保证飞行安全。

在两个城市之间开辟新的航路，首先要在两个城市之间的地面上建立若干导航基站，安装无线电导航设施，由飞机沿着导航设施指引的方向，飞向目的地。这两个导航设施之间的连线通道就是航路。

民航的航线都是沿着航路飞行的。虽然两个城市之间的直线距离最短，且飞机飞直线最节约时间和油料，但飞机在空中飞行的航路却不是直线，而是曲线。地面建设的基站需要避开城市、水库和洼地等，不可能沿着直线建。因此航路是曲线，并且飞机实际飞行的路线也是曲线。

二、航线

飞机飞行的路线称为航空交通线，简称航线。航线是经过批准开辟的连接两个或几个地点，进行定期或不定期飞行，并且对外经营的航空交通线。航线确定了飞机飞行的具体方向、起讫与经停点。新航线的开辟有一定技术要求，需要按照飞机性能等一定要求选定飞行的航路，同时必须确保飞机在航路上飞行的整个过程中，能时时刻刻与地面保持联系，所以飞机实际飞行的路线是由不同的航路连接成的。

按照飞机飞行的起讫点，航线可分为国际航线、国内航线和地区航线。

（1）国际航线是指飞行的路线连接两个或两个以上国家的航线。在国际航线进行的运输是国际运输。一个航班如果在它的始发站、经停站、终点站有一点在外国的领土上都称为国际运输。

（2）国内航线是指在一个国家内部不同地点间的航线。航线的起讫点、经停点均在一国国境之内。它又可分为干线、支线和地方航线三大类：

①国内干线：航线的起讫点都是重要的交通中心城市。这些航线航班数量大、密度高、客流量大，如北京—上海航线、上海—广州航线等。

②国内支线：一个省或自治区之内的各城市之间的航线。支线的客流密度远小于干线，起止点中有一方是较小的机场。

③地方航线：把中小城市连接起来的航线。客流量很小，和支线界限很明确。

（3）地区航线是指一国之内各地区与有特殊地位地区间的航线。如内地与香港特别行政区、澳门特别行政区的航线以及大陆与台湾的航线。

三、航线网络

航线网络是指一定地域内若干条航线按某种方式连接而成的航线构成系统。航线网络由机场、航线和飞机等要素构成，其中机场与航线构成了航空运输的空间分布，决定了航空运输地面和空中保障能力。而飞机则通过航线由一个机场飞到另一个机场以实现旅客、货物、行李和邮件的空中位移。

从目前航线网络的构成分析，航线网络可分为城市对式、城市串式和枢纽辐射式。

（一）城市对式航线网络

城市对式航线是指从各城市之间的客流和货流的需求出发，建立城市与城市之间直接通航的航线和航班，如图 2 -2 所示。其特点是两地间都为直飞航线，旅客不必中转。其适用于客货流量较大的机场之间。

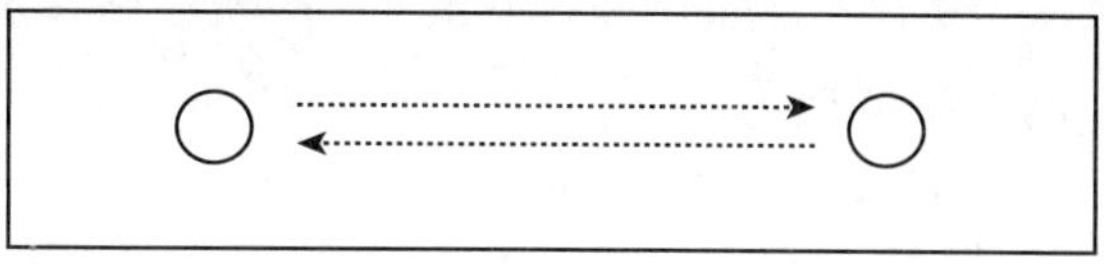

图 2 -2 城市对式航线网络

1. 优点

在城市对式航线结构中，旅客不必中转，可直接到达目的地。其形式简单，便于进行运力调配。因此成为航线网络中最基本的单元结构，也是目前我国航线结构中采用的主要形式。

2. 缺点

城市对式航线结构只考虑两点间运输量而不考虑或无法顾及同城市航线间衔接问题，无法形成区域资源的有效配置。具体如下：

（1）一个城市不可能直接通航任意多个城市。对于流量较小的机场之间，采用城市对式航线会使航班密度降低，从而使地面等待时间过长，航空运输的快速优势无法充分发挥。

（2）城市与城市之间的距离有远近，航线有长短，所用机型有大小。于是机场建设规模要扩大，机场跑道、设施必须满足大型飞机起降的要求，而利用率却不高。

（3）点对点的航线结构中，航空公司倾向于互相进攻对方的市场，容易形成重叠性航班，造成价格的恶性竞争。

（二）城市串式航线网络

城市串式，也称线性模式，是在城市对式的基础上发展而来的，主要指飞机从始发地至目的地的途中经一次或多次停留，在中途机场进行客货补充，以弥补起止机场间的客货源不足，形成串珠状的航空网络，这种网络实际上是城市对式纵向衍生的产物，如图 2 -3 所示。

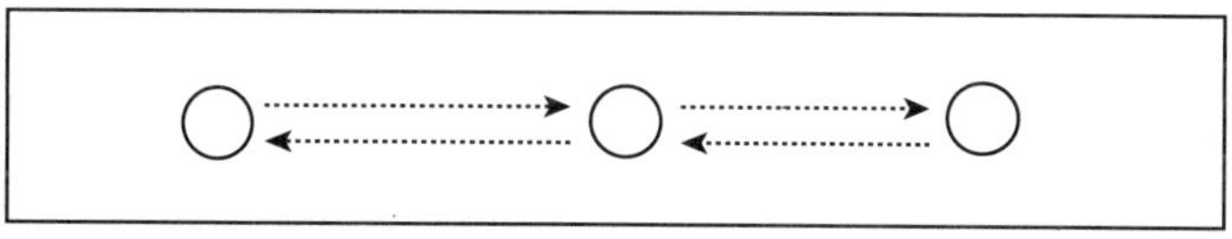

图 2 -3 城市串式航线网络

城市串式航线结构特点是一条航线由若干航段组成，优点是航班在途中经停获得补充的客货源，提高飞机的利用率、载运率和客座率，节省运力。但由于途中经停，容易造成航班延误，影响正常的运力调配。尤其经停站较多，一旦延误，会影响整个航程乃至整个网络中的运力调配。

（三）枢纽辐射式航线网络

枢纽辐射式航线网络，又称轮辐式航线结构或中转辐射式航线结构，是指含有枢纽机场和非枢纽机场的航线网络模式，航线的安排以枢纽城市为中心，以干线形式，满足枢纽城市间旅客与货物运输的需要，同时以支线形式由枢纽城市辐射至附近各中小城市，以汇集和疏散旅客与货物，干支线间有严密的航班时刻衔接计划，如图2－4所示。枢纽辐射式航线网络能给航空公司带来很明显的规模经济性和范围经济性。这种航线结构能有效利用航空市场资源，有利于提高航线运输量，有利于增加城市与城市间的航班频率，但它不能解决及时性和延迟性问题。目前，美国航空公司主要采用枢纽辐射式航线网络结构。

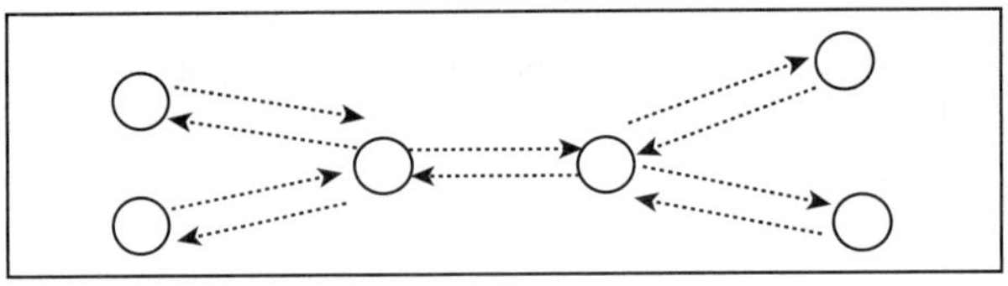

图2－4 枢纽辐射式航线网络

枢纽辐射式航线网络结构的建立和成功运营，能提高航空公司和机场的经营效益，促进航空运输业的发展，并有效带动地区经济发展繁荣，这种航线结构具有以下优点：

（1）更好地适应市场需求；

（2）能刺激需求，促进航空运输量的增长；

（3）有利于航空公司提高飞机的利用率、客座率和运载率；

（4）有利于机场提高经营效益。

四、航权

航权（Traffic Rights）是指国际航线中体现的过境权利和运输业务权利，也称国际航空运输的业务或空中自由权。航权是世界航空业通过国际民航组织制定的一种国家性质的航空运输权利，因为航空运输只要超出自己的国界就涉及其他国家的主权。航权是国家重要的航空权益，必须加以维护，在国际航空货物运输中交换这些权益时，一般采用对等原则，有时候某一方也会提出较高的交换条件或收取补偿费以适当保护本国航空企业的权益。

航权的概念起源于1944年“芝加哥会议”，亦称其为“空中自由权”（Freedoms of the Air），其法律根据是1944年的《国际航班过境协定》（即《两大自由协定》）和《国际航空运输协定》（即《五大自由协定》）的规定。航权包括以下9种。

（一）第一航权：领空飞越权

在不着陆的情况下，本国航机（即A）可以在协议国（即B）领空上飞过，前往其他国家（即C）目的地，如图2-5所示。

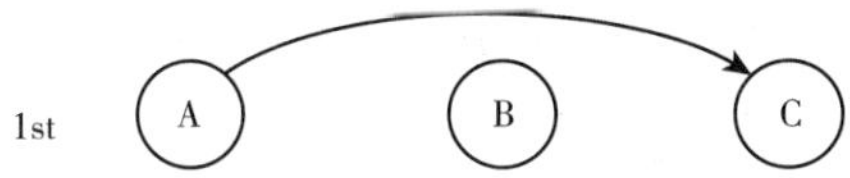

图2-5　第一航权示意图

例如，北京—旧金山，中途飞越日本领空，那就要和日本签订领空飞越权，获取第一航权，否则只能绕道飞行，增加燃料消耗和飞行时间。

（二）第二航权：技术降落权

本国航机（即A）可以因技术需要（如添加燃料、飞机故障或气象原因备降）在协议国（即B）降落、经停，但不得作任何业务性工作如上下客、货、邮，如图2-6所示。

图2-6　第二航权示意图

例如，北京—纽约，如果由于某飞机机型的原因，不能直接飞抵，中间需要在日本降落并加油，但不允许在该机场上下旅客和货物，此时就要和日本签订技术经停权。

航空公司飞远程航线，由于距离太远无法从始发地直接的飞到目的地，需要选择一个地方中途加油或者清洁客舱等技术工作，那么在这个地方的起降就称为技术经停。技术经停权，仅允许用于做非商业的技术处理，也就是不允许在当地上下客货。例如中国飞美国的航班，曾经在美国安克雷奇作技术经停。

（三）第三航权：目的地下客权

本国航机（即A）可以在协议国境内（即B）卸下乘客、邮件或货物，如图2－7所示。

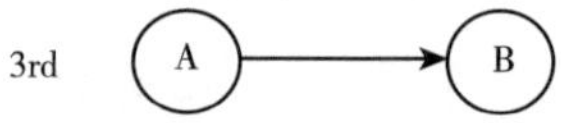

图2－7 第三航权示意图

例如，北京—东京，如获得第三航权，中国民航飞机承运的旅客、货物可在东京进港，但只能空机返回。

（四）第四航权：目的地上客权

本国航机（即A）可以在协议国境内（即B）载运乘客、邮件或货物返回，如图2－8所示。

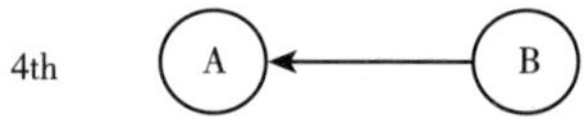

图2－8 第四航权示意图

例如，北京—东京，如获得第四航权，中国民航飞机能载运旅客、邮件或货物搭乘原机返回北京。

第三、第四航权是一对孪生兄弟。航空公司要飞国际航线，就是要进行国际客、货运输，将本国的客货运到其他国家，将其他国家的客货运到本国，这种最基本的商业活动权利就是第三、第四航权。

（五）第五航权：中间点权或延远权

可以先在第三国（即B）的地点作为中转站上下客货，第五航权是要和两个或两个以上的国家进行谈判（A代表本国，B代表第三国，C代表目的国），如图2－9所示。

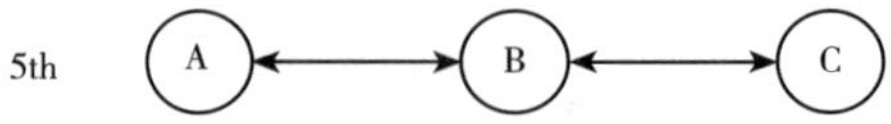

图2－9 第五航权示意图

例如，“卢森堡—郑州—芝加哥”国际货运航线，卢森堡货运航空公司获得第五航权，可以在卢森堡—芝加哥航线上在郑州经停，上下货。

第五航权是针对两个国家的双边协定而言的，在两国的协定中允许对方行使有关第三国运输的权利。但是在没有第三国同意的情况下，这个权利等于没有。因此航空公司在使用这个权利时，必然同时要考虑本国与这个“第三国”有没有相应的权利。第五航权之所以复杂，就是因为它涉及多个双边协定，并且在不同的协定中意味着不同种类的航权。第五航权的开放意味着外航不仅要分享对飞国之间的市场，同时还要分享本国到第三国的市场资源。

（六）第六航权：桥梁权

某国或地区的航空公司在境外两国或地区间载运客货且中途经其登记国或地区（此为第三及第四自由的结合）的权利（A 代表本国，B、C 代表协议国），如图 2－10 所示。

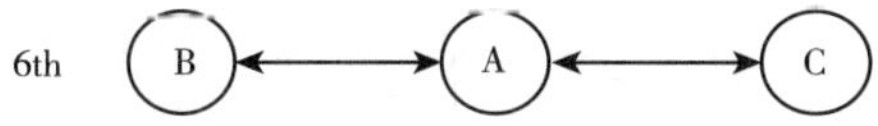

图 2－10 第六航权示意图

例如，伦敦—北京—汉城，国航将源自英国的旅客运经北京后再运到韩国。

（七）第七航权：完全第三国运输权

某国或地区的航空公司完全在其本国或地区领域以外经营独立的航线，在境外两国或地区间载运客货的权利（A 代表本国，B、C 代表协议国），如图 2－11 所示。

图 2－11 第七航权示意图

例如：伦敦—巴黎，由汉莎航空公司承运。

（八）第八航权：（连续的）国内运输权

某国或地区的航空公司在他国或地区领域内两地间载运客货的权利（境内经营权）（A 代表本国，B 代表协议国），如图 2－12 所示。

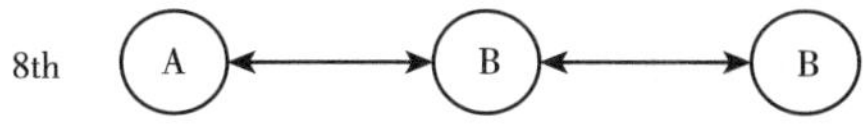

图 2－12 第八航权示意图

例如，北京—成都—东京，日本航空如果获得中国赋予的第八航权，就可以将北京的乘客、货物运到成都后下机，然后再飞往东京。

（九）第九航权：（非连续的）国内运输权

本国航机可以到协议国作国内航线运营（A 代表本国，B 代表协议国），如图 2 – 13 所示。

图 2 – 13　第九航权示意图

上述第八航权分为连续和非连续两种，如果是“非连续的国内载运权”即为第九航权。值得留意的是，第八航权和第九航权虽然都是关于在另一个国家内运输客货，但第八航权（Cabotage）只能从自己国家的一条航线在别国的延长；而第九航权（Full Cabotage）可以完全在另外一个国家开设航线。

第六节　时差与飞行时间

地球自转产生的一个重要现象是时差问题。地球自转造成经度不同，地区的时刻不同。当飞机跨越经度时，就产生了时刻上的不统一。目前世界主要航线的分布多呈东西向，沿这些航线飞行时，必须跨越经度。因此也就必须进行时差的换算，这对于安排航班、制订飞行计划和提高服务质量具有实际意义。

一、地方时

在古代，人们只能通过观察太阳在天空中的位置来确定本地时间，这个时间其实就是地方时，也即在地球上的某个特定地点，根据太阳的具体位置所确定的时刻，称为“地方时”。自古以来，人们习惯于把天亮作为一天的开始，天黑作为一天的结束，而把太阳正对头顶的时刻，即当地经线正对太阳的时刻，作为正午 12 点。我国古代有一种计时用的仪器，称为日晷，利用太阳影子的长度来确定时刻，把影子最短时作为正午 12 点。

由于地球自西向东自转，在同纬度的地区，相对位置偏东的地方要比位置偏西的地点先看到日出，时刻就要早，这也就是人们常说的“东边太阳出现总比西边的早，东边正午时刻也来的早”。这就造成了因经度不同而出现不同的时刻，即为地方时，每一条经线上的地方都有相对应的地方时。如当东经 90°经线处于正午 12 点时，0°经线处才刚刚天亮，而 180°经线处已经太阳下山了。

地方时与地球自转的关系：

（1）经度相同，时刻相同，否则不同；即同一条经线上的各地，地方时相同。

（2）地球自西向东自转，东边时刻总比西边早。

（3）地球自转的角速度 $\omega \approx 15°/h$，因此经度每隔 15°，地方时相差 1h（小时）；经度相差 1°，地方时相差 4min（分钟）。

地方时计算方法：

$$E = E_0 \pm \Delta n \tag{2-1}$$

$$\Delta n = \Delta\lambda \div 15 \tag{2-2}$$

$$\Delta\lambda = \lambda \pm \lambda_0 \tag{2-3}$$

其中，E 表示所求地方时，E_0表示已知地方时，Δn 表示时差，$\Delta\lambda$ 表示经度差，λ 表示所求地方的经度，λ_0表示已知地方的经度。式（2－1）的符号遵循同减异加（同经度相减，不同经度相加）的原则，式（2－3）的确定遵循东加西减（所求地方在已知地方的东边则加，所求地方在已知地方的西边则减）的原则，即：

$$E_{东} = E_{0西} + \Delta n \tag{2-4}$$

$$E_{西} = E_{0东} - \Delta n \tag{2-5}$$

特别地，计算时间时，可以认为东经度总是在西经度的东边。

经度不同，时刻不同，如果把经度分的过细就会出现许多地方时，如果各地都用各地的地方时，无法统一安排各项工作，给通讯、交通等带来不便，整个国家的工作秩序也将变得混乱，因此出现了“区时”这个概念。

二、理论区时

（一）东西 12 区

1879 年，加拿大铁路工程师伏列明提出了时区的概念，这个建议在 1884 年的一次国际会议上得到认同，由此正式建立了统一世界计量时刻的“区时系统”。区时系统规定：地球上每 15°经度范围作为一个区时，整个地球表面被划分为 24 个时区。世界时区的划分以本初子午线（0°经线）为标准，从西经 7. 5°到东经 7. 5°（经度间隔 15°）为零时区。零时区以东分为东 1 区至东 11 区；以西分为西 1 区至西 11 区；东 12 区、西 12 区各占 7.5 个经度（即半个时区），合为东西 12 区。

（二）国际日期变更线

时区解决了时间不统一的问题，但是仍然存在日期不统一的问题，即哪儿最先进入新的一天。为了解决此问题，引入了国际日期变更线的概念。即人为地划定一条经线，把它作为最早进入新的一天的开始。

国际日期变更线放在 0°经线上最理想，它有利于世界各地日期的换算，但是 0°经线穿越许多欧洲国家，会造成一个国家同时出现两个日期的现象，这无论对工作还是对生活都很不方便。为了避免这一现象的发生，将国际日期变更线划在经度为 180°的太平洋上，并且有几个弯折。

国际日期变更线确定后，由于地球自西向东转，因此日期变更线的西侧总是先进入新的一天，而东侧要等地区转了近一周时才进入新的一天。这样，向东穿越国际日期变更线时，为了与当地日期一致，日期要减一天；向西穿越国际日期变更线时，为了与当地日期一致，日期要加一天。

三、标准时

一定程度上，标准时与理论区时是一个概念，但一些国家的时区并不是按照理论上的 24 个时区来划分的，而是按照本国的行政区划根据需要确定的，因此与理论区时略有差异，这样划分得到的时刻系统称为各国标准时，它是各国实际采用的时刻系统，对外而言，则为该国的当地时间。

以我国为例，中国东西相跨 5 个时区（东五/六/七/八/九区）。我国北京处于东 8 区，而新疆处于东 6 区，但新疆和北京均采用北京的理论区时，只是在作息上比北京推迟了 2h。这表明，实际上新疆采取了东 6 区的区时。

俄罗斯从东 1 区到西 11 区跨 12 个时区，如果统一使用一个区时，将会出现不合理的现象，明明是午夜时分，钟表上所指的却是正午 12 点。因此俄罗斯共划分出 11 个时区，最西的一个时区实际跨了两个理论时区。

计算两地时差时要注意，根据“同减异加”的原则，如北京在东 8 区，乌克兰在东 2 区，北京和乌克兰的时差相差 =8 -2 =6，即北京与乌克兰相差 6 个小时。纽约在西 5 区，北京与纽约的时差 =8 +5 =13，即北京与纽约相差 13 个小时。

四、格林威治时间

格林威治时间（Greenwich Mean Time，GMT），国际上统一规定以零时区的区时作为标准时，称为世界时。全世界需要时间同步或统一时，共同使用世界时。

有了格林威治时间，则其他各时区的标准时间均可以表示为 GMT + 时差的形式。如北京在东 8 区，时差为 +8，即北京的时间比格林威治时间提前 8 个小时，表示为 GMT +8；纽约在西 5 区，时差为 -5，即纽约的时间比格林威治时间落后 5 个小时，表示为 GMT -5。即，标准时与格林威治时间的换算可以参考以下公式：

T(Standard time) = GMT + N,

其中，T 是指标准时，GMT 是格林威治时间，N 是时区差。

【例 2 -1】 当 GMT 时间为 12 月 25 日 12：00 时，求北京的当地时间。

解：由于北京的时差为 GMT +8，表示比 GMT 早 8 个小时，因此北京的当地时间为 12：00 +08：00 =20：00。

【例 2 -2】 当法国的当地时为 12 月 24 日 8：00 时，问北京的当地时间是几时？

解：由于法国在东 1 区，法国的时差为 GMT +1，北京在东 8 区，北京的时差为 GMT +8，因此法国与北京的时差 =8 -1 =7，即法国比北京晚 7 个小时。已知法国现在是 12 月 24 日 8：00，因此北京当时时间 $E_{东} = E_{0西} + \Delta n$ = 08：00 +07：00 = 15：00，即 12 月 24 日下午 15：00。

五、协调世界时

协调世界时（Universal Time Coordinated，UTC），又称世界统一时间、世界标准时间、国际协调时间，是由国际无线电咨询委员会规定和推荐，并由国际时间（BIH）负责保持的以秒为基础的时间标度。协调世界时 UTC 是现在全球通用的时间标准，全球各地都同意将各自的时间进行同步协调。协调世界时 UTC 是经过平均太阳时（以格林威治时间 GMT 为准）、地轴运动修正后的新时标以及以秒为单位的国际原子时所综合精算而成。协调世界时是以原子时秒长为基础，在时刻上尽量接近于世界时的一种时间计量系统，如果不考虑秒，GMT 和 UTC 时间基本是一样的。

根据国际民航组织的决定，自 1985 年 11 月 21 日北京时间 8 时 01 分起，国际民用航空停止使用“世界时（亦称国际时）GMT”，一律使用“协调世界时”。国际标准组织规定的“协调世界时（UTC）”的表示方式，其顺序为：年、月、日、时、分、秒；均用数字表示。国际民用航空的国际航空运行和空中交通服务信息记时，也使用上述的表示方式。空中交通服务电报中仍使用“日、时、分”。凡按我国规定使用“世界时（亦称国际时）GMT”的，一律改用“协调世界时”并在时间后注明（UTC）。各种时钟校准，一律用我国中央人民广播电台标准时间。

六、夏令时

夏令时（Daylight Saving Time，DST），又称“日光节约时制”和“夏令时间”。有些国家为了充分利用日光，在夏季将其当地时间提前一个小时，在这一制度实行期间所采用的统一时间称为“夏令时”。

在国际时差换算表中，不少国家在 DST 一栏有数字，表示执行夏令时制。“DST Effective Period”表示执行夏令时的时间。如在英国“DST Effective Period”为 26 Mar 23 至 29 Oct 23，表示英国在 2023 年 3 月 26 日至 10 月 29 日期间执行夏令时制。

七、飞行时间计算

这里的飞行时间是指从始发站机场起飞，至最终目的地为止的整个时间，包括经停或中转时间。计算某一个航班的飞行时间，若在同一个时区（大多数国家实行单时区制），可以直接用到达时间减去起飞时间即可得到。如 CZ3177 航班，于 11：00 从广州起飞，13：55 到达北京，则该航班的飞行时间 T = 13：55 – 11：00 = 02：55，即 2 小时 55 分。

但对于国际航班，或在一个实行多时区制的国家飞行的航班，由于航班时刻表中的起飞时间和到达时间都是用当地时间表示，因而计算飞行时间时，要考虑两地的时差。飞行时间的计算步骤如下：

（1）从国际时差换算表中找出始发站和目的站所在时区；

（2）将起飞和到达的当地时间换算成世界标准时（GMT）或者根据始发站和目的站所处的时区换算成其中某一个地区的当地时间；

（3）用到达时间减去起飞时间，即是飞行时间。

【例 2 – 3】某人 12 月 22 日从广州白云机场（CAN）乘坐 19：00 的 CZ699 航班去纽约肯尼迪机场（JFK），到达纽约肯尼迪机场时当地时间是 12 月 22 日 21：10。

计算飞行时间。

解法一： 统一采用世界标准时系统（GMT）计算。

第一步，从国际时差换算表中找出始发站和目的站所在时区。

由国际时差换算表可知，广州在东 8 区，纽约在西 5 区，即：

CAN = GMT + 8,

JFK = GMT − 5。

第二步，将起飞和到达时间换算成世界标准时（GMT）。

CAN(GMT)19：00 − 08：00(GMT) = GMT 11：00,

JFK(GMT)21：10 + 05：00(GMT) = GMT 26：10。

第三步，用到达时间减去起飞时间，即是飞行时间。

飞行时间 = GMT 26：10 − GMT 11：00 = 15：10,

即飞行时间为 15 小时 10 分钟。

解法二： 统一采用纽约时间系统计算。

第一步，从国际时差换算表中找出始发站和目的站所在时区。

由国际时差换算表可知，广州在东 8 区，纽约在西 5 区，即：

CAN = GMT + 8,

JFK = GMT − 5。

第二步，将起飞时间换成纽约的当地时间。

广州和纽约相差 13 个时区，相差 13 个小时。因此起飞时的纽约时间为

$E_{西} = E_{0东} - \Delta n$,

$E_{纽约} = E_{0广州} - \Delta n = 19:00 - 13:00 = 06:00$（12 月 22 日）。

第三步，用到达时间减去起飞时间。

飞行时间 = 21：10 − 06：00 = 15：10,

即飞行时间为 15 小时 10 分钟。

解法三： 统一采用广州时间系统计算。

第一步，从国际时差换算表中找出始发站和目的站所在时区。

由国际时差换算表可知，广州在东 8 区，纽约在西 5 区，即：

CAN = GMT + 8,

JFK = GMT − 5。

第二步，将到达时间换成广州的当地时间。

广州和纽约相差 13 个时区，相差 13 个小时。因此到达时的广州时间为

$E_{东} = E_{0西} + \Delta n$,

$E_{广州} = E_{0纽约} + \Delta n = 21:10 + 13:00 = 34:10 = 24:00 + 10:00 = 10:10$（12 月 23 日）。

第三步，用到达时间减去起飞时间。

飞行时间 $= 34:10 - 19:00 = 15:10$，

即飞行时间为 15 小时 10 分钟。

第七节　航空货运的代码简介

在航空货运这个行业，由于缮制单证的限制、操作的方便程度等原因，使整个货运流程代码作用非常显著，如国家二字代码、城市三字代码、机场三字代码、航空公司二字代码、航空货运操作代码等。

一、国家代码

在航空运输中，国家名称采用 ISO 国家二字代码表示，常见国家的二字代码如表 2－2 所示。

表 2－2　常见的国家二字代码

英文名称	中文名称	国家二字代码
CHINA	中国	CN
UNITED STATES OF AMERICA	美国	US
UNITED KINGDOM	英国	GB
GERMANY	德国	DE
FRANCE	法国	FR
KOREA	韩国	KR
SINGAPORE	新加坡	SG
CANADA	加拿大	CA
AUSTRALIA	澳大利亚	AU

二、城市三字代码

国际航空运输协会（IATA）对世界上的国家、城市、机场和加入国际航空运输协会的航空公司制定了统一的编码。在航空运输中，城市名称用 IATA 城市代码表示，由三个英文字母组成。常见的 IATA 城市代码如表 2－3 所示。

表 2－3 常见的城市的 IATA 城市代码

英文名称	中文名称	IATA 城市代码
BEIJING	北京	BJS
GUANGZHOU	广州	CAN
SHANGHAI	上海	SHA
LONDON	伦敦	LON
SEOUL	首尔	SEL
NAGOYA	名古屋	NGO
PARIS	巴黎	PAR
CHICAGO	芝加哥	CHI
NEW YORK	纽约	NYC
WASHINGTON	华盛顿	WAS
LOS ANGELES	洛杉矶	LAX
TOKYO	东京	TYO
OSACA	大阪	OSA

三、机场代码

在航空运输中，机场有三字代码和四字代码。机场三字代码即 IATA 机场代码，全称为国际航空运输协会机场代码，由国际航空运输协会（IATA）制定。IATA 机场代码由 3 个大写英文字母组成，不允许有数字，它刊登在 IATA 机场代码目录中。IATA 机场代码用于商业订票和货运电报中，是货运和商务旅客调度部门之间常用的代码。

机场四字机场代码即 ICAO 机场代码，全称为国际民用航空组织机场代码，是国际民航组织（ICAO）为世界上所有机场所订定的识别代码，由 4 个英文字母组成。ICAO 机场代码较少在公众使用，主要用于空中交通管理部门之间传输航班动态，通常用于空中交通管理及飞行策划等。ICAO 机场代码有区域性的结构，并不会重复。通常首字母代表所属大洲，第二个字母则代表国家，剩余的两个字母则用于分辨城市。部分幅员广大的国家，则以首字母代表国家，其余三个字母用于分辨城市。例如 EG 开头的都是英国机场。美国大陆使用 K 开头。大多数 Z 开头的是中国机场（不含 ZK－朝鲜和 ZM－蒙古）。常见机场的 IATA 机场代码、ICAO 机场代码如表 2－4 所示。

表 2－4　　常见机场的 IATA 机场代码和 ICAO 机场代码

机场名称	机场所在国家	IATA 机场代码	ICAO 机场代码
北京首都国际机场	中国	PEK	ZBAA
北京大兴国际机场	中国	PKX	ZBAD
上海浦东国际机场	中国	PVG	ZSPD
上海虹桥国际机场	中国	SHA	ZSSS
广州白云国际机场	中国	CAN	ZGGG
香港国际机场	中国	HKG	VHHH
台北桃园国际机场	中国	TPE	RCTP
澳门国际机场	中国	MFM	VMMC
蒙特利尔特鲁多国际机场	加拿大	YUL	CYUL
温哥华国际机场	加拿大	YVR	CYVR
渥太华国际机场	加拿大	YOW	CYOW
华盛顿杜勒斯国际机场	美国	IAD	KIAD
华盛顿国家机场	美国	DCA	KDCA
纽约肯尼迪国际机场	美国	JFK	KJFK
洛杉矶国际机场	美国	LAX	KLAX
亚特兰大国际机场	美国	ATL	KATL
孟菲斯国际机场	美国	MEM	KMEM
伦敦希斯罗国际机场	英国	LHR	EGLL
曼彻斯特机场	英国	MAN	EGCC
戴高乐机场	法国	CDG	LFPG
法兰克福机场	法国	FRA	EDDF
柏林勃兰登堡机场	德国	BER	EDDB
慕尼黑机场	德国	MUC	EDDM
阿姆斯特丹史基浦机场	荷兰	AMS	EHAM
鹿特丹机场	荷兰	RTM	EHRD
东京成田国际机场	日本	NRT	RJAA
东京羽田机场	日本	HND	RJTT
大阪关西国际机场	日本	KIX	RJBB
仁川国际机场	韩国	ICN	RKSI
新加坡樟宜国际机场	新加坡	SIN	WSSS

四、航空公司代码

在航空运输中，航空公司也有二字代码和三字代码之分。航空公司的 IATA 代码，是国际航空运输协会（IATA）为全球各航空公司指定的代码，通常由两位字母或者“字母及数字”组成，一般用在航空公司之间的飞行动态格式报文或相关票务上。需要注意的是，这个代码需要航空公司向国际航空运输协会（IATA）申请，经批准后才能使用。由于我国部分航空公司成立较晚，大部分代码都已被其他航空公司使用，因而个别航空公司的二字代码只能挑选尚未启用的，有的甚至含有数字的代码，如上海春秋航空公司为 9C，四川航空公司为 3U。绝大多数国际航空公司都是国际航空运输协会的成员，航空公司中通常使用 IATA 二字代码，以便和其他航空公司共享联程中转的票价、机票发行标准。

航空公司的 ICAO 代码是国际民航组织（ICAO）为世界上所有航空器公司定制的识别代码，由三个英文字母组成，该代码主要用于空中交通管理部门。另外，航空公司还有三位数字代码也即票证代号，主要用于航空货运单、民航电子客票上，详见表 2 -5。航空货运单一般用 11 位数字表示，如 999 -25458171，999 就是中国国际航空公司的票证代号，2545817 是货运单序号，1 是检验号。而民航电子客票号由 13 位数字组成，如 781 -2170220271，前面 3 位数字 781 是中国东方航空公司的票证代号，后面 10 位数代表流水票号。

表 2 -5　　　常见航空公司代码

航空公司名称	IATA 代码	ICAO 代码	票证代号
中国国际航空公司	CA	CCA	999
中国南方航空公司	CZ	CSN	784
中国东方航空公司	MU	CES	112
厦门航空公司	MF	CXA	731
山东航空公司	SC	CDG	324
深圳航空公司	ZH	CSZ	479
上海航空公司	FM	CSF	774
四川航空公司	3U	CSC	876
海南航空公司	HU	CHH	880
首都航空公司	JD	CBJ	898
上海吉祥航空公司	HO	DKH	018
澳门航空公司	NX	AMU	675

续表

航空公司名称	IATA 代码	ICAO 代码	票证代号
香港国泰航空公司	CX	CPA	160
中国联合航空公司	KN	CUA	822
大韩航空公司	KE	AKA	180
韩亚航空公司	OZ	AAR	988
日本航空公司	JL	JAL	131
全日空公司	NH	ANA	205
新加坡航空公司	SQ	SIA	607
美国西北航空公司	NW	NWA	012
美国联合航空公司	UA	UAL	016
英国航空公司	BA	BAW	125
德国汉莎航空公司	LH	DLH	020
法国航空公司	AF	AFR	057
俄罗斯国际航空公司	SU	AFL	555
意大利航空公司	AZ	AZA	055
马来西亚航空公司	MH	MAS	232
阿联酋航空	EK	UAE	176

五、航空货运的操作代码

在国际航空货物运输中，经常使用一些操作代码，以便根据运输中主要运输货物的性质，采取相应的操作策略等。常见的航空操作代码如表 2－6 所示。

表 2－6　　常见的航空操作代码

操作代码	英文全称	中文全称
AOG	AIRCRAFT ON GROUND	航材
AVI	LIVE ANIMAL	活体动物
BIG	OUTSIZED	超大货物
CAO	CARGO AIRCRAFT ONLY	仅限货机
DIP	DIPLOMATIC MAIL	外交邮袋
EAT	FOODSTUFFS	食品
FIL	UNDEVELOPED/UNEXPOSED FILM	未冲洗未曝光的胶卷
FRO	FROZEN GOODS	冷冻货物
HUM	HUMAN REMAINS IN COFFINS	尸体

续表

操作代码	英文全称	中文全称
ICE	DRY ICE	干冰
LHO	LIVING HUMAN ORGANS/BLOOD	人体器官/鲜血
NWP	NEWSPAPERS, MAGAZINES	报纸杂志
OBX	OBNOXIOUS CARGO	有强烈异味的货物
OHG	OVERHANG ITEM	拴挂货物
PEF	FLOWERS	鲜花
PEM	MEAT	肉
PER	PERISHABLE CARGO	易腐货物
PES	FISE/SEAFOOD	鱼/海鲜
VAL	VALUABLE CARGO	贵重物品
WET	SHIPMENTS OF WET MATERIAL NOT PACKED IN WATERTIGHT CONTAINERS	潮湿货
HEA	HEAVY CARGO, 150KGS AND OVER PER PIECE	单件 150 公斤以上的货物

六、常见的危险品代码

危险品运输是航空货物运输中操作最复杂、难度最大的一类货物，尤其在仓储、运输的环节需要特别注意，在货物的外包装经常看到这些 IMP 代码。这些代码是国际航协联运电文代号（CARGO IMP）给予每一类别或项别的危险品一个货运 IMP 代码，以便于在不同的运输文件中使用，详见表 2－7。

表 2－7　危险品 IMP 代码

IMP 代码	英文全称	中文全称
IMP	Interline Message Procedure	联运文电代码
CAO	Cargo Aircraft Only	仅限货机
DGD	Shipper's Declaration for Dangerous Goods	托运人危险品申报单
ICE	Carbon Dioxide, Solid (Dry Ice)	固体二氧化碳（干冰）
MAG	Magnetized Material	磁性物质
RCL	Cryogenic Liquids	低温液体
RCM	Corrosive	易腐蚀的货物
RCX	Explosives 1. 3C	1. 3C 类
RDS	Biological Substance, Category B (UN3373)	诊断样本

续表

IMP 代码	英文全称	中文全称
REQ	Dangerous Goods in Excepted Quantities	例外数量的危险品
REX	To be Reserved for Normally Forbidden Explosives, Divisions 1. 1, 1. 2, 1. 3, 1. 4F, 1. 5 and 1. 6	通常为禁运的爆炸品 1. 1、1. 2、1. 3、1. 4F、1. 5 和 1. 6
RFG	Flammable Gas	易燃气体
RFL	Flammable Liquid	易燃液体
RFS	Flammable Solid	易燃固体
RFW	Dangerous When Wet	遇水释放易燃气体的物质
RGX	Explosives 1. 3G	1. 3G 爆炸品
RIS	Infectious Substance (UN2814 or UN2900)	感染性物质
RMD	Miscellaneous Dangerous Goods	杂项危险品
RNG	Non – Flammable Non – toxic Gas	非易燃无毒气体
ROP	Organic Peroxide	有机过氧化物
ROX	Oxidizer	氧化剂
RPB	Toxic Substance	有毒物质
RPG	Toxic Gas	有毒气体
RRE	Excepted Packages of Radioactive Material	放射性物质例外包装件
RRW	Radioactive Material Category Ⅰ – White	Ⅰ级放射性物质 – 白色
RRY	Radioactive Material Category Ⅱ – Yellow and Ⅲ – Yellow	Ⅱ级和Ⅲ级放射性物质 – 黄色
RSB	Polymeric Beads	聚合物颗粒
RSC	Spontaneously Combustible	自燃物质
RXB	Explosives 1. 4B	1. 4B 爆炸品
RXC	Explosives 1. 4C	1. 4C 爆炸品
RXD	Explosives 1. 4D	1. 4D 爆炸品
RXE	Explosives 1. 4E	1. 4E 爆炸品
RXG	Explosives 1. 4G	1. 4G 爆炸品
RXS	Explosives 1. 4S	1. 4S 爆炸品

七、常见的缩写

在航空运输中，经常碰到一些缩写，这些缩写也是代码形式，各有不同的表示方法，常见的缩写如表 2 – 8 所示，还有航空运单服务代号缩写，如表 2 – 8 所示。

表 2-8　常见缩写代码

	全称	缩写
货运单	Air Waybill	AWB
货运账目清算系统	Cargo Accounts Settlement System	CASS
运费到付	Charges Collect	CC
活体动物运输规程	Live Animals Regulations	LAR
货物运费更改通知书	Cargo Charges Correction Advice	CCCA
无声明价值	No Value Declared	NVD
运费预付	Charges Prepaid	PP
托运书	Shipper's Letter of Instruction	SLI
集装器	Unit Load Device	ULD
分运单	House Air Waybill	HAWB
总运单	Master Air Waybill	MAWB
公务货物	Service Shipment	B
公司货物	Company Material	C
门对门服务	Door to Door Service	D
优先服务	Priority Service	J
小件货服务	Small Package	P
包机	Charter	T

习题

一、简答题

1. 与国际航空货物运输相关的组织有哪些？

2. 与国际航空货物运输相关的法律法规有哪些？

3. 世界航空区划如何划分？并简述 TC1、TC2、TC3 的范围和区域。

4. 区分地方时、理论区时、标准时、格林威治时间、协调世界时、夏令时。

5. 指出以下货运代码的含义：AOG、PER、DIP、ICE、CAO、MAG、NVD、HWB。

6. 列举 TC1、TC2、TC3 主要的国家、航空公司、机场的代码信息。

7. 什么是航权？简述九大航权。

二、计算题

1. 某飞机于北京时间 3 月 2 日 10：30 从上海浦东国际机场（PVG）乘坐航班去莫斯科谢诺梅杰沃机场（SVO），到达莫斯科时当地时间是 3 月 3 日 18：50。计算飞行时间。

2. 干冰常作为冷却剂包装在货物外表，用于短途运输货物的冷却保温。一箱鲜货用干冰作冷却剂，有效期 26 小时。某航班于 3 月 6 日上午 09：10 从 Lusaka（赞比亚卢萨卡）起飞，于 3 月 7 日 14：50 飞抵 Hong Kong（香港）。该干冰冷却时间是否有效？

三、资料分析

随着两岸空运客运航点的陆续恢复，2023 年 3 月 31 日起，中国南方航空将恢复深圳—台北航线，每周一、周三、周四、周五、周六、周日各执行一个往返，由 A333（空客 333）机型执飞。4 月 1 日起，南航将恢复广州—台北航线，每天一个往返，由 A333 机型执飞。广州/深圳—台北航线复航后，南航台北航班每周将增至 40 班次。

具体航班计划为：

深圳—台北（CZ3087/8），去程北京时间 9：15 从深圳宝安机场起飞，11：15 抵达台北桃园机场；回程 12：30 从台北桃园机场起飞，北京时间 14：35 抵达深圳宝安机场。

广州—台北（CZ3097/8），去程北京时间 11：30 从广州白云机场起飞，13：25 抵达台北桃园机场；回程 14：50 从台北桃园机场起飞，北京时间 17：05 抵达广州白云机场。

后续，南航将根据两岸政策和市场、运行、保障等情况，继续加大台湾航线运力投放，陆续恢复郑州—台北、武汉—台北、武汉—高雄等航线，为两岸同胞出行提供更优质便捷的服务。

依据资料回答以下问题：

1. 什么是航线，资料中广州/深圳—台北航线属于哪种类型的航线？

2. 分小组搜集资料，简要介绍深圳宝安国际机场、广州白云国际机场、台北桃园国际机场的基本信息。

第三章
航空货运的设备设施

第一节　飞　　机

一、货运飞机

飞机是航空货物运输的运输工具。目前全球知名的飞机制造商主要有波音公司、空客公司、加拿大庞巴迪等。

（一）波音公司

波音公司（Boeing，简称波音）是全球最大的航空航天业公司（见图 3－1），也是世界领先的民用飞机和防务、空间与安全系统制造商，以及售后支持服务提供商。其于 1916 年 7 月 1 日成立，总部位于芝加哥。作为美国最大的制造出口商，波音公司为分布在全球 150 多个国家和地区的航空公司和政府客户提供支持。

图 3－1　波音公司

波音公司生产的民用运输机主要包括 B707、B717、B727、B737、B747、B757、B767、B777、B787 系列飞机，提供从 100 座级别到 500 多座级别以及货运型号在内的各种民用运输机。全球同时在现役运营的波音民用飞机有上万架之多。货机方面，B747－8F是当今世界能力最强的货机，B777－8F是世界上拥有最强性能和最优燃油效率的货机，B777F是航程最远的双发货机，B767－300F是最多样性的中型宽体货机，B767－300BCF是普货和快递市场打造的改装货机，B737－800BCF是世界上最高效、可靠的标准机身货机。

（二）空中客车公司

空中客车公司（Airbus，简称空客、空中巴士），是欧洲一家飞机制造、研发公司（见图3－2），1970年12月于法国成立。空中客车公司的股份由欧洲宇航防务集团公司（EADS）100%持有。公司生产的主要机型包括A300、A310、A319、A320、A321、A330、A340、A350、A380等，其中A380是目前现役载量最大的客机，被称为“空中巨无霸”。

AIRBUS

图3－2　空客公司

货机方面，A330－200F取代“客货混运”机型，是全球最先进的中型货机；A330－200/300P2F货机源于全球最受欢迎宽体飞机之一的A330系列飞机，其业载、容积和装载模式可满足普通货物和快递物流的各类需要，航程满足中远程航线需求，为航空公司提供了极高的运营灵活性，是用途广泛并具有极强可持续性的货机机型；A330－300P2F更适合于运输高密度货物及远程飞行；A320P2F和A321P2F货机拥有更高的业载、更大的容积和更高的运营效率，运营成本也更具有优势；A350F货机是新一代远程航线领先宽体飞机；Beluga空客大白鲸飞机，具有目前民用航空及军用航空领域最大的货舱，为快速高效运送大型航空货物提供了可能。

（三）麦克唐纳·道格拉斯

麦克唐纳·道格拉斯公司（McDonnell Douglas，简称麦道），在世界民机史上有着极其重要的地位（见图3－3）。长期以来，它在干线客机研制和销售上排位仅次于波音，居世界第二位，并占据着美国头号国防承包商的地位。1997年，麦道被波音收购。公司主要机型包括 DC－8、DC－9、DC－10、MD80、MD－90、MD－11 等。

图 3－3　麦道公司

DC－10 和 MD－11 系列动力强劲，机舱宽大，能装载大型货物，航程又远，且三发机最大起飞重量大于双发飞机，能够装载更多货物，深受许多货运航空公司的欢迎。2021 年 6 月 4 日，FedEx 退役了一架机龄已经 43.6 年的 DC－10 货机。这是 FedEx 的最后一架，也是全球最后一架 DC－10 货机。这意味着从此人类的天空中再也没有 DC－10 的身影。

（四）巴西航空工业公司

巴西航空工业公司（Embraer S. A.，简称巴航工业），是巴西的一家航空工业集团（见图 3－4），业务范围主要包括商用飞机、公务飞机和军用飞机的设计制造，以及航空服务。现为全球最大的 120 座级以下商用喷气飞机制造商，占世界支线飞机市场约 45% 市场份额。该公司现已跻身于世界四大民用飞机制造商之列，成为世界支线喷气客机的最大生产商。

图 3－4　巴西航空工业公司

截至目前，公司已向全球 45 个国家交付约 6000 架各类飞机。主要机型有 Phenom 100、Phenom 300、Legacy 450、Legacy 500、Legacy 600、Legacy 650 和 Lineage 1000 喷气公务机等。

（五）庞巴迪公司

庞巴迪公司（Bombardier Inc.），成立于 1942 年，是全球唯一同时生产飞机和机车的设备制造商（见图 3－5），是全球第三大民用飞机制造商，是加拿大与中国往来较多的著名公司和经济团体。

庞巴迪公司是一家世界领先的创新交通运输解决方案供应商，生产范围覆盖支线飞机、公务喷气机以及铁路和轨道交通运输设备、系统及服务等。庞巴迪公务

图 3 –5　庞巴迪公司

机，从轻型、中型到大型公务机，主要机型包括 3 个系列即里尔系列、“挑战者”系列和“环球快车”系列。在宇航领域，庞巴迪公司是制造支线飞机、喷气式公务机和水陆两栖飞机的领袖，主要机型包括 CRJ –100/200 型、CRJ –100、CRJ –200、CRJ –700 型等。

（六）中国商用飞机有限责任公司

中国商用飞机有限责任公司（Commercial Aircraft Corporation of China Ltd，COMAC，简称中国商飞），于 2008 年 5 月 11 日在中国上海成立，是我国实施国家大型飞机重大专项中大型客机项目的主体，也是统筹干线飞机和支线飞机发展、实现我国民用飞机产业化的主要载体（见图 3 –6）。

图 3 –6　中国商飞

中国商用飞机有限责任公司的代表机型是 C919。该机型是中国首款完全按照国际先进适航标准研制的单通道大型干线客机，具有中国完全的自主知识产权。最大航程超过 5500 公里，性能与国际新一代的主流单通道客机相当。C919 于 2017 年 5 月 5 日成功首飞，于 2022 年 9 月完成全部适航审定工作后获中国民用航空局颁发的型号合格证，2022 年 12 月 9 日全球首架交付，2023 年 5 月 28 日圆满完成首次商业飞行。标志着我国具备自主研制世界一流大型客机能力，是我国大飞机事业发展的重要里程碑。

二、飞机舱位结构

从结构上讲，一般飞机可分为两种舱位：主舱（Main Deck）和下舱（Lower

Deck)。B747 的舱位较为特殊，分为三种舱位：上舱（Upper Deck）、主舱（Main Deck）、下舱（Lower Deck），如图 3－7 所示。

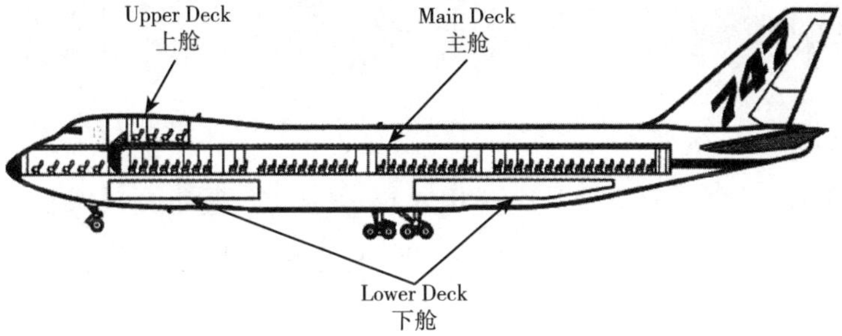

图 3－7　B747 舱位结构

对于全客机而言，主舱包括旅客座位、行李架、储藏室等设施；对于客货混装机，主舱的前半部分为客舱区，后半部分集装货舱；对于全货机，主舱全部用于集装货舱。一般地，飞机的下舱一般用于装载货物、邮件和行李。宽体飞机的下舱用来装载集装货物，也被称为集装货舱，大部分窄体飞机下舱都是散货舱，有前货舱和后货舱之分，而且这些货舱通常被分为若干个分货舱（Compartment），也被称为“分货舱”。分货舱一般用永久性的硬质舱壁或可移动的软网隔离而成，如图 3－8 所示。

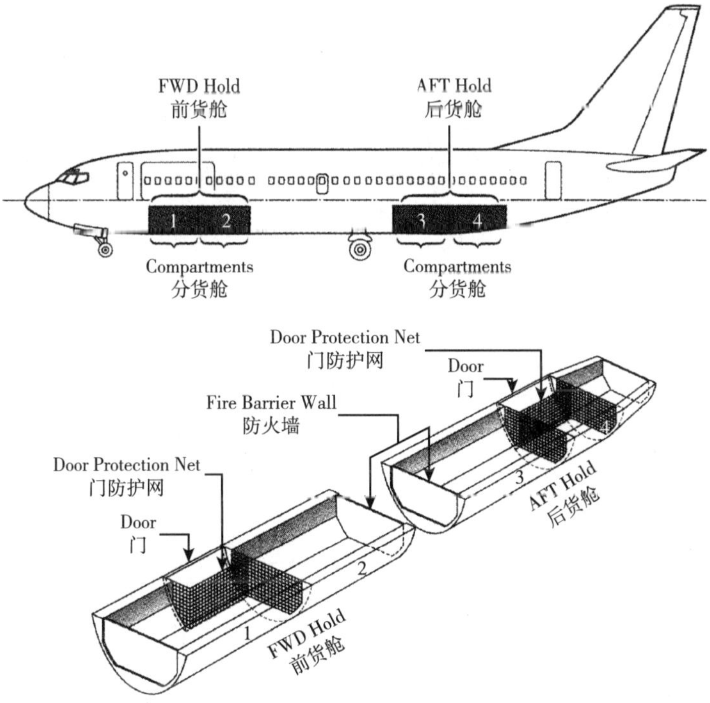

图 3－8　飞机分货舱

三、飞机的分类

（一）按机身的宽窄

1. 窄体飞机

这类飞机的机身直径在3～4米（10～13英尺）。窄体客机飞机舱一排一般有2～6个座位和一条通道，载客量在100～200人之间，飞机的下舱一般只能装散货。窄体飞机如图3－9所示。

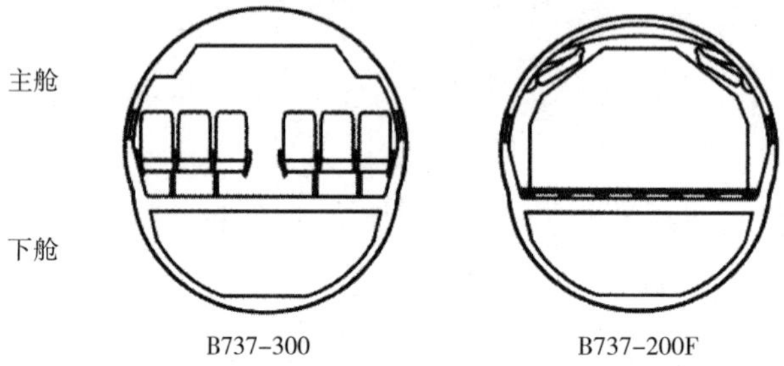

图3－9 窄体飞机

窄体飞机对空运货物的重量和尺寸有限制，每件货重一般不超过80 kgs，超过80 kgs的货物需要使用专用装卸设备进行操作，并收取超限货物处理费。单件重量超过150 kgs的货物一般不予收运。货物尺寸不要超过航线机型的货舱门尺寸为宜，体积一般不超过40×60×100 cm。窄体飞机一般不能运输集装箱和集装板，只能运输散货。但A320可以装运集装货物，其集装箱是特制的，最高117 cm。常见的窄体飞机有：

空客系列：A318、A319、A320、A321

波音系列：B707、B717、B727、B737、B757

麦道：DC－8、DC－9、MD－80、MD－90

安东诺夫：AN－72/74

2. 宽体飞机

这类飞机的机身宽约不少于4.72米，机身直径有5～6米以上（16～20英尺），对于客机而言，客舱内至少会有两条走道，在经济舱的座位一排会有7～10个，通常可搭载200～800人。宽体飞机的下货舱内可装载集装货物和散装货物。宽体飞机如图3－10所示。

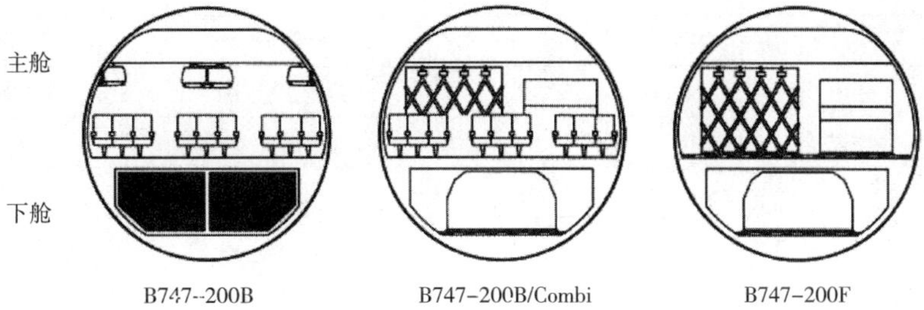

图 3-10　宽体飞机

宽体飞机对于空运货物的重量尺寸也有要求，每件空运的货物重量不要超过250公斤，体积一般不超过100×100×140 cm。常见的宽体飞机有：

空客系列：A300、A310、A330、A340、A350、A380、BelugaXL

波音系列：B747、B767、B777、B787

麦道：DC-10、MD-11

安东诺夫：AN-124、AN-225

（二）按飞机用途

1. 全客机

主舱用于载客，下舱用于装载货物、邮件和行李，如B737-300，B737-800。

2. 全货机

主舱用于装载货物，下舱用于装载货物、邮件。飞机代号后有字母“F”，如B737-200F，其中F表示货物Freighter。

3. 客货混用机

主舱的前部设有旅客座位用于载客，主舱的后部用于装载货物，下舱用于装载货物、邮件和行李。飞机代号后一般有“M”（Mixed/Combi），如B747M。

4. 客货快速转换机

能够在很短的时间内从客机转换为货机，反之亦然。飞机代号后的QC（Quick Change）就表示这种飞机，如B737-300QC。

除上述机型外，机型的后面可能还会附加有数字，这表明机型的系列，即虽然是同一机型，但构造却各有差异。常见飞机代码如表3-1所示。更多有关飞机类型及代码的信息详见本书附录一。

表 3 - 1 常见飞机代码后缀

机型后缀	全称	含义	举例
SP	Special Performance	延程型	B747 - 100SP
SR	Short Range	短航程	B747 - 100SR
S	Short	短航程	A380 - 800S
F	Freighter	货机	B777F
PF	Package Freighter	货运型	B757 - 200PF
ER	Extended Range	延程客机	B777 - 300ER
LR	Longer Range	加长航程	B777 - 200LR
ULR	Ultra Long Range	超远程型	A350 - 900ULR
ERF	Extended Range Freighter	延程货机	B747 - 400ERF
Combi 或 M		客货混合	B747 - 200Combi（M）
C	Combination	客货混合	A380 - 800C
QC	Quick Change	快速转换	B737 - 200QC
BCF	Boeing Converted Freighter	客改货	B747 - 400BCF
P2F	Passenger to Freighter	客改货	A330 - 200P2F
LCF	Large Cargo Freighter	梦想运输者/特种运输机	B747 - 400LCF
CJ	Corporation Jet	公务机	A319CJ
SF	Special Freighter	特殊货运	B757 - 200SF
ST	Super Transporter	超大运输机	A300 - 600ST
D	Domestic	国内航线	B747 - 400D
R	Regional	区域型	A330 - 300R
MRTT	Multi Role Tanker Transport	空中加油机	A330MRTT

（三）按载货的类型

散货型飞机（Bulk Cargo Aircraft）是指不能装载集装设备（集装箱或集装板）的飞机，如绝大部分的窄体飞机。

集装型飞机（ULD Cargo Aircraft）是指可装载集装设备（集装箱或集装板）的飞机，如全货机及宽体客机。

（四）其他分类

民航局按飞机的客座数将飞机分为大、中、小三类。飞机的客座数在 100 以下的为小型飞机；100 座至 200 座之间的为中型飞机；200 座以上的则为大型飞机。还可以根据飞行距离，将飞机分为短程、中程和远程。航程在 2400 km 以下的为短程，2400 ~ 4800 km 之间为中程，4800 km 以上为远程。

ICAO（国际民航组织）建议分为轻型、中型、重型飞机。这是在航空管制方面很重要的标准，涉及飞机尾流对后续飞机的影响，直接关系到航空安全。其中，轻型飞机 L（Light）：按相关程序批准的飞机型号合格证上，最大起飞重量 7 吨或以下。中型飞机 M（Medium）：按相关程序批准的飞机型号合格证上，最大起飞重量 7 吨以上，136 吨以下。重型飞机 H（Heavy）：按相关程序批准的飞机型号合格证上，最大起飞重量 136 吨或以上。

四、飞机内压力与温度

飞机主舱中的压力、温度和通风均可控，但是下舱的情况由于机型的不同差别很大。对于某些飞机，除了因内外压差而出现舱门泄露外，一般下舱是不通风的。因为货舱的通风情况依赖于压差，所以当飞机在地面上且货舱门关闭时，下舱就不通风。当飞机起飞后达到巡航高度产生压力差时，下舱才开始通风。还有一些机型的下舱温度无法控制，有时可能在飞行中达到结冰的程度。另外，有些类型的飞机上有少量的暖空气通过舱壁进入下舱，提供补充气体以代替舱门所泄漏的气体。还有一些机型的温度控制在某一范围之内，它通过驾驶舱给下舱加热或制冷，适用于运输活体动物及鲜活易腐货物。

第二节　航空集装器

一、航空集装器概述

航空集装器（Unit Load Device，ULD）主要是指为提高运输效率而采用的集装板和集装箱等成组装载设备。为追求最大装载质量，航空集装器自重都比较轻，制造材料一般采用铝合金或高强度纤维（玻璃钢）制作。大多数集装器通常在使用中被视为飞机的一部分。为了装卸集装器，飞机的货舱地板上还要安装合适的滚棒传输设备和锁定设备，飞机的集装器与货舱内部的装载及锁定系统直接作用。

使用航空集装器运输货物、行李和邮件等，有以下特点：

（1）减少货物装运的时间，提高工作效率。传统的操作方法是在仓库将货物装上拖车，拉到停机坪，一件件装上飞机，逐一核对标签。使用集装设备，是在仓库将货物装入集装设备，使用升降平台，将集装设备迅速装入飞机，装卸机时间大为缩短。

（2）减少差错事故，提高运输质量。使用集装设备后，成组装机、卸机，简化了货物交接手续，减少了货物装卸次数、周转次数，货物的差错率、破损率明显降低，有效地提高了运输质量。

（3）节省货物的包装材料和费用。采用集装箱进行运输，箱体较为坚固，对货物有保护作用，所以采用集装器进行运输的货物在包装上要求较低，这样可以节约用于包装货物的材料和费用。

（4）有利于组织联合运输和开展“门对门”的服务。使用集装设备后，便于开展接取送达的“门到门”服务，便于机械作业直接换装，有利于组织联运，提高运输效率和服务质量。

（5）航空集装箱缺少标准化和互换性。因受飞机机型的限制，尚缺少一种各类型飞机都通用的标准化集装箱。集装箱的外形和尺寸是为了充分利用飞机货舱的容积所设计的。某种型号的集装箱只能在同种机型或者相似机型间使用，相差悬殊的机型间，集装箱不能互换使用，这是制约航空货物运输集装箱化的最大障碍。

（6）航空集装箱的造价较高，空箱回送浪费运力。航空集装箱现多由轻质的铝合金材料或玻璃钢制成，造价较高，由于不能互换使用，空箱、空板的回送浪费运力。

二、航空集装器的分类

（一）根据是否注册分类

1. 注册的集装器

国家有关部门授权集装器生产厂家生产的，适于飞机安全载运的，在其使用过程中不会对飞机的内部结构造成损害的集装器。我们可以把它看成是飞机的一部分，视为飞机可装卸的货舱，适宜于飞机的结构和飞行安全。

2. 非注册集装器

未经有关部门授权生产，未取得适航证书的集装器。非注册的集装器不能看作飞机的一部分，因为它与飞机不匹配，一般不允许装入飞机的主货舱，它仅适用于某些特定机型的特定货舱。

（二）根据形状分类

1. 集装板（Pallet）

集装板是具有标准尺寸的，四边带有卡锁轨或网带卡锁眼，带有中间夹层的硬铝合金制成的平板。平板是方便货物在其上码放，网套是用来把货物固定在集装板上，网套的固定是靠专门的卡锁装置来限定。货物在地面被预先按照飞机舱内的尺寸标准放在集装板上，并用一张网或集装棚将货物固定后装机。装入飞机后用锁定系统将其固定在货位上，可达到快速装卸的目的。集装板的识别代号以字母“P”打头，具有典型标准尺寸的集装板，如：

P1（A 型集装板，标准型）：224 cm×318 cm。

P2（B 型集装板）：224 cm×274 cm。

P4（R 型集装板，16 in 板）：244 cm×498 cm。

P5（E 型集装板）：224 cm×135 cm。

P6（M 型集装板，10 in 板）：244 cm×318 cm。

P7（G 型集装板，20 in 板）：244 cm×606 cm。

P8（Q 型集装板）：153 cm×244 cm。

P9（L 型集装板）：153 cm×318 cm。

这些型号的集装板的厚度一般不大于 1 in（英寸）（1 in = 2. 54 cm），在板的四周有挂网的网槽，网套可以使用绳或带编成的菱形或方形的网眼组成，如图 3－11 所示。

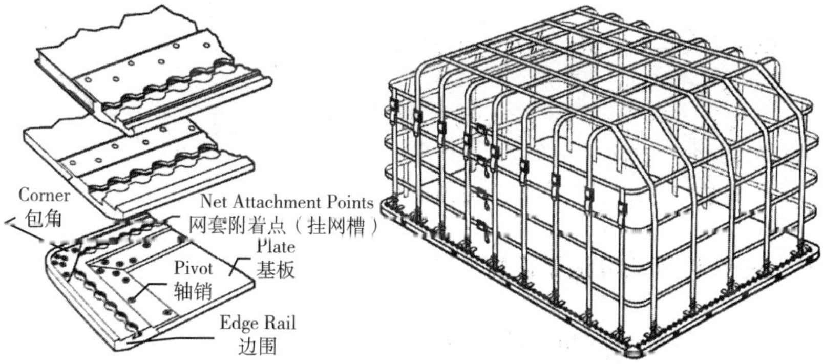

图 3－11 集装板平板与组合的集装板

2. 集装棚（Igloo）

集装棚又分为非结构式集装棚和结构式集装棚两类。

非结构集装棚是由玻璃纤维、金属及其他合适的材料制成的坚硬外壳，集装棚的前面敞开、无底，其斜面与飞机货舱的轮廓相适应，正好罩住整个集装板。

当此硬壳在结构上与集装板一起形成一个整体而不需要用网套固定货物时，就形成了结构性集装棚，如图 3－12 所示。

3. 集装箱（Container）

集装箱类似于结构性集装棚，主要由铝板制成的封闭箱子，可很好地保护货物。集装箱分为空陆联运集装箱、主货舱集装箱、下货舱集装箱和特殊用途集装箱。

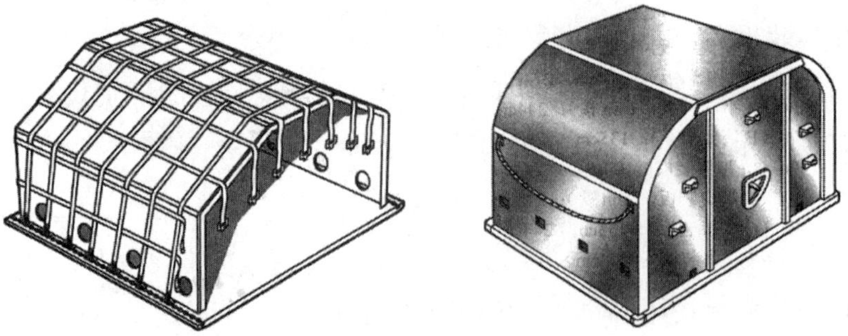

图 3-12 结构性与非结构性集装棚

（1）空陆联运集装箱：空陆联运集装箱尺寸相对固定，只能装于全货机或客货两用型飞机的主货舱。其主要有 20 英尺 ×8 英尺 ×8 英尺和 40 英尺 ×8 英尺 ×8 英尺两种规格。空陆联运集装箱属于非航空专用集装箱，主要用于与其他运输方式的联运。

（2）主货舱集装箱：主货舱集装箱只能装于全货机或客货两用型飞机的主货舱，主货舱集装箱不低于 163 cm。

（3）下货舱集装箱：下货舱集装箱只能装于宽体飞机的下货舱。下货舱集装箱高度不高于 163 cm。

（4）特殊用途集装箱：一些特殊用途的集装箱，如利用绝缘材料制成的保温箱；运送活体动物的专用集装箱，如马厩、牛栏；运送特种货物的专用集装箱，如汽车集装箱等。

三、航空集装器的识别

航空集装器的识别代码是 IATA 规定的标识集装器的种类、规格和所属人的代码。装卸飞机、地面操作、信息传递、控制、市场营销和结算等工作都是利用集装器的识别代码进行的。根据国际航协规定，集装器的识别代码由三部分组成（包含 10 位字母与数字），如表 3-2 所示。

第一部分：三个字母标识集装器的“类型代码（Type Code）”，第一个字母表示集装器的种类（见表 3-3），第二个字母表示集装器的底板尺寸（见表 3-4），第三个字母表示集装器的装载轮廓或外形及适配性（见表 3-5）。本书附录二给出了部分航空集装器类型及主要参数。

表 3-2　　集装器的识别代码

组成	所处位置	代码类型	代表含义
第一部分	1	字母	集装器的类别
	2	字母	集装器底板的尺寸
	3	字母	集装器的外形与适配性
第二部分	4-8	数字	集装器的编号
第三部分	9-10	字母	集装器所属人的两字代码

表 3-3　　集装器的种类（第一个字母）

字母代码	集装器类别
A	注册的飞机集装箱
B	非注册的飞机集装箱
F	非汴册的飞机集装板
G	非注册集装网套
J	保温的非结构集装棚
M	保温的非注册飞机集装箱
N	注册的飞机集装板网套
P	注册的飞机集装板
R	注册的保温集装箱
U	非机构集装棚
II	马厩
V	汽车运输设备
X、Y、X	供航空公司内部使用

表 3-4　　集装器的底板尺寸（第二个字母）

字母代码	集装器底板尺寸	
	公制 cm	英制 in
A	224×318	88×125
B	224×274	88×108
E	224×135	88×53
F	244×299	96×117
G	244×606	96×238
H	244×913	96×359
J	244×1220	96×480

续表

字母代码	集装器底板尺寸	
	公制 cm	英制 in
K	153×156	60×62
L	153×318	60×125
M	244×318	96×125
N+	156×244	62×96
P+	120×153	47×60
Q+	153×244	60×96

备注："+"表示此类集装器不包括保温集装器。

表3－5　　集装器的装载轮廓或外形及适配性（第三个字母）

字母代码	含义
E	适用于B747、A310、DC10、L1011下货舱无叉眼装置的半型集装箱
N	适用于B747、A310、DC10、L1011下货舱有叉眼装置的半型集装箱
P	适用于B747M上舱及B747、DC10、L1011、A310下舱的集装板
A	适用于B747F上舱集装箱
4	集装棚

第二部分：集装器的编号，自1996年10月起，新生产的集装器全部使用5位数字表示（此前为4位数字）。

第三部分：集装器所属人的二字代码。

【例3－1】集装器编号AKE 24307 CA代表的含义（见图3－13）。

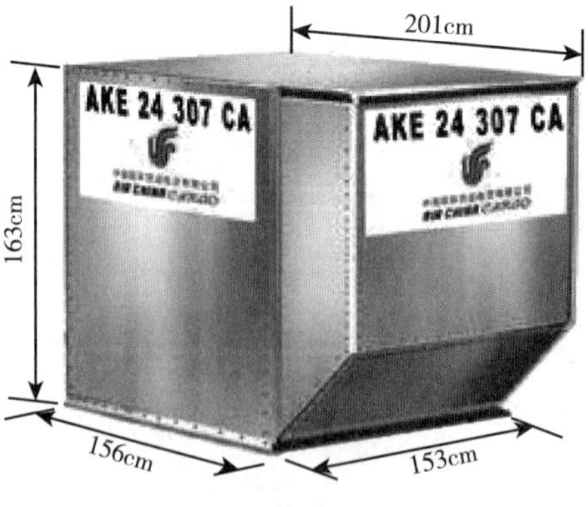

图3－13　集装器识别代码

解：

首字母A是集装器的种类：

A 表示 CERTIFIED AIRCRAFT CONTAINER 注册的飞机集装器；

第二位字母 K 表示集装器的底板尺寸：

K 表示 153×156 cm；

第三位字母 E 表示集装器的外形以及与飞机的适配性：

E 表示适用于 B747、A310、DC10 下货舱无叉眼装置的半型集装箱；

24307 表示该集装器序号是 24307；

CA 表示该集装器所有人是中国国际航空公司。

第三节　库区及操作设施

一、库区

一个机场所具备的装卸、存储能力是影响航线选择的众多因素之一。除了超大、超重货物需要特殊装卸设备外，有些货物在起飞之前、运输过程中及到达目的地之后必须在特殊条件下储存，并需要特殊的处理，如鲜活易腐货物、活体动物。机场当局为航空公司存储货物提供库区，即货物集散站，集中待装货物或国际航班到达后办理海关手续时提供暂时存放货物的地方。库区有 Landside（空侧）和 Airside（陆侧）之分，Landside 指进出口商或其代理在此区域集散货物，Airside 指航空公司或其操作代理在此区域将货物装卸飞机，一般常用术语为出港区、进港区以及中转区。

（一）出港区

库区出港区的主要功能是接收货物、检查标签及运输文件、配载。代理人可在交运货物之前预定某个航班的吨位。接收货物之前要检查货运单、报关单等文件是否齐全，标记标签以及包装是否正确、适用；存储货物时要根据货物的性质，如活体动物、危险品等特殊货物需要存放在特殊仓库，另外注意库区存放货物会收取费用，因此不要过早交运货物。出港区有着严格的管理条例，如预留足够的时间计算飞机的载重平衡，考虑实际装机需要的时间；注意发货发运顺序，对于急件货物要优先装机，其次是已订妥吨位的货物，最后才是未预订吨位的货物；同时还要注意舱单缮制等。

（二）进港区

库区进港区主要用于暂时存放从进港飞机上卸下的货物，包括待办手续的国际货物。根据舱单及变更说明核对货物，在办完手续之前将所有货物暂时储存。通常是在进口商或代理的协助下检查货运单和海关手续，如有必要还要将货物呈交给海关做详细检查。通常进港货物需要在此区域留存一段时间，以便办理各种手续。

（三）中转区

IATA 航空公司之间相互作为代理，可以承运某个航空公司不能飞行航段的货物，就产生了库区的第三个区域，即中转区。处理中转货物的人员要检查所提供的货物是否符合规则且转到其他航空公司的货物是否符合规则。为了方便财务部门查询，必须保存航空公司承运往来货物的准确记录。大部分国家的海关一般都要求未付关税的过境中转报告。

二、常见的操作设施

飞机与库区之间运输货物以及库区常用的操作设施，主要包括以下几种。

（一）航空货运存储系统

存储系统主要包括集装板/箱存储系统、散货存储系统。

集装板/箱存储系统主要包括升降式转运车和辊道式货架：升降式转运车是集装板/箱多层存储系统中关键的处理设备，也是衡量货运站处理能力的标准之一；辊道式货架又称为重力式货架，属于仓储货架中的托盘类存储货架，用于存储航空货运专用的集装板/箱。

散货存储系统由堆垛机、存储货架和出入库输送设备组成，在航空货运站中使用的零散货物存储系统主要是层格式货架。

（二）立体化仓库

自动化立体仓库的主体由货架、巷道式堆垛起重机、入（出）库工作台和自动运进（出）及操作控制系统组成。货架是钢结构或钢筋混凝土结构的建筑物或结构体，货架内是标准尺寸的货位空间，巷道堆垛起重机穿行于货架之间的巷道中，完成存、取货的工作。

（三）拖盘车

拖盘车是机场经常使用的短距离搬运车辆，一般采用蓄电池或电动机作为动力驱动，或采用内燃机牵引车牵引，可与多个托盘配合使用，如图3－14所示。

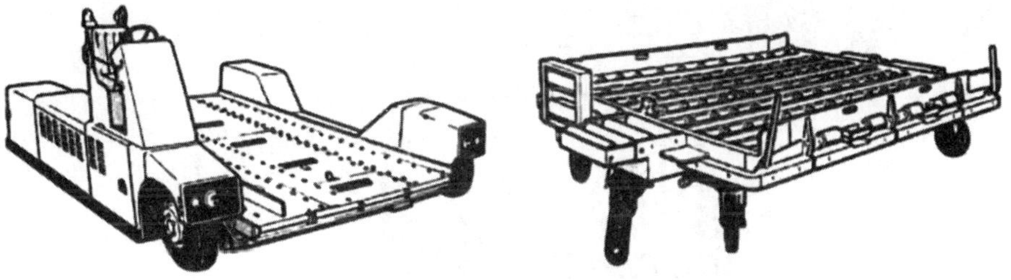

图3－14　拖盘车（左）及托盘（右）

（四）升降平台

升降平台用于拖车和集装箱卡车的过渡设备，可以使集装器做横向、纵向，旋转及升降运动，如图3－15所示。

图3－15　升降平台

（五）传送带车

传送带车适用于飞机所载运的行李及散件的快速装卸，如图3－16所示。

图3－16　传送带车

（六）叉车

叉车是指对成件托盘货物进行装卸、堆垛和短距离运输作业的各种轮式搬运车辆，是物料搬运设备中的主力军。用于仓储大型物件的运输，通常使用燃油机或者电池驱动，如图 3－17 所示。

图 3－17 叉车

习题

一、选择题

1. 重于空气的航空器有（ ）。

A. 飞艇　B. 直升机　C. A380　D. 滑翔机

2. 以下表示非注册集装器代码的是（ ）。

A. A　B. D　C. R　D. P

3. 以下属于宽体机的是（ ）。

A. A318　B. A380　C. B737　D. B787

4. 以下代表喷气式飞机的是（ ）。

A. S　B. A　C. J　D. P

二、简答题

1. 简述客运飞机和货运飞机的舱位结构。

2. 常见的宽体机和窄体机都有哪些？

3. 航空集装器是如何分类和编号的？

三、讨论

选择 1～2 个波音、空客、麦道、庞巴迪的代表性机型，找到更多关于飞机性能、载量、货舱分布等信息，对飞机在货运方面的优劣势等展开讨论。

▶▶第四章
航空货物的收运与装载

第一节　货物收运说明

一、货物收运的一般规定

（1）承运人应根据运输能力、按货物的性质和急缓程度，有计划地收运货物。

（2）有特定条件、时限要求和大批量的联程货物，承运人必须预先安排好联程中转舱位后，才能收运。

（3）当出现一些特殊情况，如政府法令、自然灾害或者货物不能及时运输出港造成积压时，承运人有权暂停货物的收运。

（4）凡是国家法律、法规和有关规定禁止运输的物品，承运人可以拒绝收运。凡是限制运输的以及需要向公安、检疫等政府有关部门办理手续的货物，托运人应当提供有效证明。

（5）托运人交运的货物不能危害飞机、人员、财产的安全，也不能烦扰其他旅客。

（6）当托运货物时，托运人必须提供有效的身份证件（居民身份证、军官证、警官证、士兵证、临时身份证、护照等）。当托运人在交运一些特殊货物时还应当提供与货物运输有关的文件，并且要对文件的真实性和准确性负责。

（7）托运人交运的货物的包装、重量、体积和付款方式等必须符合民航的相关规定。

（8）对收运的货物应当进行安全检查。对收运后24小时内装机运输的货物，一律实行人工检查或者通过安检仪器检测。

二、禁止和限制运输的物品

1. 禁止运输的物品

禁止运输的物品是指政府法令禁止运输的物品。例如，枪支、弹药、毒品、走私物品以及我国政府明令禁止运输的菌种：鼠疫病菌、霍乱毒菌、马脑脊髓炎和鹦鹉病毒等。

2. 限制运输的物品

限制运输的物品是指政府法令规定只有符合限制条件才能运输的物品。例如，珍贵文物、麻醉药品、金属矿砂、粮食、木材、珍贵动植物等。

三、货物收运程序

（1）检查托运人的有效身份证件。

（2）检查托运人填写的货物托运书以及与运输相关的文件。

（3）检查运输的货物品名是否与托运书上一致，并且检查货物的体积、包装和重量是否符合运输规定。

（4）对收运的货物进行安全检查。

（5）安检后清点货物的件数、称重，并将货物的重量和尺寸填写在托运书的相应栏目内。

（6）贴挂货物运输标记、标签。

（7）计算航空运输费用，并将货物托运书填写完整。

（8）收取航空运输费用。

（9）填写交接清单，并与航空货运单、标签核对检查。航空货运单在盖好海关放行章后还需要航空公司签单。

（10）交接发运。交接是向航空公司交单交货，由航空公司安排航空运输。交单主要是将航空货运单正本第二联、发票、产地证明等文件单据交给航空公司。交货是把与单据相符的货物交给航空公司。对于重量大、集中托运货物进行称重交接，零散货物计件交接。航空公司核查后，在交接单上签字验收，将货物存入出口仓库，单据交给吨控部门进行配载。

（11）编制销售日报。

第二节　货物装载限制

航空货运主要分为货机运输和客机腹舱运输。货机的货舱和客机的货舱都是用来存放和运送货物的，货舱的装载能力主要受到重量限制、容积限制、舱门尺寸限制和地板承受力的限制，尤其是客机的腹舱，限制比较多，对单件货物的重量、尺寸要求比较严格。飞机的装载限制主要包括重量限制、容积限制、舱门限制、机舱限制以及价值限制。

一、一般规定

实际货物运输过程中，可根据航线机型的装载能力、货舱舱门尺寸以及始发站、中转站和目的站机场的设备条件、装卸能力等确定可收运货物的最大重量和尺寸。

根据《中国民用航空货物国内运输规则》，非宽体飞机载运的货物，每件货物重量一般不超过 80 kgs，体积一般不超过 40 cm×60 cm×100 cm；宽体飞机载运的货物，每件货物重量一般不超过 250 kgs，体积一般不超过 100 cm×100 cm×140 cm。如果超过，则必须考虑并且确认满足机舱地板承受力和有关各个航站的装卸条件时，方可收运。凡托运人托运的货物，由非宽体飞机载运，单件重量超过 80 kgs 或体积超过 40 cm×60 cm×100 cm，称为超限货物。

货物包装件三边之和不小于 40 cm，低于的货物由托运人加大包装。对于一般文件、信函、X 光胶片，零星托运的新闻录像带、录音带、光碟等，应要求托运人使用纸箱或木箱作为外包装。使用软质材料作外包装的应注意内包装，确保包装强度能保证货物在运输过程中不会因挤压而损坏。注意集装器内货物品名限制，危险品、活体动物、贵重物品、尸体不能放入集装器，货物集重不能超过集装器底板承重限制。

二、装载限制

（一）重量限制

每架飞机都有一个最大业载，即对整个飞机的重量限制。此外，飞机制造商也规定了每一货舱可装载货物的最大重量限制。在任何情况下，所装载的货物重量都不可以超过重量限制，否则飞机的结构很有可能遭到破坏，飞机安全会受到威胁。例如，波音 B757－200 的最大载货量为 25 吨，而空客 A380 的最大载货量为 66.4 吨（可搭载 38 个 LD3 货柜或 163 个货板）。另外，对于每个分货舱也有重量限制，实际装载中分货舱不能都进行满负荷的装载，也要考虑整个前货舱的重量限制，必须满足每个分货舱以及整个货舱的重量限制条件。

【例 4－1】 DC－9 有三个货舱，包括两个前货舱（1 号舱、2 号舱）和一个后货舱（4 号舱），如图 4－1 所示。

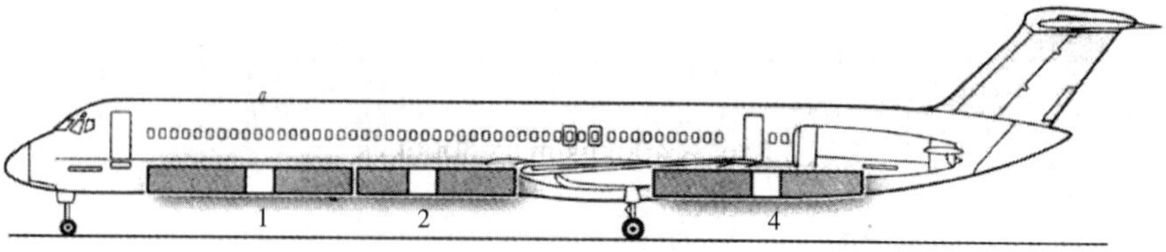

图 4－1　DC－9

对于每个货舱的重量限制：1 号货舱最大可装 3157 kgs，2 号货舱最大可装 3138 kgs，4 号舱最大可装 3014 kgs；另外，整个前舱载重不得超过 5510 kgs。

这里需要注意，如果 1 号货舱、2 号货舱分别装到极限重量，则总重量为 6295 kgs，此时已超前货舱的重量极限 5510 kgs，在实际装载要特别注意。

（二）容积限制

由于货舱内可利用的空间有限，因此这也成为运输货物的限制条件之一。例如，作为宽体机的 B747 货舱容积仅为 170 m^3，而 B787 的货舱容积也仅有 137～175 m^3。

由于货物种类繁多，密度各有不同，经常会出现轻泡货物（即低密度货物）已经占满了货舱内的所有空间，但未达到重量限额；或重货（即高密度货物）的重量已达到限额而货舱内仍会有很多的剩余空间无法利用。因此，航空货运中容积限制与重量限制应结合起来考虑，即将轻泡货物和高密度货物混运装载，可增加货舱利用率，是货运中比较经济的解决办法。

以【例 4－1】中 DC－9 为例。DC－9 有三个货舱，包括两个前货舱一个后货舱。每个货舱的容积限制为前 1 货舱最大容积为 13.1 m^3，前 2 货舱的最大容积为 9.8 m^3，后货舱的最大容积为 12.5 m^3。

【例 4－2】

货物：Clothing

平均密度：130 kg/m^3

2 号货舱最大容积：9.8 m^3

$9.8 \times 130 = 1274$ kgs

2 号货舱最大重量：3138 kgs

受容积限制，2 号货舱最多只能装入 1274 kgs 的 Clothing。

2 号货舱的最大重量限制其实是 3138 kgs，也即说明在未达到货舱重量限制之前，货物早已占满货舱的容积。而类似 Clothing 的货物，在航空运输中一般称其为轻泡货物（Low Density Cargo）。

【例 4－3】

货物：Chemical Materials

平均密度：420 kg/m^3

2 号货舱最大容积：9.8 m^3

$9.8 \times 420 = 4116$ kgs

2 号货舱最大重量：3138 kgs

受重量限制，2 号货舱最多只能装入 3138 kgs 的 Chemical Materials，此时 2 号货舱容积未达到限制。而类似 Chemical Materials 的货物，在航空运输中一般称其为重货（High Density Cargo）。

在不影响飞行安全的情况下，航空货物运输中经常将轻泡货和重货合理搭配，充分利用飞机货舱的载重和容积，增加货舱利用率。

（三）舱门限制

由于货物只能通过舱门装入货舱内，货物的尺寸必然会受到舱门的限制。货物的最长、最宽、最高的限制取决于所用机型机舱门的大小以及机舱容积。如果货物过长、过宽或过高而无法装进飞机舱门时，就不能放在该机型飞机上正常运输，而必须经过承运人的安排，选择较大机型运输。

接收货物之前，首先应将货物的尺寸与舱门尺寸进行比较，飞机制造商提供的装载表（Loading Chart）可用来判断一件货物是否能顺利通过飞机的舱门。TACT Rule 8.2.2 中公布了一些机型的装载表（见表 4－1），表中列出了基本宽和高，交叉点上的数字是最大允许长度，表中的长度单位用 cm（厘米）和 in（英寸）表示。此装载表适用于散货，对于集装箱和集装板的装载限制参阅 TACT Rule 3.10.2 及 8.3。

表 4 - 1 **B737 - 300/400 系列舱门尺寸表** （单位：cm 和 in）

HEIGHT	WIDTH 12 / 5	25 / 10	38 / 15	50 / 20	63 / 25	76 / 30	88 / 35	101 / 40	114 / 45
12	645	622	609	596	574	502	406	345	299
5	254	245	240	235	226	198	160	136	118
25	622	604	579	538	508	457	386	332	292
10	245	238	228	212	200	180	152	131	115
30	604	574	523	472	452	426	365	322	279
12	238	226	206	186	178	168	144	127	110
35	568	543	472	441	416	381	350	309	261
14	224	214	186	171	164	150	138	122	103
40	538	487	431	411	381	350	322	292	254
16	212	192	170	162	150	138	127	115	100
45	502	457	421	396	370	342	314	284	248
18	198	180	166	156	146	135	124	112	98
50	482	436	411	391	358	330	304	271	238
20	190	172	162	154	141	130	120	107	94
55	452	426	401	375	345	320	289	264	228
22	178	168	158	148	136	126	114	104	90
60	441	406	381	355	335	297	274	213	205
24	174	160	150	140	132	117	108	84	81
66	406	391	365	340	314	289	264	233	193
26	160	154	144	134	124	114	104	92	76
71	406	381	355	330	304	279	254	228	187
28	160	150	140	130	120	110	100	90	74
76	335	309	284	264	238	248	203	182	142
30	132	122	112	104	94	88	80	72	56
81	309	288	254	233					
32	112	104	100	92					
86	284	264	233	213					
34	112	104	92	84					

【例 4 - 4】

机型：B737 - 300 系列

货物尺寸：277 cm × 48 cm × 75 cm

判断该货物是否可以通过舱门装入飞机。

解：第一步：在 TACT Rule 8.2.2 中找到 B737－300 系列的装载表。

第二步：查找 WIDTH（宽度）48 cm，在宽度列没有 48 cm 这一列，则应查找与之最接近的较大数值 50 cm 作为宽度。

再查找 HEIGHT（高度）75 cm，高度中没有 75 cm 这一行，同样选择与之最接近的较大数值 76 cm。查表可知，最大允许长为 264 cm。本例中货物的长度为 277 cm，故此货物保持垂直位置时不能装入 B737－300 系列飞机。

若货物的放置方向没有要求，即货物装载时可以倒置，将货物的宽和高对换位置，则货物的尺寸变为：277 cm × 75 cm × 48 cm。重复上面步骤，当货物的宽为 75 cm、高为 48 cm 时，最大允许长度为 330 cm，由于 277 < 330，这样该货物就可以装入 B737－300 飞机的货舱了。

（四）机舱地板承受力限制

货物在装机时不仅要考虑机舱是否能容纳货物、货物能否通过舱门，还要计算货舱地板每平方米所承受的重量是否超过它的最大负荷。飞机货舱内每平方米都可承受一定的重量，但如果超过它的承受能力，地板和飞机结构很有可能遭到破坏。每一种机型机舱地板的平均可承受的最大重量在设计时就已经确定了。

例如，波音系列的飞机，下货舱散货舱地板最大承受能力是 732 kg/m^2，下货舱集货舱最大承受能力是 976 kg/m^2，主货舱集货舱最大承受能力是 1952 kg/m^2；空客系列的飞机，下货舱散货舱地板最大承受能力是 732 kg/m^2，下货舱集货舱最大承受能力是 1050 kg/m^2。常见机型地板承受力可参考附录三。

实际装载中，当遇到一件较重的货物时，首先应考虑它是否超过飞机货舱地板的最大承受力，因此要考虑货物的毛重、外观尺寸、机舱地板的最大承受能力。此外，还应考虑货物的哪个面放在地板上，以尽量避免使用垫板。在货物没有放置要求，即没有“不可倒置”标志的情况下，应该把具有最大面积的那一面朝下。机舱地板承受力可按照下列公式计算：

$$\begin{array}{c}\text{机舱地板每平方米所}\\\text{承受的重量}(kg/m^2)\end{array}=\frac{\text{货物的重量}(kg)}{\text{底面接触面积}(m^2)}$$

【例 4－5】 一件货物如图 4－2 所示。已知货物重量为 800 kgs，货物尺寸：150 cm × 60 cm × 50 cm，需要装入 B747 的下货舱集货舱。判断此件货物是否需要加垫板。如需要，垫板的最小面积是多少？

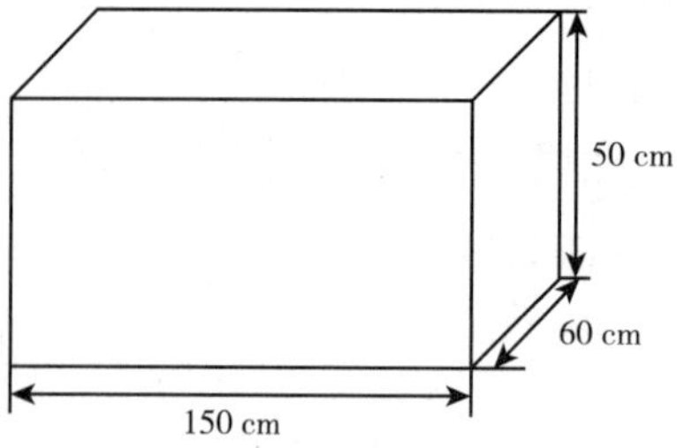

图4-2 货物尺寸

解：

（1）由于货物没有放置要求，货物与地板可能接触的面为：

$150\ cm \times 40\ cm = 1.5\ m \times 0.4\ m = 0.6\ m^2$

$150\ cm \times 60\ cm = 1.5\ m \times 0.6\ m = 0.9\ m^2$

$60\ cm \times 40\ cm = 0.6\ m \times 0.4\ m = 0.24\ m^2$

此时，面积最大的一面为 $1.5\ m \times 0.6\ m = 0.9\ m^2$，将此面作为底面。

（2）计算机舱地板承受力。

机舱地板承受力 = 货物的重量 ÷ 底面的面积

$= 800\ kgs \div (1.5\ m \times 0.6\ m) = 889\ kg/m^2$

已知 B747 下货舱最大承受能力是 $976\ kg/m^2$，且 $889\ kg/m^2 < 976\ kg/m^2$，因此这件货物可以装入 B747 的下货舱。

注意，有些货物有承重木，即在底两边或四角装有木条或枕木。这种货物的重量是通过承重木压在机舱地板上。因此在计算地板每平方米所承受的货物重量时，应根据承重木底部面积的大小求得。

【例4-6】已知货物重量为 800 kgs，货物尺寸：150 cm × 60 cm × 50 cm，假设货物不可倒置，判断这件货物能否装入 A330 的下货舱集货舱。如不能，则增加垫板的最小面积为多少？

解：

（1）由于货物不可倒置，货物与地板接触的面为：

$150\ cm \times 40\ cm = 1.5\ m \times 0.4\ m = 0.6\ m^2$。

（2）计算地板承受力。

地板承受力 = 货物的重量 ÷ 底面的面积 = $800 \div 0.6 = 1333\ kg/m^2$。

已知 A330 下货舱集货舱地板最大承受能力是 $1050\ kg/m^2$，且 $1333\ kg/m^2 > 1050\ kg/m^2$，因此这件货物不能装入 A330 的下货舱。

此时可以利用垫板来分散货物重量。当货物重量过大时，为了减少物体对机舱的压力，可以加一个 2 ~ 5 cm 厚的垫板，以增加底面接触面积，使单位压力减小。垫板应具有相当的强度或硬度来完成货物运输中的重量转移，具体取决于垫板上货物的重量，且垫板边长不得小于货物包装的任何一边的长度。垫板的最小面积为：

垫板的面积 =（货物重量 + 垫板重量）÷ 地板最大承受能力

对于上述情况，如果垫板重量为 20 kgs，垫板的最小面积 =（800 + 20）÷ 1050 = 0.781 = 0.79 m^2，即要想将这件货物装入，至少在货物下面要增加一块 0.79 m^2 的垫板才能进行运输。

（五）价值限制

除另有约定外，国际运输每份货运单的货物声明价值的最高限额不超过 10 万美元或其等值货币，国内运输每票货物的声明价值不得超过 80 万元人民币。一份货运单的货物声明价值超过 10 万美元或其等值货币时，托运人需拆分为多份货运单托运货物。

三、集装货物的装载

（一）集装货物装载限制

1. 重量限制

集装器的结构决定了其可承受的最大重量。飞机地板的承受极限就是集装器的最大毛重。表 4 – 2 给出了一些集装器的最大毛重。每个集装箱上都标有最大毛重，整个集装箱的重量不得超过这个重量。

表 4 – 2　　集装箱货集装板的最大毛重

类别	IATA 识别代码	尺寸	最大毛重
主货舱集装板	PG PM	(244 × 606) cm；(96 × 238.5) in (244 × 318) cm；(96 × 125) in	13608kgs；30000lbs 6804kgs；15000lbs
主货舱或下舱集装板	PA PB	(224 × 318) cm；(88 × 125) in (224 × 274) cm；(88 × 108) in	6804kgs；15000lbs 4536kgs；10000lbs
主货舱集装棚	AA 结构型 UA 非结构型（LD7）	(224 × 318 × 163) cm；(88 × 125 × 86) in (224 × 318 × 163) cm；(88 × 125 × 86) in	6033kgs；13300lbs 6804kgs；15000lbs
下货舱集装棚	AA 结构型（LD9） AL 非结构型（LD11）	(224 × 318 × 163) cm；(88 × 125 × 64) in (153 × 318 × 163) cm；(60.4 × 125 × 64) in	6033kgs；13300lbs 2449kgs；5400lbs

续表

类别	IATA 识别代码	尺寸	最大毛重
主货舱集装箱	AMA10 英尺集装箱 AGA20 英尺集装箱	(244×318×244)cm；(96×125×96)in (244×606×244)cm；(96×238.5×96)in	6804kgs；15000lbs 11340kgs；25000lbs
下货舱集装箱	AL full-size (LD5) AK half-size (LD3) DK half-size 非适航许可	(153×318×163)cm；(60.4×125×64)in (153×156×163)cm；(60.4×61.5×64)in (153×156×163)cm；(60.4×61.5×64)in	3175kgs；7000lbs 1588kgs；3500lbs 1451kgs；3200lbs

2. 体积限制

一般来说，一个集装板的底座可适用于几种机型的货舱，但是集装板上所装货物的形状要与所承运的飞机的货舱内部形状相适应。为了控制集装板上所装货物的体积和形状，可以使用一个与飞机货舱横截面的轮廓样的模架来限制板上所装货物。用这种方法打板既不会超过允许尺寸，又正好能够装入指定的飞机货舱。集装板装货限制模架见图4-3。

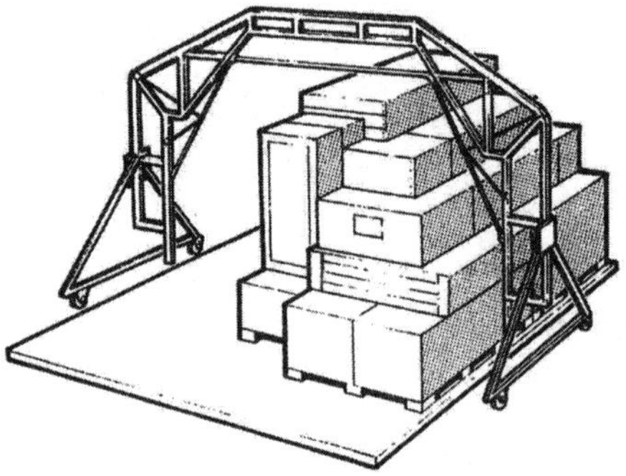

图4-3 集装板装货限制模架

3. 机型舱门对集装器的限制

集装板和集装箱是否能够被一架指定飞机所容纳，不仅取决于该飞机货舱内的形状，还与飞机货舱门的尺寸及位置有关。例如，PA 板可装高度 164 cm、244 cm 和 299 cm，PM 板可装高度 164 cm、244 cm 和 299 cm，PG 板可装高度 244 cm。

4. 底板承受力限制

集装器底板的最大单位面积承受重量不得超过额定负荷。集装箱的底板和集装板单位面积所能承受的力是由该设备的类型决定的。当出现超限的情形时，应为此件货物加垫板，使其重量分散在集装器的底板上。

5. 集装器内货物限制

按国际贸易分类的货物品名划分，国际贸易运输中的货物有些适合集装箱化，有些不适合。

（1）最适合集装箱化的货物，是指货价高、运费承受能力也较高并且按其属性可有效地装载集装箱运输的商品，如纺织品、酒、医药品、3C 类产品（计算机、通讯和消费电子产品）、小型电器、光学仪器、小五金等。

（2）适合集装箱化的货物，是指货价、运费承受能力适当，其属性较适合集装箱装运的商品，如纸浆、天花板、电线、电缆、面粉、金属制品等。

（3）边缘集装箱化的货物，可用集装箱来装载，但因其货价较低，用集装箱来运输时，经济效果不合理；同时，该类货物的大小、重量、包装也难以集装箱化，如钢锭、生铁、原木等。

（4）不适合集装箱化的货物，如废钢铁、大型卡车、桥梁、铁塔、发电机等。

有些货物即使能够满足集装货物装载的条件，但也不能装在集装箱内运输：

（1）危险品。由托运人或代理人装好的集装箱内不能含有危险品（干冰除外）和运输条件上受到严格限制的货物。

（2）活体动物。由于热血动物和某些冷血动物的运输需要氧气，而集装棚或完全封闭的集装箱不能满足这一特殊要求，因此这样的动物不能用集装箱运输。然而，某些冷血动物，如热带鱼等则可以用集装箱运输，因为它们不需要额外的氧气供应。

（二）集装货物装载原则

航空货物装载的总原则是码放利用好，固定保护好。具体要求有：

（1）检查集装器和所有待装货物，根据货物的重量、体积和包装以及货物的种类设计组装方案。

（2）货物码放整齐、紧凑，上下层货物之间要相互交错，骑缝码放呈“T”字形，防止货物坍塌、滑落的同时也能提高集装板的使用效率。

（3）大货、重货装在集装板上，体积较小、重量较轻的货物装在集装箱内。轻泡、怕压、易碎货物放在最上层。

（4）金属包装的货物和底面积较小、重量较大的货物必须使用垫板，以分散货物对集装板的压力，并防止金属包装货物损坏集装板。

（5）体积较小的货物，应装在其他货物的中间或适当地予以固定，防止其从网套网眼中滑落。

（6）体积不超过集装箱容积的 2/3，如超重货物（单件超过 150 kgs），裸装货物、危险品、活体动物等应按规定对货物进行捆绑固定，以免其位置发生变化；装在软门集装箱内的货物要注意避免货物挤压损坏箱门或使集装箱变形。

（7）组装集装板时，第一层货物要码放在集装板的卡锁轨内，第二层货物可以和集装板边垂直平行，保证挂网套时锁扣可顺利锁入卡锁轨，固定在集装器上。

（8）同一卸机站的货物应装在同一集装器上，一票货物应尽可能集中装在一个集装器上。

（三）集装货物的捆绑

飞机在起飞、落地、颠簸、转弯滑行时，货舱内的货物将受惯性影响，对飞机产生向前、后、上、下、左、右方向的额外压力或冲击力。同时，货物本身可能会因此而移动、翻滚，最终损坏飞机（包括集装容器）结构，引发安全事故。因此，必须对货物采取限动措施，对货物进行捆绑和限动。

捆绑货物必须使用符合适航要求的专用捆绑设备，如钢索、捆绑带（尼龙带）、捆绑绳（角绳）、紧固器（松紧扣）、锁扣和辅助绳索等。捆绑组件的极限负荷应以不同部件的最小值来确定。捆绑货物时，应使用同一型号或材质、负荷标准相同的捆绑带，以避免捆绑带弹力不同造成的张力不均衡。

捆绑的基本要求：

（1）捆绑货物以对称为原则。即上、下（前、后）捆绑货物时，捆绑带两端的锁扣数量必须相同，并固定在货物的相对应方向的相对位置，如图 4－4 和图 4－5 所示。

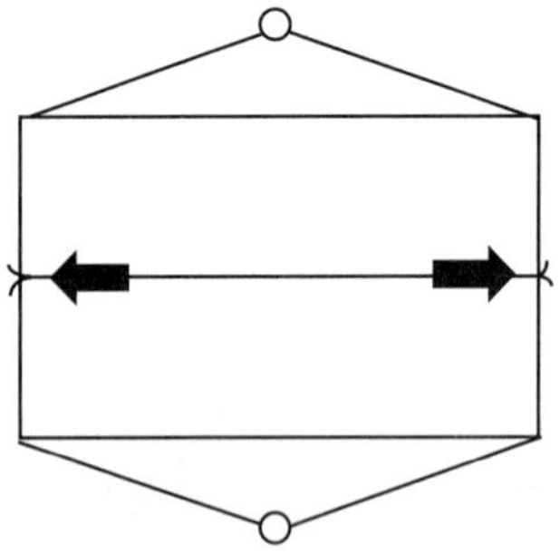

图 4－4　左右捆绑平面图

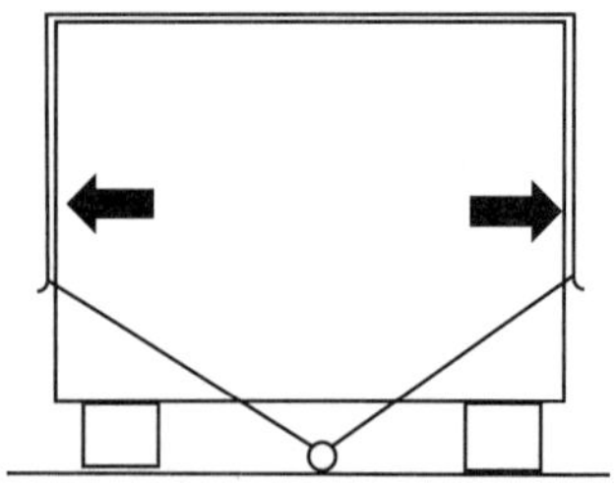

图 4－5　左右捆绑侧面图

（2）货物两侧捆绑带的长度应相等。

（3）使用两条以上捆绑带捆绑货物时，捆绑带应均匀分布在货物的重心两侧，如图 4－6 和图 4－7 所示。

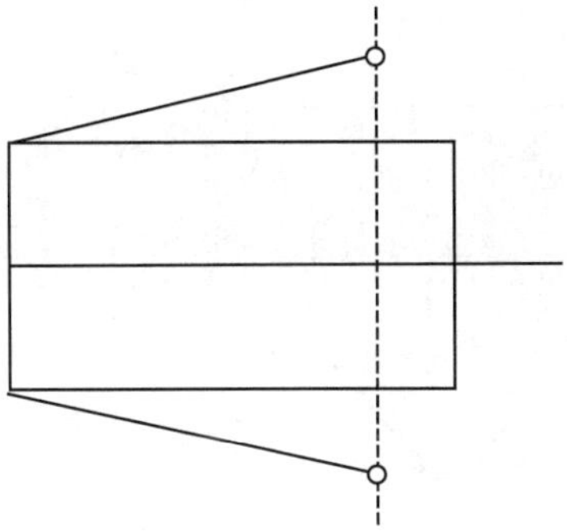

图 4－6　锁扣对称

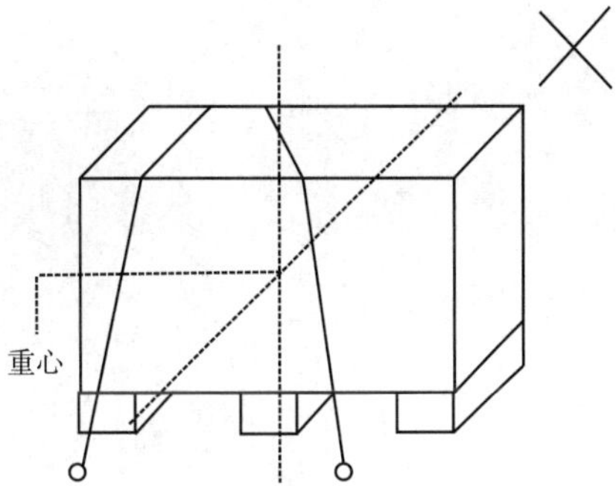

图 4－7　捆绑点不对称，偏离重心

（4）捆绑带在固定货物时应选择最小角度，通常捆绑带与限动方向的夹角应小于 30°，如图 4－8 所示。

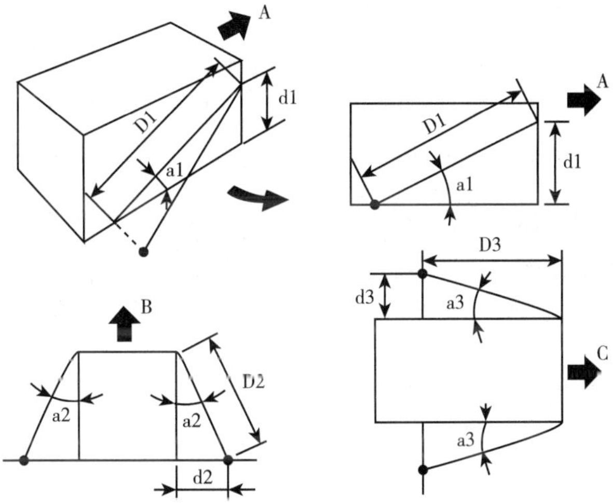

图 4－8　捆绑带与限动方向的夹角

（5）捆绑带必须拉紧，但不能使集装容器变形。其中，PA/PM 集装板的任何一角翘起的高度不得大于 3 cm；在相同的限动方向上，并排的两个双尾锁扣之间的距离不应小于 50 cm；在不同的限动方向上，并排的两个双尾锁扣之间的距离不应小于 10 cm。

（6）捆绑货物和挂网套时，捆绑带的挂钩必须由外向内挂牢，不得由内向外。

（7）货物本身有锋利边缘和尖角、锥状物时，必须加装护垫（板）等辅助木板或木块。

（8）应根据货物的重量及捆绑带的强度来确定捆绑带的数量（见图 4－9），即：

捆绑带的数量(根数) = 货物重量 ÷ 每根捆绑带最大拉力

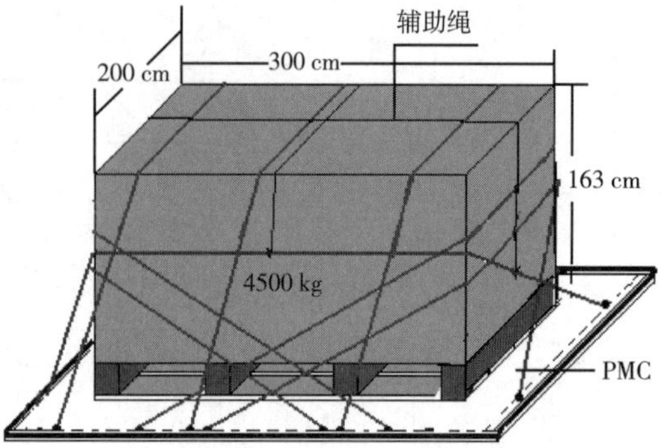

图 4-9 超重货的捆绑

（9）使用角绳捆绑货物或作为辅助绳时，角绳与锁扣或捆绑带之间不能打死结，应打成马蹄扣。

（10）需要挂网套的集装货物，必须先捆绑，后挂网套。

集装网套是一个由纺织材料、金属配件组成的固定货物的网，网上必须有清晰的标识和标签。网套应安装到适配的集装板上，为减少适配性检查，可将一个长边用销、固定螺栓或铆钉等固定在集装板上。网套使用时应检查网套与集装板证书是否兼容，挂网前货物码放检查，货物不得脱出网眼，防止网套被尖锐货物割伤；网套锁扣应扣在规定位置，先挂网扣，再通过角绳等组件横向紧网，最后通过网钩或其他垂直组件进行调整；网套固定应尽量紧，但不得使板边缘翘起，装机前检查网套及货物都在最大允许轮廓限制之下。按要求填写货物组装单，如附录四所示。

第三节 货物包装

一、包装的基本要求

（1）货物包装应坚固、完好，在运输过程中能防止包装破裂、内物漏出、散失；防止因码放、摩擦、震荡或因气压、气温变化而引起货物损坏或变质；防止伤害操作人员或污染飞机、地面设备及其他物品。

（2）包装应根据货物的性质、重量、环境气候条件及承运人的有关要求，选择合适的内包装、衬垫、外包装，还要便于搬运、装卸和码放；包装外表面不能有突出的钉、钩、刺等；包装要整洁、干燥、没有异味和油渍。

(3) 除纸袋包装的货物（文件、资料等），所有货物的外包装应使用规定的包装袋捆扎，不得使用稻草制品、动物产品或泥土制品作为包装及捆扎材料。捆扎货物所用的包装袋应能承受该货物的全部重量，并保证提起货物时不致断开。

(4) 由几个包装件组合在一起成为一个整体的 OVERPACK 包装件，应能保证在运输过程中各个单独的包装件不会分离。

(5) 如果货物的包装不符合相关规定，应要求托运人改进或重新包装后方可收运。

二、几种特殊货物的包装要求

（一）液体货物

液体货物的包装容器内必须留有 5% ~10% 的空隙，封盖必须严密，不得溢出或洒漏。

玻璃容器盛装的液体，每个容器不得超 500 mL。单件货物毛重不宜超过 25 kgs；箱内应使用衬垫和吸附材料填实，防止晃动或液体渗出。盛放液体的包装应能承受因高度变化而产生的压力和温度变化。

用陶瓷、玻璃容器盛装的液体货物，外包装需要粘贴“易碎物品”标签。

水产品的包装，应根据货物种类选择符合安全要求的包装方式。具体可见 IATA《活体动物运输》和《鲜活易腐货物运输规则》。

（二）粉状货物

粉状货物如果是用袋盛装的，最外层应使用塑料涂膜纺织袋或者玻璃纤维袋作外包装，以确保粉末不致漏出，单件货物毛重不得超过 50 kgs。

如果采用硬纸桶、木桶、胶合板桶盛装，则要求桶身不破、接缝严密、桶盖密封，桶箍坚固结实，单件货物毛重不超过 50 kgs。

如果采用玻璃装，则每瓶内装物的重量不超过 1 kgs。

如果采用铁制或木制材料做外包装，则箱内用衬垫材料填充，单件货物毛重不宜超过 25 kgs。

（三）精密仪器

精密易损、质地易碎的货物，每件货物毛重不得超过 25 kgs，并根据货物的易损程度分别采用以下包装方法：

多层次包装：即货物—衬垫材料—内包装—衬垫材料—外包装（运输包装）。

悬吊式包装：即用几根弹簧或绳索，从箱子内各个方向将货物悬置在箱子中间。

防倒置包装：即采用底盘大、有手提把环或屋脊式箱盖的包装。不宜平放的玻璃板、挡风玻璃等必须使用此类包装。

玻璃器皿的包装：即使用足够厚度的泡沫塑料及其他衬垫材料围裹严实，外加坚固的瓦楞纸箱或木箱，箱内物品不得晃动。易碎物品外部粘贴“易碎物品”标签。

（四）裸装货物、不怕碰压的货物

针对不怕碰压的货物，可以不用包装，如轮胎等。对于不易清点件数、形状不规则、外形与运输设备相似或容易破坏飞机的货物，应使用绳索、麻布包扎或加外包装。

（五）贵重物品

贵重物品除应满足以上包装要求外，外包装应加“井”字腰贴，接缝处必须有封志。

（六）危险品包装

危险品的包装是危险品安全运输的重要保证，IATA《危险品规则》为所有可进行航空运输的危险品提供了包装说明，所有允许航空运输的危险品数量都受到《危险品规则》的严格限制。托运人必须按照《危险品规则》的要求对货物进行正确的包装。

（七）大型货物

体积或重量较大的货物，底部要有便于叉车操作的枕木或底托。

三、对几种包装的质量要求

（一）纸箱

纸箱应能承受同类包装货物码放 3 m 或 4 层高的总重量，即当同种类的货物码

放 3 m 或 4 层高时，最底下一层货物的包装不应有变形或凹陷。

（二）木箱

木箱的厚度及结构应适合货物安全运输的需要，盛装贵重物品、精密仪器、易碎物品的木箱，不得有腐蚀、虫蛀、裂缝等缺陷。如果目的站国家要求将包装进行熏蒸处理后才能使用，托运人应遵守此规定并提供相关证明。

（三）条筐、竹篓

编制紧密、整齐、牢固、不断条、不劈条，外形尺寸以不超过 50 cm × 50 cm × 60 cm 为宜，单件货物毛重以不超过 40 kgs 为宜，内装货物及衬垫材料不得漏出，应能承受同类货物码放 3 层高的总重量。

（四）铁桶

铁桶的厚度及强度应与内装货物的重量相适应。接缝必须焊接完好。桶的外部应有便于搬运的把手，否则应将一个或数个桶固定在便于叉车操作的托盘上。容量为 25 ~ 100 kgs 的中小型金属桶，其厚度应以 0.6 ~ 1 mm 为宜；容量为 101 ~ 180 kgs 的大型金属桶，其厚度应以 1.25 ~ 1.5 mm 为宜。

（五）编织袋

编织条带需要紧密整齐，每件重量不超过 80 kgs，各边缝线需要坚实牢固，外包装应加“井”字形包装带拦腰。

第四节　货物标记与标签

货物标识是贴挂和书写在外包装上的标志，对组织运输、防止差错事故发生、提高运输质量等起着重要的作用。货物标识包括货物标记、货物标签。托运人或其代理人必须在货物包装上书写货物标记、粘贴或拴挂货物标签。

一、货物标记

货物标记是由托运人书写、印刷或粘贴在货物外包装上的有关信息、操作注意事项和说明等。根据货物的性质，标注如下信息：

（1）货物标记包括货物的始发站、目的站、收发货人的名称、地址、电话或传真号码等内容。

（2）货物储运注意事项，如“小心轻放”“防潮”等。大件货物的包装表面注明“重心点”“由此吊起”等有文字及/或图形组成的操作图。

（3）货物的合同号、贸易标记、包装系列号等。

（4）货物的单件毛重及/或毛重。

托运人应在其托运的每一件货物的包装上书写标记。如果货物表面不便于书写，则应刻在纸板、木板或者布条上，再钉、拴在包装上。托运人使用旧包装时，必须清除原包装上残旧的标记。货物标记应与货运单的有关内容相一致。

二、货物标签

货物标签包括识别标签、操作标签和特种货物标签。

（一）识别标签

识别标签是标明货物的货运单号、始发站、目的站、件数、重量（包括本件货物重量）的标志（见图4－10）。识别标签是粘贴或拴挂在货物外包装上，便于运输过程中识别货物流向及相关信息，保证运输正常的货物标志之一。为了区分不同承运人的货物，在识别标签上均有承运人的名称和标志。识别标签有两种，即粘贴用的软纸不干胶标签和拴挂用的硬纸标签。

<table>
<tr><td colspan="6">航空公司或机场标识</td></tr>
<tr><td colspan="6">货运单号/AWB NO.</td></tr>
<tr><td colspan="6">目的站/DESTINATION
TO</td></tr>
<tr><td colspan="3">始发站/DEPARTURE
FROM</td><td colspan="3">经停站/TRANSFER STATION（S）
VIA</td></tr>
<tr><td colspan="2">件数/PCS.</td><td colspan="2">货物重量/WTS.（kg）</td><td colspan="2">本件重量/WT. OF THIS PC.</td></tr>
</table>

图4－10 货物识别标签

（二）操作标签

操作标签是指标明货物的储运注意事项的各类标签，提示工作人员按照要求进行操作，以达到安全运输目的。操作标签主要有易碎物品标签、远离热源标签、向上标签（请勿倒置标签）、谨防潮湿标签、急件货物标签、“货物”标签、超限货物标签等。

（1）易碎物品标签适用于精密仪器、玻璃器皿及其他质脆易碎的货物（见图4－11）；

（2）远离热源标签适用于运输过程中避免阳光直射、需要通风的物品，如危险品中的4.1类易燃固体里的自反应物质以及5.2项有机过氧化物（见图4－12）；

图4－11　易碎物品标签

图4－12　远离热源标签

（3）向上标签（请勿倒置标签）适用于所有在运输过程中必须保持货物直立向上、不能倾斜或放倒的货物（见图4－13）；

（4）防潮标签适用于所有在运输中必须保证货物干燥、不能受潮的货物（见图4－14）；

图4－13　向上（请勿倒置）标签

图4－14　防潮标签

（5）急件货物标签适用于急件或受时间限制的货物（见图 4－15）；

图 4－15　急件货物标签

（6）“货物”标签适用于外形与行李或货物装载设备、设施相类似，容易导致装卸人员错卸或漏卸的货物，如作为货物运输的行李、木制托盘样品等（见图 4－16）；

图 4－16　“货物”标签

（7）超限货物标签适用于体积超大或重量超过 150 kg 的货物（见图 4－17）。

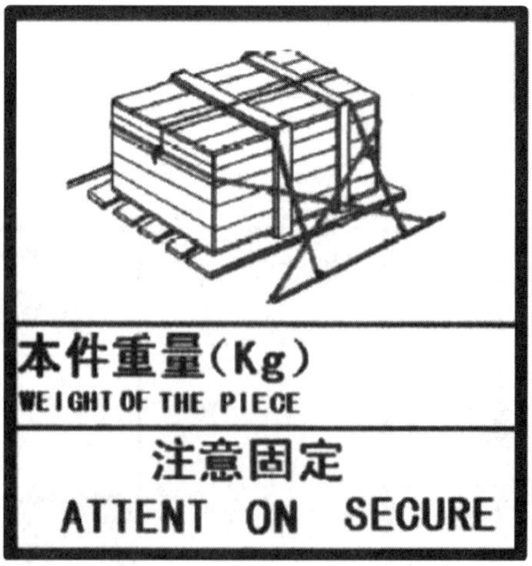

图 4－17　超限货物标签

（三）特种货物标签

特种货物标签主要包括活体动物、鲜活易腐货物和危险性标签等。其作用是要求工作人员能够按照货物的特性进行操作，预防事故发生。其图形、名称、尺寸、颜色由国家统一规定。

1. 活体动物标签

运输活体动物时，包装件上粘贴或拴挂“活体动物”标签，表示货物的性质，以便于引起注意。实验室用动物的包装上要粘贴“实验用动物”。在运输中要特别注意，此动物装入经消毒的容器内，为了防止细菌感染，除非是收货人或在收货人的指导下，任何人不得随意开启包装检查或喂食、喂水，否则此动物将会受到影响。动物标签如图 4－18 和图 4－19 所示。

2. 鲜活易腐货物标签

鲜活易腐货物标签表示货物在运输过程中容易发生腐烂变质，需要给予特殊照顾（见图 4－20）。

图 4－18　活体动物标签

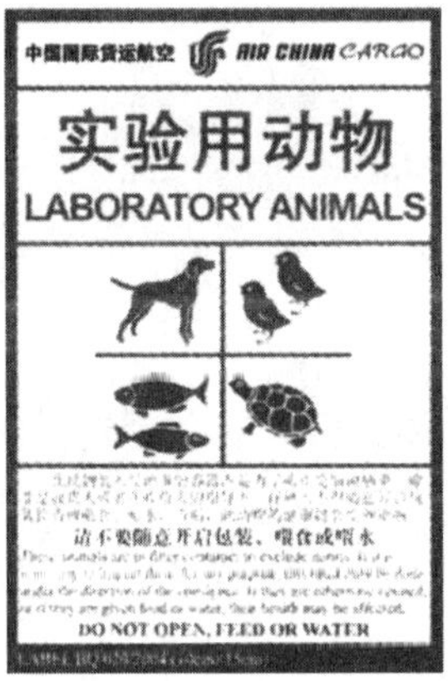

图 4－19　实验室用动物标签

图 4－20　鲜活易腐货物标签

3. 危险品标签

危险性标签的图形、尺寸和颜色由国际航协统一制定。危险品分为 9 大类，即第 1 类爆炸品、第 2 类气体、第 3 类易燃液体、第 4 类易燃固体、自燃物质及遇水释放易燃气体的物质、第 5 类氧化性物质和有机过氧化物、第 6 类毒性物质和感染性物质、第 7 类放射性物质、第 8 类腐蚀性物质以及第 9 类杂项危险品。其对应标签如图 4－21 至图 4－30 所示。

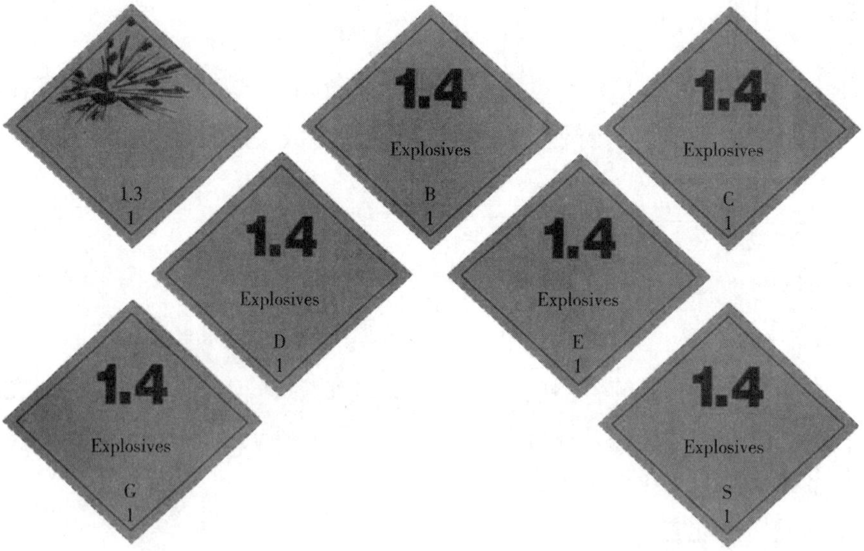

图 4－21　第 1 类爆炸品的危险性标签

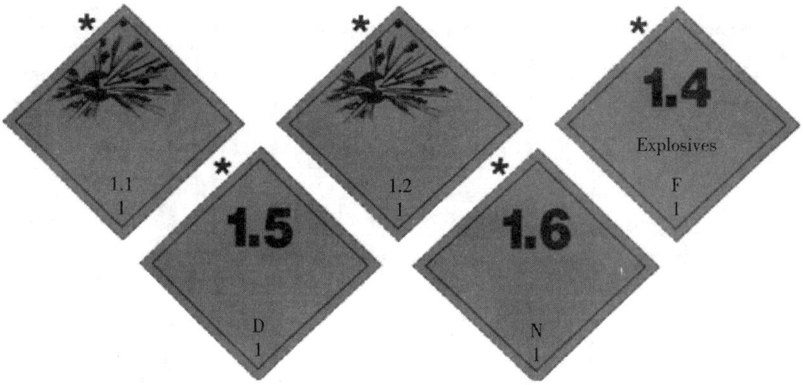

图 4－22　禁止空运的爆炸品的危险性标签

（a）　（b）　（c）

图 4－23　第 2 类气体的危险性标签

图 4 - 24　第 3 类易燃液体的危险性标签

（a）　（b）　（c）

图 4 - 25　第 4 类易燃固体、易于自燃的物质及遇水放出易燃气体的物质的危险性标签

（a）　（b）

图 4 - 26　第 5 类氧化性物质和有机过氧化物的危险性标签

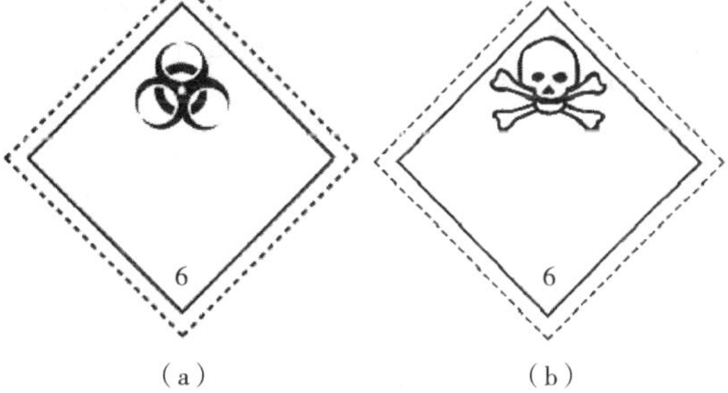

（a）　（b）

图 4 - 27　第 6 类感染性物质和毒性物质的危险性标签

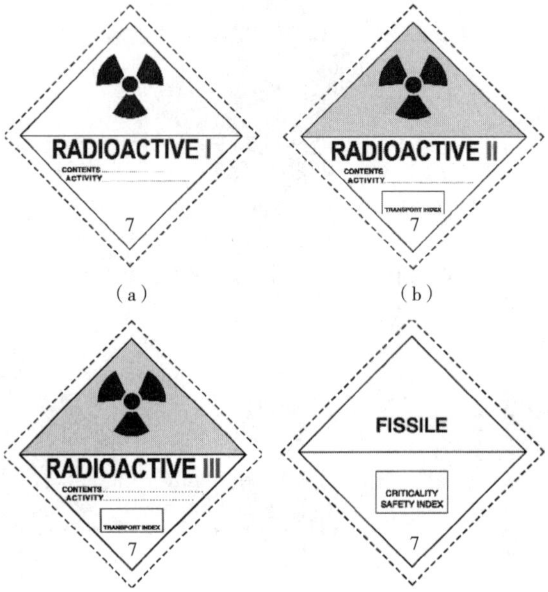

（c）　　（d）

图 4－28　第 7 类放射性物质的危险性标签

图 4－29　第 8 类腐蚀性物质的危险性标签

（a）　　（b）

图 4－30　第 9 类杂项危险品的危险性标签

三、标签的填写与粘贴

认真核对标签上的各项内容与航空货运单是否一致，注意标签要清晰容易辨认。粘贴或拴挂标签时应注意以下几点：

（1）货物标签应有托运人粘贴或栓挂。承运人应协助托运人正确粘贴或栓挂，并检查标签，如发现错、漏或部位不当时，应立即纠正。

（2）所有货物的标签应粘贴或栓挂在收货人姓名、地址相邻的位置。

（3）托运人使用旧包装时必须清除原包装上的旧标签。

（4）每件货物应牢固地粘贴或栓挂至少一个识别标签。如果一个包装件超过 0.4 m^3，应在包装件上粘贴或栓挂两个识别标签，并粘贴或栓挂在对称的两个面上。

（5）因货物包装材料或其他限制等原因，不能保证货物标签在运输过程中不会脱落时，应将货运单号、始发站、目的站等信息写在货物的外包装上。

（6）包装形状特殊的货物，应根据情况将标签粘贴或栓挂在明显位置。

（7）特种货物应粘贴或栓挂特种货物标签。对于易碎货物、液体货物等应粘贴或栓挂合适的操作标签。

（8）标签应粘贴或栓挂在包装的侧面，不得位于顶部或底部，不得粘贴或栓挂在包装袋上。

（9）在装卸、仓储保管过程中应注意保持标签的完整，如遇标签脱落或不清晰的情况要注意及时核对补齐。

习题

一、选择题

1. 以下哪种货物不能采用航空运输？

A. 行李　　B. 锂电池　　C. 枪支弹药　　D. 新冠疫苗

2. 判断以下哪件属于重货。

A. 1 件货物 18 kgs，尺寸为 $40 \times 60 \times 65$ cm

B. 1 件货物 30 kgs，尺寸为 $40 \times 60 \times 75$ cm

C. 1 件货物 32 kgs，尺寸为 $50 \times 60 \times 60$ cm

D. 1 件货物 36 kgs，尺寸为 $50 \times 60 \times 80$ cm

3. 以下哪些属于操作标签？

A.

B.

C.

D.

二、简答题

1. 简述货物收运的一般规定。

2. 简述不同的货物包装要求。

3. 货物标签包括哪些种类？常见的特种货物标签有哪些？

三、计算

1. 已知一件货物，重量为900 kgs，货物尺寸为150 cm×50 cm×60 cm。能否装入B747的下货舱集货舱？如果不可以，怎么办？

2. 已知一件货物，重量为600 kgs，货物尺寸为120 cm×60 cm×50 cm，该货物不可倒置。能否装入A320飞机的下货舱？如果不可以，怎么办？

3. 已知DC-9的后货舱的最大容积为12.5 m^2，后货舱最大重量限制为3014 kgs。现有A、B两件货物，其中A的平均密度为180 kg/m^2，B的平均密度为350 kg/m^2。如分别将A、B货物单独装入DC-9的后货舱，问单独装A或B货物最多能装入多少kg？A、B货物是重货还是轻货，为什么？

4. 已知C、D两件货物准备装载在B737-300上。其中货物C的尺寸为240×90×110 cm，货物D的尺寸为250×110×80 cm。请判断：

（1）假设C和D货物均不允许倒置，这两件货物能否装入？

（2）假设C和D货物均允许倒置，这两件货物能否装入？

第五章 航空货物的运价及运费

由于航空运输的货物种类繁多，货物运输的起讫点所在航空区域不同，每种货物所适用的运价亦不同。换言之，运输的货物种类和运输起讫点的 IATA 区域使航空货物运价乃至运费计算差异较大。同时，由于飞机业务载运能力受飞机最大起飞全重和货舱本身体积的限制。因此，货物的计费重量需要同时考虑其体积重量和实际重量两个因素。又因为航空货物运价的“递远递减”的原则，产生了一系列重量分界点运价，而重量分界点运价的最低重量也影响着货物运费的计算。由此可见，货物航空运费的计算受多种因素的影响。这里先介绍一些基本概念。

（一）运价（Rate）

根据 TACT Rule 1.5，运价又称费率，是指承运人对所运输的每一重量单位货物（千克 kg 或磅 lb）所收取的自始发地机场至目的地机场的航空费用。

货物的航空运价一般以运输始发地的当地货币为单位，有的国家以美元代替其本国货币公布运价。运价具有一定的有效期，运费计算时所使用的运价应为填制货运单之日的有效运价，即在航空货物运价有效期内适用的运价。

（二）航空运费（Weight Charge）

根据 TACT Rule 1.5，航空运费仅针对空中运输，是指承运人将一票货物自始发地机场运至目的地机场所应收取的航空运输费用。该费用根据每票货物所适用的运价和货物的计费重量计算而得。这里的每票货物是指使用同一份航空货运单的货物。

值得注意的是，由于货物的运价是指货物运输起讫地点间的航空运价，而航空运费是指运输始发地机场至目的地机场间的运输货物的航空费用，不包括其他费用。

（三）其他费用（Other Charges）

其他费用是指由承运人、代理人或其他部门收取的与航空货物运输有关的费用。

在组织一票货物自始发地至目的地运输的全过程中，除了航空运输外，还包括地面运输、仓储、制单、国际货物的清关等环节，提供这些服务的部门所收取的费用即为其他费用。

第一节　国际航空货物运输手册

航空货物运输的手册主要包括航空货物运价手册 TACT（The Air Cargo Tariff）和航空运输指南 OAG（Official Airline Guide Cargo）。

一、航空货物运价手册 TACT

航空货物运价手册由国际航空出版社（IAP）与国际航空运输协会（IATA）合作出版的，是计算国际货运运价的基础。1957 年，一些航空公司各自出版其运价手册，其中的内容大致相同，但是格式相差甚远。为了减少浪费，并使运价手册更具有实用性，国际航协决定共同出版一本通用的运价手册，统一国际航空货物运输的有关操作，制定航空货物运价及规则手册。TACT 由 IATA 出版发行，主要提供与航空运输相关的货运业务信息，已成为世界各国航空公司、货运代理和货主在航空货物运输中所遵循的依据。

TACT 共分为三个分册：TACT 规则（TACT Rules）、TACT 运价手册世界范围分册（TACT Rates – Worldwide）、TACT 运价手册北美分册（TACT Rates – North American）。

TACT Rules 包含国际航空货物运输及运价的所有规则、运价计算规则及程序等内容，是当今绝大多数国家及空运企业共同遵守的规章，每半年（每年 4 月和 12 月）各出版一次。TACT Rules 内容非常全面，包含 IATA 在国际运输中的所有规则。主要内容如表 5 – 1 所示。

表 5-1　TACT Rules 的内容

TACT Rules
General Information（一般信息）
Acceptance for Carriage（货物接收）
Transportation Charges（航空运费）
Services and Related Charges（服务及相关费用）
Payment of Rates and Charges（付款）
Air Way Bill（航空货运单）
Information by Countries（各国信息）

TACT Rates - Worldwide 包含北美出发或到北美的运价，TACT Rates - North American 包含除北美外的全世界的运价，其主要内容如表 5-2 所示。TACT Rates 每两月出版一次，双数月出版。

表 5-2　TACT Rates 的内容

TACT Rates - World Wide	TACT Rates - North American
Special Rates（特殊运价）	Special Rates（特殊运价）
Descriptions（品名编号及描述）	Descriptions（品名编号及描述）
Notes（注释）	Notes（注释）
Rates（运价表）	Rates（运价表）
Construction Rates（比例运价）	Construction Rates（比例运价）
	Domestic/Transborder Rates（分段相加运价）

二、航空运输指南 OAG

"Official Airline Guide"（简称 OAG）分为"OAG Cargo Guide"和"OAG Flight Guide"，包含所有航空公司的货运及客运航班时刻表，对航空公司和航空货运代理来说，使用起来十分方便。

"OAG Cargo Guide"（航空货运指南）汇集了各航空公司的货运航班、可以运输集装货物的宽体客机航班，使用起来十分方便。"OAG Cargo Guide"为月刊，如果没有特殊说明，指南中所列航班时刻表的有效时间从该月的第一天至次月的月底。"OAG Flight Guide"（航空客运指南），分为"OAG Worldwide Flight Guide"（OAG 世界航空客运指南）和"OAG America Flight Guide"（OAG 北美航空客运指南），汇集了各航空公司客运航班的时刻表，既包括宽体客机，也包括窄体客机。由于散货可利用客机的下舱运输，该指南同样被广泛应用于航空货物运输中，特别是将"OAG Cargo Guide"和"OAG Flight Guide"组合使用，同时参阅两本指南，找到最早达到目的地的航班，更好地完成全球范围内的航空货物运输。

在"OAG Cargo Guide"中，当无合适的直达航班又无合适的中转衔接航班时，只能利用已公布的直达航班或/和中转衔接航班组组成合适的中转衔接航班。此时，注意应为中转点装卸货物留出充足的时间。每个机场，货物中转运输的最短衔接时间不尽相同，计算时必须考虑每个承运人的货运航班时刻表。"OAG Flight Guide"中所列航班的机型未必都适合货物运输，且指南中所列的中转衔接航班的时间仅考虑了旅客转机的时间，对于货运能否中转以及中转时间是否充足都要提前与航空公司取得联系。

第二节 国际航空货物运价的分类

国际航空货物运输的核心业务之一在于航空货物运费的计算。航空运费主要涉及航空运价（Rate）和计费重量（Chargeable Weight）两个因素，而航空运价（Rate）及其使用条件取决于多方面的因素，如两地间的距离、运量、市场竞争、出口货物种类及数量、货物的价值及相应的操作要求等。根据运价制定的途径不同，运价可分为协议运价和 IATA 运价。

一、协议运价

协议运价是航空公司与托运人签订协议，托运人保证每年向航空公司交付一定数量的货物，航空公司则向托运人提供一定数量的运价折扣。目前航空公司使用的运价大多是协议运价，该运价通常低于 IATA 运价，且只能在协议双方或多方之间使用。根据不同的协议方式，协议运价进一步细分为以下几种类型，详见表 5－3。

表 5－3　　协议运价分类

<table>
<tr><td rowspan="7">协议运价</td><td rowspan="2">协议期</td><td>长期协议</td><td>一年期限</td></tr>
<tr><td>短期协议</td><td>半年或半年以下期限</td></tr>
<tr><td rowspan="2">包舱包板</td><td>死包舱包板</td><td rowspan="2">全部或部分舱位或集装器</td></tr>
<tr><td>软包舱包板</td></tr>
<tr><td rowspan="2">返还</td><td>销售量返还</td><td rowspan="2">规定期限内完成，按比例返还运费</td></tr>
<tr><td>销售额返还</td></tr>
<tr><td>自由销售</td><td>一票一价</td><td>一票货物一个定价</td></tr>
</table>

（1）长期协议：通常航空公司同代理人签订的协议是一年的期限。

（2）短期协议：通常航空公司同代理人签订的协议是半年或半年以下的期限。

（3）包舱包板：指托运人在一定航线上包用承运人的全部或部分的舱位或集装器来运送货物。

（4）死包舱包板：也称固定包板，指托运人在承运人的航线上通过包舱包板的方式运输时，托运人无论向承运人是否交付货物，都必须支付协议上规定的运费。

（5）软包舱包板：也称非固定包板，是指托运人在承运人的航线上通过包舱包板的方式运输时，托运人在航班起飞前72小时如果没有确定舱位，承运人则可以自由销售舱位，但承运人对代理人包舱包板的总量有一个控制。

（6）销售量返还：如果代理人在规定期限内完成了一定的货量，航空公司则可以按一定的比例返还运费。

（7）销售额返还：如果代理人在规定期限内完成了一定的销售额，航空公司则可以按一定的比例返还运费。

（8）自由销售：也称议价货物或是一票一价，除协议的货物外，都是一票货物一个定价。

二、国际航协运价

国际航协运价，即IATA运价，是指IATA在TACT运价资料上公布的运价。IATA运价的使用参照IATA运价手册——TACT Rates，并结合国际货物运输规则TACT Rules共同使用。按照IATA货物运价公布的形式，国际货物运价可分为公布直达运价和非公布直达运价，前者是指承运人在运价手册上对外公布的运价，后者是指承运人未在运价手册上对外公布的运价，详见表5－4。

表5－4　　IATA运价分类

IATA运价	公布直达运价（Published through Rates）	普通货物运价（General Cargo Rate）
		指定商品运价（Specific Commodity Rate）
		等级货物运价（Commodity Classification Rate）
		集装货物运价（Unit Load Device Rate）
	非公布直达运价（UN－Published through Rates）	比例运价（Construction Rate）
		分段相加运价（Combination of Rates and Charges）

IATA运价是国际航协通过运价手册向全世界公布的，主要目的是协调各国的货物运价，但从实际操作来看，各国从竞争角度考虑，很少有航空公司完全遵照国际航协运价，大多进行了一定的折扣，但不能说明这种运价没有实际价值。首先，它

把世界上各个城市之间的运价通过手册公布出来，每个航空公司都能找到一种参照运价，所以每个航空公司在制定本公司运价时都是按照国际航协这个标准运价进行的；其次，国际航协对特种货物运价进行了分类，航空公司在运输这种货物时一般都用国际航协标准运价；最后，这种国际航协运价在全世界制定了一种标准运价，使国际航空货物的运输的价格有了统一的基准，使这个市场得到了规范。

三、运价使用的一般规定

（1）使用的运价应是填开货运单之日的有效运价，而不考虑实际运输的日期；

（2）使用运价时要注意运输路线的方向性，不得使用反方向运价；

（3）各种运价的使用必须满足“Note”所提出的要求和条件；

（4）原则上，运价的使用不考虑路径，但承运人对路径的选择可能会对运价有影响；

（5）不包括地面运费、操作费、保管费等。

四、运价的使用顺序

（1）如果是协议航线，存在协议运价，则优先使用协议运价。

（2）没有协议运价时，使用 IATA 运价。具体为：

①优先使用公布直达运价：首先，考虑使用指定商品运价；其次，考虑使用等级货物运价；最后，考虑使用普通货物运价。

②当实际运输两点间无公布直达运价时，优先使用比例运价构成全程的直达运价；当无比例运价时，采用分段相加的办法构成全程的最低组合运价。

第三节　货币及取舍规则

国际运输中，各国货币均由三位英文字母表示。这一货币代号系统是由 ISO（国际标准组织）规定的。每个国家的货币代号由该国的两字代码与当地货币的第一个英文字母组成，如表 5－5 所示。值得注意的是，不同于中国、美国等使用的当地货币，欧元（EURO）是德国、法国、意大利等欧洲联盟中 19 个国家统一使用的当地货币。

表 5-5 常见国家的货币及代号

国家	国家代码	货币	ISO 货币代码	小数位	最小面值
中国	CN	Yuan	CNY	2	分
美国	US	Dollar	USD	2	美分
英国	GB	Pound	GBP	2	分
韩国	KR	Won	KRW	0	元
日本	JP	Yen	JPY	0	元
澳大利亚	AU	Dollar	AUD	2	分
加拿大	CA	Dollar	CAD	2	分
德国	DE	Dollar	EURO	2	分

货物航空运价及运费以不同的货币结算，需要根据币种的不同对货币的小数点部分进行取舍。TACT 将各国货币及其取舍规则公布在 TACT Rule 5.7.1 和 TACT Rate 5.3.1 中。需要进行取舍的货币数值应算至取舍单位小数部分的后一位，按半数进位法进位，计算所得的航空运价或运费，达到进位单位一半则入，否则舍去。对于以“0.1”“0.01”“1”“10”等为进位单位的货币，其货币进位就是我们常说的四舍五入。

第四节 计费重量

航空运费的计算需要考虑航空运价（Rate）和计费重量（Chargeable Weight）两个因素，计费重量的确定受到货物重量或体积的影响。通过本书第四章第二节“货物装载限制”可知，飞机能装载货物的多少受到重量（飞机的最大业载）和体积（机舱的容积）的双重限制。假设机舱全部用来装载重货（即高密度货物），会造成机舱还未装满，所装载的货物已经达到了飞机的最大业载，由此产生“未销售体积”；反之，机舱全部用来装载轻泡货物（即低密度货物），会造成飞机的最大业载还未达到时，所装载的货物已充满了机舱，从而产生“未销售重量”。基于以上考虑，需要在逻辑上建立一个计费重量，即对于重货（即高密度货物）来说，以实际毛重计费；对于轻泡货物（即低密度货物），其计费重量为体积重量，以此来补偿未销售体积和未销售重量。计费重量是指用以计算航空运费的重量，货物的计费重量可能是货物的实际毛重，可能是货物的体积重量，或者是较高重量分界点的重量。

一、实际毛重

货物的实际毛重（Gross Weight）是指货物连同其外包装的总重量。对于重货

（即高密度货物），即其重量与体积比超过一定比例的货物，如金属制品、印刷品等，其实际毛重为计费重量。这里，重货（即高密度货物）是指：

①每 6000 立方厘米货物重量 >1 kg，或

②每 366 立方英寸货物的总量 >1 kg，或

③每 166 立方英寸货物的总量 >1 lb。

国际航协规定，国际货物的计费重量需要进行取舍。因此，如果毛重作为计费重量时，按照计费重量的取舍原则，需要将毛重进行取舍。即：当毛重以 kg 表示时，不足 0.5 kg 的小数部分进位到 0.5 kg；大于 0.5 kg 的小数部分进位到 1 kg；当毛重以 lb 表示时，不到 1 lb 的小数部分均进位到整数 1 lb。

例如，实际毛重 89.1 kgs→计费重量 89.5 kgs；

实际毛重 156.6 kgs→计费重量 157 kgs；

实际毛重 189.5 kgs→计费重量 189.5 kgs；

实际毛重 120.2 lbs→计费重量 121 lbs；

实际毛重 120.8 lbs→计费重量 121 lbs；

实际毛重 120.5 lbs→计费重量 121 lbs。

二、体积重量

当货物的体积相对其重量来说很大，也就是说，其重量与体积比小于一定标准的货物，即为轻泡货物，如大部分纺织品等。按照国际航协规则，将这类货物的体积按一定的比例折合成重量，即可得到其体积重量（Volume Weight）。对于轻泡货物（或低密度货物）来说，体积重量可能会成为其计费重量。这里，轻泡货物（或低密度货物）是指：

①每 6000 立方厘米货物重量 <1 kg，或

②每 366 立方英寸货物的总量 <1 kg，或

③每 166 立方英寸货物的总量 <1 lb。

在计算体积重量时，首先确定货物的体积。不管货物是立方体或圆柱体，规则或不规则，计算货物体积时，均应以最长、最宽、最高的三边长度计算。如果长度有小数部分，按四舍五入取整后计算体积。

步骤 1：测量货物尺寸

测量货物尺寸时，要测量最长、最宽和最高。对于圆柱体，其最长和最宽应为直径，如图 5－1 所示；对于不规则形状，需要规整为长方体后再测量，如图 5－2 所示。

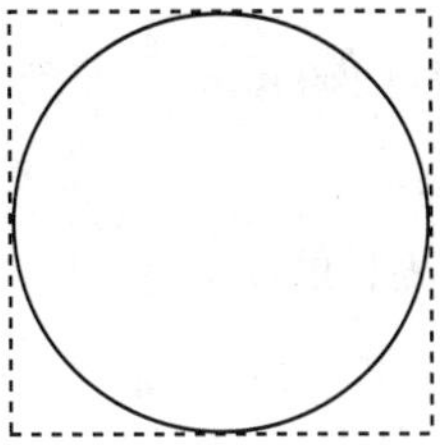

图 5－1　圆柱体货物

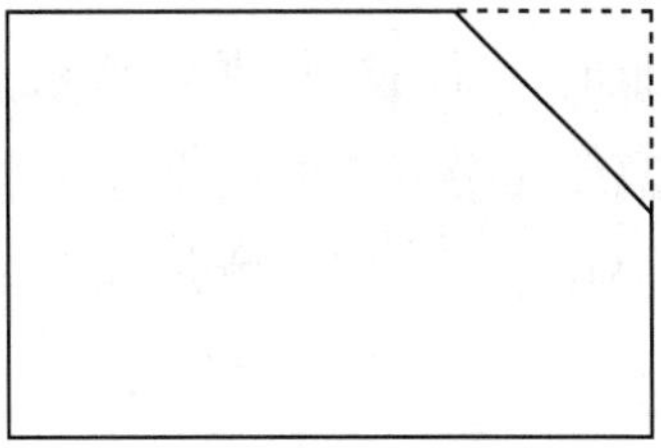

图 5－2　不规则货物

步骤 2：长度单位取舍

计算货物的体积，以最长、最宽、最高为三边计，将长、宽、高小数点后的数字按四舍五入进位，取为整数。

步骤 3：计算体积并折合体积重量

用经过取舍的长、宽、高相乘得出体积。

货物的体积重量 = 体积 ÷ 6000 cm^3/kg（重量单位为 kg，长度单位为 cm）

= 体积 ÷ 366 in^3/kg（重量单位为 kg，长度单位为 in）

= 体积 ÷ 166 in^3/lb（重量单位为 lb，长度单位为 in）

如果体积重量作为计费重量时，按照计费重量的取舍原则，需将其进行取舍。当体积重量以 kg 表示时，不足 0.5 kg 的小数部分进位到 0.5 kg；大于 0.5 kg 的小数部分进位到 1 kg；当毛重以 lb 表示时，不到 1 lb 的小数部分均进位到整数 1 lb。

【例 5－1】货物 A 的长、宽、高分别为 224.2 cm、150.6 cm、121.4 cm，求该货物的体积重量。

解：

货物体积 = 224.2 cm × 150.6 cm × 121.4 cm

= 224 cm × 151 cm × 121 cm

= 4092704 cm^3

体积重量 = 4092704 cm^3 ÷ 6000 cm^3/kg

= 682.12 kgs

三、计费重量

根据 TACT Rule 3.9.3，计费重量（Chargeable Weight）是货物的实际毛重或体积重量，两者比较取高者。首先，根据这一规则，在确定计费重量时，通过称重得到货物的实际毛重，并通过测量计算得出其体积重量。其次，两者比较取高者作为计费重量。在实际运输中，如果出现货物按较高重量分界点的较低运价计算得到的航空运费较低时，此时应选择较高重量分界点的货物起始重量作为货物的计费重量。有关较高重量分界点的内容将在本章第五节中详述。

国际航协规定，国际货物的计费重量若以 kg 计，则 0.5 kg 为最小单位，重量不足 0.5 kg 的小数部分进位到 0.5 kg；重量大于 0.5 kg 且不足 1 kg 的小数部分进位到 1 kg；若以 lb 计，则 1 lb 为最小单位，重量不足 1 lb 的小数部分进位到 1 lb，有位就进。

【例 5－2】 某货重 6.8 kgs，长、宽、高分别为 50.3 cm、31.5 cm 和 35.0 cm，求该货物的计费重量。

解：货物毛重为 6.8 kgs，

体积重量 =（50 ×32 ×35）÷6000 =9.33 kgs，

两者比较取体积重量 9.33 kgs 为计费重量，

取舍后得到计费重量应为 9.5 kgs。

四、两件及两件以上货物的计费重量

在实际运输中，一票货物中往往包含几件货物，且既有重货又有轻泡货物。如果该票货物全部使用相同的运价计算航空费用时，将该票货物的总体积重量（体积相加的总和）与总实际重量（毛重相加的总和）相比较，取其高者作为计费重量。

【例 5－3】 一票货物由两件组成。

货物 A：实际毛重 40 kgs，尺寸 80 cm ×70 cm ×50 cm；

货物 B：实际毛重 40 kgs，尺寸 70 cm ×50 cm ×40 cm。

求该票货物计费重量。

解：总实际毛重 =40 +40 =80 kgs

总体积重量 =（货物 A 的体积 + 货物 B 的体积）÷6000

=（80 ×70 ×50 +70 ×50 ×40）÷6000

=（280000 +140000）÷6000

=70 kgs

则计费重量为 70 kgs。

如果分别计算 A 和 B 两件货物时，则可以得到以下结果：

【例 5－4】 一票货物由两件组成。

货物 A：实际毛重 40 kgs，尺寸 80 cm ×70 cm ×50 cm；

货物 B：实际毛重 40 kgs，尺寸 70 cm×50 cm×40 cm。

如果分别计算 A 和 B 两件货物，则：

货物 A：实际毛重 40 kgs，体积重量 46. 67 kgs，计费重量 47. 0 kgs；

货物 B：实际毛重 40 kgs，体积重量 23. 33 kgs，计费重量 40. 0 kgs；

总计费重量 87. 0 kgs。

因此，在一票货物中，既包含轻泡货物又有重货时，用相同的运价计算运费时会使货主节省运费。这也是集中托运商很好的收入来源。

第五节　公布直达运价

在 TACT Rules 公布的从始发地至目的地的运价为公布直达运价。直达也就是点到点，从运输始发站机场至目的地机场间的运价，不包括其他费用。每张运价表都公布了从始发城市至到达城市的运价信息及使用条件，且无论何种运价在使用时，都具有严格的方向性，不得使用反方向运价。根据货物性质的不同，运价表上的运价通常分为普通货物运价、指定商品运价和集装货物运价，如图 5 -3 所示。

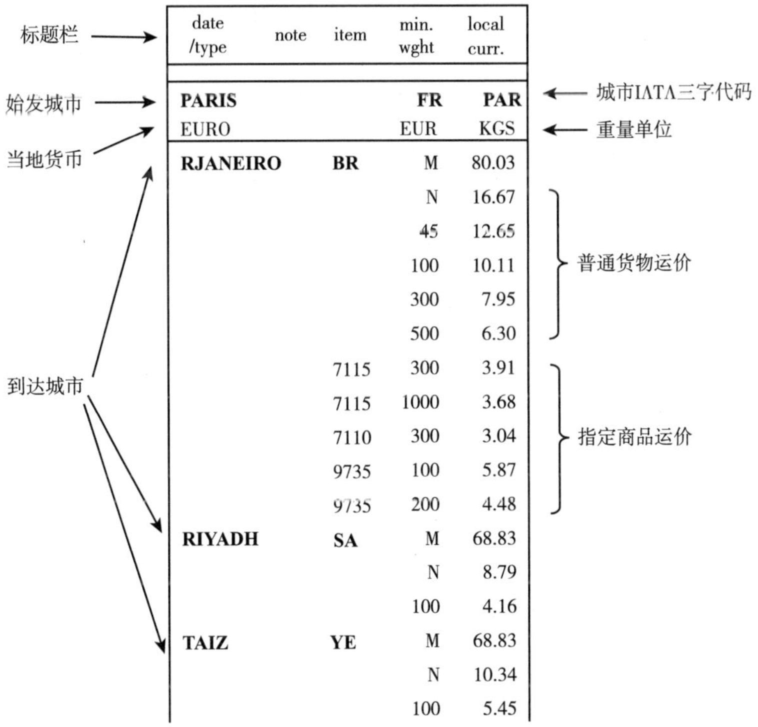

date /type	note	item	min. wght	local curr.	
HONG KONG			**HK**	**HKG**	
HONG KONG $			HKD	KGS	
LOS ANGEL CA	**US**		M	468.00	← 最低运费
			N	89.40	← 普通货物一般运价
			45	68.37	普通货物折扣运价
			100	60.30	普通货物折扣运价
			300	47.85	普通货物折扣运价
			500	41.90	
		2195	100	56.70	
		2195	300	47.85	
		4314	200	53.03	
		4416	100	48.29	
		8396	500	41.90	
/C				26.72	集装货物运价
/E				23.63	集装货物运价
/G				21.96	
AMSTERDAM	**NL**		M	392.00	
			N	83.93	
			45	62.95	
			100	44.00	
			300	39.00	

min. wght 栏 → 重量分界点

图 5－3　运价表示例

一、最低运费（Minimum charges）

1. 定义

最低运费是指两点间运输一票货物应收取的最低费用。每条航线的最低运费公布于运价表 M 栏对应的金额。最低运费在使用时，应优先于任何组合的最低运费，且优先于除特别指明外的按照其他任何规定计算出的最低运费。关于最低运费的一般规定有：

（1）计费重量乘以适用运价计得的航空运费不得低于最低运费，如低于，则应取最低运费；

（2）最低运费不包括声明价值附加费；

（3）最低运费标准适用于一票货物；

（4）运价表中未公布的最低运费，可直接查阅 TACT Rule 3. 4. 2 各国最低运费；

（5）对于等级货物，最低运费按照相应的规则处理。

在我国国内运输中，普通货物每份货运单的最低航空运费为30.00 CNY，等级货物最低航空运费为45.00 CNY。

2. 运费计算

运费计算遵循以下步骤进行：

（1）Volume：计算货物体积；

（2）Volume Weight：计算货物体积重量；

（3）Gross Weight：实际毛重；

（4）Chargeable Weight：确定计费重量；

（5）Applicable Rate：选取适用的运价；

（6）Weight Charge：计算航空运费；

（7）填写航空货运单。

【例5－5】 货运信息如下，计算运费：

Routing：BEIJING，CHINA（BJS）→PARIS，FRANCE（PAR）

Commodity：SHOES

Gross Weight：5.6 kgs

Dimensions：40.2 cm×27.8 cm×22.3 cm

date /type	note	item	min. wght	local curr.
BEIJING			**CN**	**BJS**
Y.RENMINBI			CNY	KGS
PARIS		**FR**	M	320.00
			N	50.37
			45	41.43

图5－4　例5－5运价表

解：

Volume：$40\times28\times22=24640\ cm^3$

Volume Weight：24640÷6000＝4.11 kgs＝4.5 kgs

Gross Weight：5.6 kgs

Chargeable Weight：6.0 kgs

Applicable Rate：GCR N 50.37 CNY/kg

Weight charge：50.37×6.0＝302.22 CNY

Minimum charge：320.00 CNY

此票货物的航空运费应为320.00 CNY。

表 5－6　　例 5－5 货运单运费计算栏

No. of Pieces RCP	Gross Weight	kg lb	Rate Class	Commodity Item No.	Chargeable Weight	Rate/Charge	Total	Nature and Quantity of Goods (incl. Dimensions or Volume)
1	5.6	K	M		6.0	320.00	320.00	SHOES DIMS：40×28×22 cm×1
1	5.6						320.00	

二、普通货物运价（General Cargo Rate）

1. 定义

普通货物运价是指既不存在指定商品运价，也不存在等级货物运价时的货物运价。普通货物运价分为一般运价（Normal General Cargo Rates）和折扣运价（Quantity General Cargo Rates）。普通货物一般运价用 N 表示，通常是指 45kgs 以下的普货运价（如不存在 45kgs 以下普货运价时，指 100kgs 以下普货运价）。普通货物折扣运价用 Q 表示，即重量分界点运价，是指除普通货物一般运价外，其他重量分界点所对应的运价，如 Q45 表示 45kgs 以上对应的运价、Q300 表示 300kgs 以上对应的运价等。

普通货物运价公布在运价表中，如图 5－5 所示。重量分界点越高，对应的运价就越低。在部分运价表中，不存在 45kgs 以下的普通货物运价，如图 5－5 所示。对于这种情况，N 运价则表示 100kgs 以下的普通货物运价。

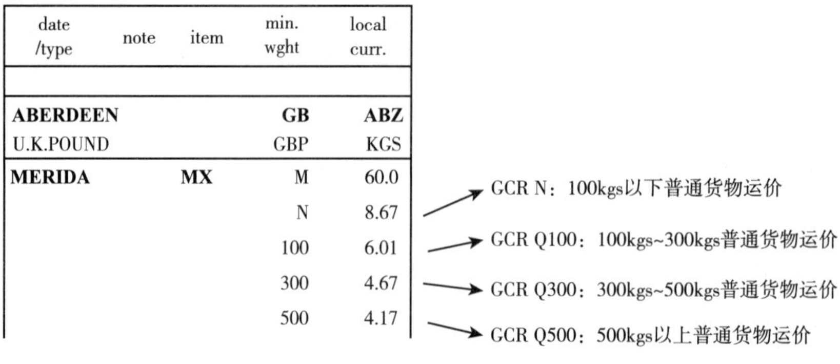

图 5－5　运价表示例

2. 运费计算

【例 5 -6】 货运信息如下，计算运费：

Routing：BEIJING，CHINA(BJS)→TOKYO，JAPAN(TYO)

Commodity：TOY

Gross Weight：25. 2 kgs

Dimensions：82. 3 cm ×47. 8 cm ×32 cm

date /type	note	item	min. wght	local curr.
BEIJING			**CN**	**BJS**
Y.RENMINBI			CNY	KGS
TOKYO		**JP**	M	420.00
			N	37.51
			45	28.13

图 5 -6 例 5 -6 运价表

解：

Volume：$82 \times 48 \times 32 = 125952\ cm^3$

Volume Weight：125952 ÷6000 =20. 99 kgs =21. 0 kgs

Gross Weight：25. 2 kgs

Chargeable Weight：25. 5 kgs

Applicable Rate：GCR N 37. 51 CNY/kg

Weight charge：25. 5 ×37. 51 =956. 505 =956. 51 CNY

表 5 -7　　例 5 -6 货运单运费计算栏

No. of Pieces RCP	Gross Weight	kg lb	Rate Class	Commodity Item No.	Chargeable Weight	Rate/Charge	Total	Nature and Quantity of Goods (incl. Dimensions or Volume)
1	25. 2	K	N		25. 5	37. 51	956. 51	TOY DIMS：82 ×48 ×32 cm ×1
1	25. 2						956. 51	

【例 5 – 7】货运信息如下，计算运费：

Routing：HONG KONG，CHINA(HKG)→SALT LAKE CITY，UT，USA(SLC)

Commodity：TEA

Gross Weight：200. 0 kgs

Dimensions：80. 2 cm × 40 cm × 40 cm × 5

date /type	note	item	min. wght	local curr.
HONG KONG			**HK**	**HKG**
HONG KONG $			HKD	KGS
SALT LAKE UT	**US**		M	468.00
			N	95.61
			45	73.70
			100	68.01
			300	53.63
			500	47.06

图 5 – 7　例 5 – 7 运价表

解：

Volume：$80 \times 40 \times 40 \times 5 = 640000\ cm^3$

Volume Weight：$640000 \div 6000 = 106.67$ kgs = 107. 0 kgs

Gross Weight：200. 0 kgs

Chargeable Weight：200. 0 kgs

Applicable Rate：GCR Q100 68. 01 HKD/kg

Weight charge：$200.0 \times 68.01 = 13602.00$ HKD

表 5 – 8　例 5 – 7 货运单运费计算栏

No. of Pieces RCP	Gross Weight	kg lb	Rate Class	Commodity Item No.	Chargeable Weight	Rate/Charge	Total	Nature and Quantity of Goods (incl. Dimensions or Volume)
5	200. 0	K	Q		200. 0	68. 01	13602. 00	PARTS DIMS：80 × 40 × 40 cm × 5
5	200. 0						13602. 00	

3. 较高重量分界点

由于货物在较高的重量分界点对应着较低的运价，有时会出现较高重量分界点的重量和适用运价计得的运费更低的情况。按实际毛重或体积重量计费运费更高，而按较高的重量分界点计费反而运费更低，这与运价的制定原则——为货主提供最低运费相矛盾。因此，IATA 制定如下规则：

计费重量为货物的实际毛重或体积重量，两者比较取高者。当取货物在较高的最低重量分界点对应的较低运费时，则该较高的最低重量分界点应视为计费重量。在实际计算时，应根据货物重量和使用的运价计得的运费，与其较高重量分界点的重量和适用运价计得的运费相比较，取其低者作为货物的运费。

【例 5-8】货运信息如下，计算运费：

Routing：BEIJING，CHINA(BJS)→AMSTERDAM，HOLLAND (AMS)

Commodity：PARTS

Gross Weight：38.6 kgs

Dimensions：100.6 cm×58.1 cm×32.3 cm

date /type	note	item	min. wght	local curr.
BEIJING			**CN**	**BJS**
Y.RENMINBI			CNY	KGS
AMSTERDAM	**NL**		M	320.00
			N	50.22
			45	41.53
			300	37.52

图5 8　例5-8运价表

解：

(1) 按实际重量计算：

Volume：101×58×32=187456 cm^3

Volume Weight：187456÷6000=31.24 kgs=31.5 kgs

Gross Weight：38.6 kgs

Chargeable Weight：39.0 kgs

Applicable Rate：GCR N 50.22 CNY/kg

Weight charge：39.0×50.22=1958.58 CNY

(2) 采用较高重量分界点的较低运价计算：

Chargeable Weight：45.0 kgs

Applicable Rate：GCR Q45 41.53 CNY/kg

Weight charge：41.53 ×45.0 = 1868.85 CNY

（1）与（2）比较，取运费较低者，即航空运费为1868.85 CNY。

表5－9　　例5－8货运单运费计算栏

No. of Pieces RCP	Gross Weight	kg lb	Rate Class	Commodity Item No.	Chargeable Weight	Rate/Charge	Total	Nature and Quantity of Goods (incl. Dimensions or Volume)
1	38.6	K	Q		45.0	41.53	1868.85	PARTS DIMS：101 ×58 ×32 cm ×1
1	38.6						1868.85	

三、指定商品运价（Specific Commodity Rate）

1. 定义

指定商品运价是指适用于自指定的始发地至指定的目的地之间的某些特定品名的货物运价，用字母“C”表示。有些货主经常在一些航线上运输某些特定的货物，他们要求航空公司为其提供较为优惠的价格；而承运人为了使托运人能够意识到用空运方式长期、固定地运输大批量货物的经济性，并促使托运人最大限度地利用承运人提供的载量，指定商品运价应运而生。

根据市场调查的结果，承运人能够制定指定商品运价，最大限度地促进两地的贸易往来。指定商品运价一般低于同等重量对应的普通货物运价，是一种优惠性质的运价，因此在计算航空运费时，应优先考虑。

2. 分类

根据货物性质、特点的不同分为十个大组，每个大组由1000个数字组成，每个大组又细分为十个小组，每个小组中又有100个数字。其分组形式采用4位数字进行编号，该编号就是指定商品货物的品名编号。十个大组分类情况如下：

0001～0999：可食用的动、植物产品

1000～1999：活体动物及非食用的动植物产品

2000～2999：纺织品、纤维及其制品

3000～3999：金属及其制品，不包括机器、汽车和电器设备

4000～4999：机器、汽车和电器设备

5000～5999：非金属材料及其制品

6000～6999：化工材料及其相关产品

7000～7999：纸张、芦苇、橡胶和木材制品

8000～8999：科学仪器、专业仪器、精密仪器、器械及配件

9000～9999：其他

9700～9799 系列指定商品运价的品名编号

为了减少常规的指定商品品名的分组编号，IATA 实验性地推出了指定商品运价，用 9700～9799 内的数字编出一个代号包含传统指定商品运价中分别属于不同指定商品代号的众多商品品名（分属不同大组），适用于某些城市对之间有多种指定商品，虽然品名不同，但运价相同，为公布运价方便而使用传统的编号中每一品名代号，一般只代表单一种类的指定商品运价。

为了方便学习指定商品运价的使用，此处给出常用的指定商品代码。

0007　FRUIT，VEGETABLES 水果，蔬菜

0008　FRUIT，VEGETABLES（FRESH）新鲜的水果，蔬菜

0300　FISH（EDIBLE），SEAFOOD 鱼（可食用的），海鲜、海产品

0850　MUSHROOMS，MUSHROOMSPAWN 蘑菇，蘑菇菌

1093　WORMS 沙蚕

7481　RUBBER TYRES，RUBBER TUBES 橡胶轮胎、橡胶管

3. 指定商品运价的使用要求

在使用指定商品运价时，只要所运输的货物满足下述三个条件，则运输始发地和运输目的地就可以直接使用指定商品运价：

（1）运输始发地至目的地之间有公布的指定商品运价；

（2）托运人所交运的货物，其品名与有关指定商品运价的货物品名相吻合；

（3）货物的计费重量满足指定商品运价使用时的最低重量要求。

4. 运费计算

第一步：查找运价表，如果两点间有指定商品代号，考虑使用指定商品运价，并记下指定商品品名编号。

第二步：查找 TACT Rate 2.4 的品名表，找出与所运输货物品名相对应的指定商品编号。

第三步：检查最低计费重量限制，如

（1）计费重量 > 指定商品运价的最低重量，则优先使用指定商品运价；

（2）计费重量 < 指定商品运价的最低重量，则需要比较计算：比较普通货物运价运费与指定商品运价较高重量点运费，取其低者。

【例 5－9】货运信息如下，计算运费：

Routing：BEIJING，CHINA（BJS）→OSAKA，JAPAN（OSA）

Commodity：FRESH APPLES

Gross Weight：EACH 65.2 kgs，TOTAL 5 PIECES

Dimensions：102.4 cm × 43.6 cm × 25.1 cm EACH

date /type	note	item	min. wght	local curr.
BEIJING			**CN**	**BJS**
Y.RENMINBI			CNY	KGS
OSAKA		**JP**	M	230.00
			N	37.51
			45	28.13
		0008	300	18.80
		0300	500	20.61
		1093	100	18.43
		2195	500	18.80

图 5－9　例 5－9 运价表

解：

Volume：$102 \times 44 \times 25 \times 5 = 561000\ cm^3$

Volume Weight：$561000 \div 6000 = 93.5$ kgs

表 5－10　　例 5－9 货运单运费计算栏

No. of Pieces RCP	Gross Weight	kg lb	Rate Class	Commodity Item No.	Chargeable Weight	Rate/Charge	Total	Nature and Quantity of Goods (incl. Dimensions or Volume)
5	326.0	K	C	0008	326.0	18.80	6128.80	FRESH APPLES DIMS：102 × 44 × 25 cm × 5
5	326.0						6128.80	

Gross Weight：65.2 ×5 =326.0 kgs

Chargeable Weight：326.0 kgs

Applicable Rate：SCR 0008/Q300 18.80 CNY/kg

Weight Charge：326.0 ×18.80 =6128.80 CNY

【例 5 –10】货运信息如下，计算运费：

Routing：BEIJING，CHINA(BJS)→OSAKA，JAPAN(OSA)

Commodity：FRESH ORANGES

Gross Weight：EACH 47.8 kgs，TOTAL 6 PIECES

Dimensions：128 cm ×42 cm ×36 cm EACH

date /type	note	item	min. wght	local curr.
BEIJING			**CN**	**BJS**
Y.RENMINBI			CNY	KGS
OSAKA		**JP**	M	230.00
			N	37.51
			45	28.13
		0008	300	18.80
		0300	500	20.61
		1093	100	18.43
		2195	500	18.80

图 5 –10　例 5 –10 运价表

解：

（1）按普通运价使用规则计算：

Volume：128 ×42 ×36 ×6 =1161216 cm^3

Volume Weight：1161216 ÷6000 =193.536 kgs =194.0 kgs

Gross Weight：47.8 ×6 =286.8 kgs

Chargeable Weight：287.0 kgs

Applicable Rate：GCR Q45 28.13 CNY/kg

Weight charge：287.0 ×28.13 =8073.31 CNY

（2）按指定商品运价使用规则计算：

Chargeable Weight：300.0 kgs

Applicable Rate：SCR 0008/Q300 18.80 CNY/kg

Weight charge：300.0 ×18.80 =5640.00 CNY

（1）与（2）比较，取运费较低者，即航空运费为 5640. 00 CNY。

表 5 – 11　　例 5 – 10 货运单运费计算栏

No. of Pieces RCP	Gross Weight	kg lb	Rate Class	Commodity Item No.	Chargeable Weight	Rate/Charge	Total	Nature and Quantity of Goods (incl. Dimensions or Volume)
6	286. 8	K	C	0008	300. 0	18. 80	5640. 00	FRESH ORANGES DIMS：128 ×42 ×36 cm ×6
6	286. 8						5640. 00	

【例 5 – 11】 货运信息如下，计算运费：

Routing：BEIJING，CHINA(BJS)→OSAKA，JAPAN(OSA)

Commodity：MUSHROOMS

Gross Weight：EACH 15. 0 kgs，TOTAL 2 PIECES

Dimensions：60 cm ×40 cm ×40 cm EACH

date /type	note	item	min. wght	local curr.
BEIJING			**CN**	**BJS**
Y.RENMINBI			CNY	KGS
OSAKA	**JP**		M	230.00
			N	37.51
			45	28.13
		0300	500	20.61
		0670	100	18.80
		0799	100	14.62
		0850	100	17.12

图 5 – 11　例 5 – 11 运价表

解：

（1）按普通运价使用规则计算：

Volume Weight：60 ×40 ×40 ×2 ÷6000 =32. 0 kgs

Gross Weight：15. 0 ×2 =30. 0 kgs

Chargeable Weight：32. 0 kgs

Applicable Rate：GCR N 37. 51 CNY/kg

Weight charge：32 ×37. 51 =1200. 32 CNY

（2）按指定商品运价使用规则计算：

Chargeable Weight：100. 0 kgs

Applicable Rate：SCR 0850/Q100 17. 12 CNY/kg

Weight charge：100 ×17. 12 =1712 CNY

（1）与（2）比较，取运费较低者，即航空运费为 1200. 32 CNY。

表 5 –12　　例 5 –11 货运单运费计算栏

No. of Pieces RCP	Gross Weight	kg lb	Rate Class	Commodity Item No.	Chargeable Weight	Rate/Charge	Total	Nature and Quantity of Goods (incl. Dimensions or Volume)
2	30. 0	K	N		32. 0	37. 51	1200. 32	MUSHROOMS DIMS：60 ×40 ×40 cm ×2
2	30. 0						1200. 32	

5. 指定商品运价的使用顺序

实际运输中可能存在一个以上的品名代号都可以代表所运输的货物，即：两地间的指定商品编码，既有“确指品名”，又有“泛指品名”，在这种情况下，必须使用“确指品名”代号，即使这样算出的结果高。然而，泛指品名代号也可以使用，但前提是“泛指品名”相对“确指品名”来说，在较低的最低重量分界点存在较高的运价。

具体地讲，如果货物的重量满足“确指品名”运价的最低重量要求，优先使用“确指品名”的指定商品运价；如果货物的重量不满足“确指品名”运价最低重量要求，可以考虑“泛指品名”，但必须同时满足三个条件（TACT Rule 3. 6. 2）：

①“泛指品名”要求的最低重量低于“确指品名”要求的最低重量；

②“泛指品名”运价高于“确指品名”运价；

③用“泛指品名”运价计得的航空运费小于用“确指品名”运价计得的航空运费。

【例 5 –12】货运信息如下，计算运费：

Routing：DUBAI，U. A. E(DXB)→GLASGOW，U. K.(GLA)

Commodity：CARPETS

Gross Weight：580 kgs

Dimensions：略，非轻泡货物

date /type	note	item	min. wght	local curr.
DUBAI			**AE**	**DXB**
U.A.E.DIRH			AED	KGS
GLASGOW		**GB**	M	190.00
			N	31.35
			45	23.65
		0300	300	9.05
		2199	250	10.45
		2199	500	8.95
		2865	500	9.90
		3015	1000	12.30

图 5－12 【例 5－12】运价表

解：

查品名表可知，2865 为确指，2199 泛指。

根据指定商品运价的使用顺序规则，应该使用确指品名代号 2865。

Gross Weight：580 kgs

Chargeable Weight：580 kgs

Applicable Rate：SCR 2865/Q500 9.90 AED/kg

Weight charge：580 × 9.90 = 5742.00 AED

如果例 5－12 中运输的货物只有 260 kgs，使用确指品名代号为 2865，则：

Chargeable Weight：500 kgs

Applicable Rate：SCR 2865/Q500 9.90 AED/kg

Weight charge：500 × 9.90 = 4950.00 AED

由于实际毛重 260 kgs 与确指品名代号所要求的最低重量相差较大，必然导致较高的航空运费。因此，在这种情况下，可以考虑使用泛指品名代号 2199，但要满足 TACT Rule 3.6.2 的三个条件。泛指品名代号 2199 对应有两个不同的重量分界点运价，SCR 2199/Q250 10.45 AED/kg 和 SCR 2199/Q500 8.95 AED/kg。只有前者符合泛指品名代号可以使用的规则，因此运费计算如下：

Chargeable Weight：260 kgs

Applicable Rate：SCR 2199/Q250 10.45 AED/kg

Weight charge：260 × 10.45 = 2717.00 AED

6. 指定商品的中间点原则

（1）一般规定

对某一货物而言，在实际运输两点间不存在指定商品运价公布时，可以借助另一点，使从始发站至这一点或从这一点至到达站有相应的指定商品运价。该点即为指定商品运价的中间点。

（2）限制条件

中间点规则适用于IATA 1区与3区之间，且满足以下三个条件：

①实际运输两点间无适用于该货物的指定商品运价，否则不可使用中间点原则。

②中间点必须和公布有指定商品运价的地点（始发站或到达站）在同一个国家内：

a. 中间点与始发站在同一国；

b. 中间点与到达站在同一国；

c. 两个中间点分别与始发站和到达站在同一国。

③自实际始发地和实际目的地的普通货物一般运价（GCR N）不高于指定商品运价公布地点间的普通货物一般运价（GCR N）。

【例5－13】货运信息如下，计算运费：

Routing：BEIJING，CHINA（BJS）→DETROIT，U. S.（DTW）

Commodity：YARN

Gross Weight：320 kgs

Dimensions：60 cm × 60 cm × 40 cm × 8

date /type	note	item	min wght	local curr.
BEIJING			**CN**	**BJS**
Y.RENMINBI			CNY	KGS
DETROIT	**US**		M	420.00
			N	63.25
			45	44.64
			100	42.16
			300	40.10
			500	36.42

date /type	note	item	min. wght	local curr.
BEIJING			**CN**	**BJS**
Y.RENMINBI			CNY	KGS
NEW YORK NY	**US**		M	420.00
			N	64.46
			45	48.34
			100	45.19
			300	41.86
			500	38.70
		2211	300	36.13
		2211	1500	30.68

图5－13　例5－13运价表

解：

由图5－13可以看出，BJS(BEIJING)→DTW(DETROIT) 的运价表中只有普通货物运价，无指定商品运价SCR2211。在未介绍指定商品运价的中间点规则之前，只能使用普通货物运价计算该货物的航空运费。但是，可以考虑使用指定商品的中间点规则。通过观察可知，BJS→NYC(NEW YORK) 有相应的指定商品运价。因此，将中间点选为纽约，检查其是否符合中间点规则，从而确定是否可以使用。

由于BJS→DTW的GCR N 63.25 CNY不高于BJS→NYC的GCR N 64.46 CNY，可知从北京至底特律运输纱线的运费计算可使用BJS→NYC指定商品运价SCR2211。具体如下：

Volume Weight：60×60×40×8÷6000＝192.0 kgs

Gross Weight：320.0 kgs

Chargeable Weight：320.0 kgs

Applicable Rate：SCR 2211/Q300 36.13 CNY/kg

Weight charge：320×36.13＝11561.60 CNY

表5－13 例5－13货运单运费计算栏

No. of Pieces RCP	Gross Weight	kg lb	Rate Class		Chargeable Weight	Rate/Charge	Total	Nature and Quantity of Goods (incl. Dimensions or Volume)
				Commodity Item No.				
8 NYC	320.0	K	C	2211	320.0	36.13	11561.60	YARN DIMS：60×60×40 cm×8
8	320.0						11561.60	

四、等级货物运价（Commodity Classification Rate）

（一）定义

等级货物运价，又称货物的分类运价，是指适用于某一区域内或某两个区域之间运输某些特殊类型货物的运价。等级货物运价没有在TACT Rates中直接公布，而是在普通货物运价的基础上附加或附减一定的百分比构成，附加或附减的规则公布在 TACT Rules 中，因此，等级货物运价须将 TACT Rates 和 TACT Rules 结合起来，一同使用。

（二）分类

等级货物运价分为附加等级货物运价和附减等级货物运价，适用于两类不同的货物：

附加等级货物运价适用于活体动物、贵重物品、灵柩、骨灰等，还包括既不附加也不附减的货物运价，该运价是在普通货物运价的基础上附加一定的百分比构成，通常用代号 S（Surcharged Class Rate）表示；

附减等级货物运价适用于书籍、报纸、杂志等印刷品和作为货物运输（即无人押运的行李），该运价是在普通货物运价的基础上附减一定的百分比构成，通常用代号 R（Reduced Class Rate）表示。

（三）运费计算

对于等级货物，如果不存在适用的指定商品运价，可以使用等级货物运价。

（1）根据货物品名判断其是否适用于等级货物运价；

（2）根据适用的公布运价×百分比，并将计得的运价进位；

（3）适用的等级货物运价×计费重量，计算出等级货物的运费。

由几个承运人联运等级货物时，如果各承运人无特殊规定，则可使用自始发站至目的站的直达运价。但如果参与联运的承运人在其所承运的航段有特殊的百分比时，只能按照分段相加的办法组成全程的等级货物运价。以下分别介绍不同等级货物运价的使用方法。

1. 活体动物

活体动物运价由表 5 - 14 确定，分为以下几种情况（不适用于 ECAA 国家之间）：

①Normal GCR：表示使用运价表中的 45 kgs 以下普货运价，即 N 运价（当不存在 45 kgs 时，N 运价表示 100 kgs 以下），此时运价的使用与货物的计费重量无关；

② * % of normal GCR：表示使用 N 运价的 * %，此时运价的使用与货物的计费重量无关；

③appl. GCR：表示使用运价表中适用的普货运价（N、Q45、Q100、Q300 等），此时运价的使用与货物的计费重量有关；

④ * % of appl. GCR：表示使用运价表中适用的普通运价的 * %，此时运价的使

用与货物的计费重量有关。

需要注意的是，动物的容器、食物等均应包括在货物的计费重量内。

表 5－14　　　　活体动物运价表

	IATA AREA（see Rule 1. 2. 2. “Definitions of Areas”）					
	Within 1	**Within 2** （see also Rule 3. 7. 1. 3）	**Within 3**	**Between 1 & 2**	**Between 2 & 3**	**Between 3 & 1**
ALL LIVE ANIMALS Except： Baby Poultry less than 72 hours old	175% of Normal GCR	175% of Normal GCR	150% of Normal GCR *Except*：1 *below*	175% of Normal GCR	150% of Normal GCR *Except*：1 *below*	150% of Normal GCR *Except*：1 *below*
BABY POULTRY less than 72 hours old	Normal GCR	Normal GCR	Normal GCR *Except*：1 *below*	Normal GCR	Normal GCR *Except*：1 *below*	Normal GCR *Except*：1 *below*

例外：

（1）在西南太平洋区域内或从其出发，运价为 200% of the applicable GCR；

（2）最低运费 TACT Rule 3. 7. 2. 2：活体动物的最低运费标准为 200% M（不包括 ECAA 国家之间）。

【例 5－14】货运信息如下，计算运费：

Routing：BEIJING，CHINA(BJS)→NEWYORK，U. S. A（NYC）

Commodity：NORTHEAST TIGER

Gross Weight：270. 0 kgs

date /type	note	item	min. wght	local curr.
BEIJING			**CN**	**BJS**
Y.RENMINBI			CNY	KGS
NEW YORK NY	**US**		M	420.00
			N	64.46
			45	48.34
			100	45.19
			300	41.86
			500	38.70
		2211	300	36.13
		2211	1500	30.68

图 5－14　例 5－14 运价表

Dimensions：240 cm × 120 cm × 60 cm

解：

Volume Weight：240 × 120 × 60 ÷ 6000 = 288. 0 kgs

Gross Weight：270. 0 kgs

Chargeable Weight：288. 0 kgs

Applicable Rate：S 150% of Normal GCR

150% × 64. 46 = 96. 69 CNY/kg

Weight charge：288. 0 × 96. 69 = 27846. 72 CNY

此货物的航空运费为 27846. 72 CNY。

表 5－15　例 5－14 货运单运费计算栏

No. of Pieces RCP	Gross Weight	kg lb	Rate Class	Commodity Item No.	Chargeable Weight	Rate/Charge	Total	Nature and Quantity of Goods (incl. Dimensions or Volume)
1	270. 0	K	S	N150	288. 0	96. 69	27846. 72	NORTHEAST TIGER DIMS：240 × 120 × 60 cm × 1 LIVE ANIMAL
1	270. 0						27846. 72	

【例 5－15】货运信息如下，计算运费：

Routing：BEIJING，CHINA(BJS)→PAIRS，FRANCE（PAR）

Commodity：BABY POULTRY，less than 72 hours

Gross Weight：2 Pieces，EACH 25. 0 kgs

Dimensions：70 cm × 50 cm × 50 cm × 2

date /type	note	item	min. wght	local curr.
BEIJING			**CN**	**BJS**
Y.RENMINBI			CNY	KGS
PAIRS		**FR**	M	320.00
			N	50.37
			45	44.46
			300	37.90

图 5－15　例 5－15 运价表

解：

Volume Weight：$70 \times 50 \times 50 \times 2 \div 6000 = 58.33 = 58.5$ kgs

Gross Weight：$25.0 \times 2 = 50.0$ kgs

Chargeable Weight：58.5 kgs

Applicable Rate：S 100% of Normal GCR

$100\% \times 50.37 = 50.37$ CNY/kg

Weight charge：$58.5 \times 50.37 = 2946.645 = 2946.65$ CNY

此货物的航空运费为 2946.65 CNY。

表 5－16　　例 5－15 货运单运费计算栏

No. of Pieces RCP	Gross Weight	kg lb	Rate Class	Commodity Item No.	Chargeable Weight	Rate/Charge	Total	Nature and Quantity of Goods (incl. Dimensions or Volume)
2	50.0	K	S	N100	58.5	50.37	2946.65	BABY POULTRY DIMS：70×50×50 cm×2 AVI
2	50.0						2946.65	

2. 贵重货物

(1) 定义

贵重货物的定义可以从两个方面来看。一方面是从它的价值来看，另一方面是从它的具体名称来看。含有下列一种或多种的货物称为贵重货物。

①任何货物，其运输声明价值毛重每公斤超过（或等于）1000 美元或其等值货币；

②锭形黄金（包括提炼或未提炼过的）、混合金、金币及各种形状的黄金制品；

③现钞、旅行支票、有价证券、股票、邮票以及银行发行的兑现卡和信用卡等；

④钻石（包括工业钻石）、红宝石、蓝宝石、绿宝石、蛋白石、珍珠（包括养殖珍珠）；

⑤镶有翡翠、蓝宝石、蛋白石、珍珠（包括养殖珍珠）的珠宝类；

⑥由银和/或黄金和/或白金（铂）制成的饰物及手表；

⑦黄、白金制品（不包括镀金制品）。

（2）贵重货物运价

在所有 IATA 区域（除 ECAA 国之间），贵重货物的运价为 200% 的 Normal GCR，即 200% N，详见表 5－17。

表 5－17　贵重货物运价表

Area:	***Rate***:
All IATA areas, excluding between courtiers in the ECAA (within Europe see also Rule 3. 7. 1. 3) **Exceptions alphabetically listed by country**	200% of Normal GCR
From	% of Normal GCR/Charge per kg.
France to all areas Russia to all areas (except Canada, USA) Russia to Canada, USA: a. consignments weighing up to 1000kgs b. consignments weighing 1000kgs or over	250% 300% 300% 200%

（3）最低运费

贵重货物的最低运费按所适用的最低运费标准的 200%[1] 收取，但不低于 50 美元[2] 或等值货币。

例外：①从法国出发，贵重货物的最低运费标准为 400% M；

②从沙特阿拉伯：贵重货物的最低运费标准为 SAR190。

【例 5－16】 货运信息如下，计算运费：

Routing: BEIJING, CHINA(BJS)→BOSTON, U. S. A (BOS)

Commodity: GOLD WATCH

Gross Weight: 32. 0 kgs

Dimensions: 61 cm×51 cm×42 cm

date /type	note	item	min. wght	local curr.
BEIJING			**CN**	**BJS**
Y.RENMINBI			CNY	KGS
BOSTON	**US**		M	630.00
			N	79.97
			45	60.16
			100	53.19
			300	45.80

图 5－16　例 5－16 运价表

解：

Volume Weight：61 ×51 ×42 ÷6000 =21. 78 kgs =22. 0 kgs

Gross Weight：32. 0 kgs

Chargeable Weight：32. 0 kgs

Applicable Rate：S 200% of Normal GCR

200% ×79. 97 =159. 94 CNY/kg

Weight charge：32. 0 ×159. 94 =5118. 08 CNY

此货物的航空运费为 5118. 08 CNY。

表 5 –18　　例 5 –16 货运单运费计算栏

No. of Pieces RCP	Gross Weight	kg lb	Rate Class	Commodity Item No.	Chargeable Weight	Rate/Charge	Total	Nature and Quantity of Goods (incl. Dimensions or Volume)
1	32. 0	K	S	N200	32. 0	159. 94	5118. 08	GOLD WATCH DIMS：61 ×51 ×42 cm ×1 VALUABLE CARGO
1	32. 0						5118. 08	

【例 5 –17】货运信息如下，计算运费：

Routing：BEIJING，CHINA(BJS)→FRANKFURT，GERMANY (FRA)

Commodity：HANDICRAFT

Declared value for carriage：CNY 40000. 00

Gross Weight：5. 8 kgs

Dimensions：42 cm ×34 cm ×20 cm

1 USD =6. 50000 CNY

解：

每公斤货物的声明价值 =40000 ÷6. 5 ÷5. 8 =1061. 01 USD/kg

Volume Weight：42 ×34 ×20 ÷6000 =4. 76 kgs

Gross Weight：5. 8 kgs

Chargeable Weight：6. 0 kgs

Applicable Rate：S 200% of Normal GCR

200% ×45. 57 =91. 14 CNY/kg

date /type	note	item	min. wght	local curr.
BEIJING			**CN**	**BJS**
Y.RENMINBI			CNY	KGS
FRANKFURT	**DE**		M	320.00
			N	45.57
			45	37.75
			300	33.93
			500	33.42
			1000	30.71
			2000	28.33

图 5－17　例 5－17 运价表

Weight charge：6.0×91.14＝546.84 CNY

Minimum Charge：200% Minimum GCR＝640.00 CNY

此货物的航空运费为 600.00 CNY。

表 5－19　　例 5－17 货运单运费计算栏

No. of Pieces RCP	Gross Weight	kg lb	Rate Class	Commodity Item No.	Chargeable Weight	Rate/Charge	Total	Nature and Quantity of Goods (incl. Dimensions or Volume)
1	5.8	K	S	M200	6.0	640.00	640.00	HANDICRAFT DIMS：42×34×20 cm×1 VALUABLE CARGO
1	5.8						640.00	

3. 印刷品

等级货物中的印刷品主要包括报纸、杂志、期刊、图书、目录、盲人读物及设备，此类物品达到 5 kgs 或以上时，可以使用印刷品运价。印刷品运价属于附减等级货物运价，是低于普通货物一般运价的情况。

印刷品也可以使用普通货物较高重量点的较低运价（Q 运价），当使用普通货物运价计算结果低于本规则计算结果，应取普货运价计算结果。印刷品运价最低运费按公布的最低运费的 M 收取。具体运价如表 5－20 所示。

表 5-20　印刷品运价

Area:	*Rate*:
Within IATA 1; Within Europe (see also rule 3.7.1.3); Between IATA area 1 and 2.	67% of Normal GCR
All other areas	50% of Normal GCR
Exceptions alphabetically listed by country	
From	% of Normal GCR or as indicated
From and within Germany on Lufthansa Cargo Service	Applicable GCR

注：①1 区，欧洲内，1 区与 2 区之间：67% of normal GCR；②其他区域：50% of normal GCR。

【例 5-18】货运信息如下，计算运费：

Routing：BEIJING，CHINA(BJS)→LONDON，U.K.(LON)

Commodity：BOOKS

Gross Weight：20 PIECES，TOTAL 980.0 kgs

Dimensions：70 cm×50 cm×40 cm×20

date /type	note	item	min. wght	local curr.
BEIJING			**CN**	**BJS**
Y.RENMINBI			CNY	KGS
LONDON	**GB**		M	320.00
			N	63.19
			45	45.22
			300	41.22
			500	33.42
			1000	30.71

图 5-18　例 5-18 运价表

解：

(1) 按实际重量计算：

Volume Weight：70×50×40×20÷6000=466.67 kgs=467.0 kgs

Gross Weight：980.0 kgs

Chargeable Weight：980.0 kgs

Applicable Rate：R 50% of Normal GCR

50%×63.19=31.595=31.60 CNY/kg

Weight charge：980.0 × 31.60 = 30968.00 CNY

（2）按普通货物较高重量点计算：

Chargeable Weight：1000.0 kgs

Applicable Rate：GCR Q1000 30.71 CNY/kg

Weight charge：1000.0 × 31.70 = 30710.00 CNY

此货物的航空运费为30710.00 CNY。

表5－21 例5－18运单运费计算栏

No. of Pieces RCP	Gross Weight	kg lb	Rate Class		Chargeable Weight	Rate/Charge	Total	Nature and Quantity of Goods (incl. Dimensions or Volume)
				Commodity Item No.				
20	980.0	K	Q		1000.0	30.71	30710.00	BOOKS DIMS：70 × 50 × 40 cm × 20
20	980.0						30710.00	

4. 作为货物运输的行李

（1）定义

作为货物运输的行李（Baggage Shipped as Cargo）是指旅客本人的衣物及其他私人物品，包括小型轻便乐器、小型体育用品，但不包括：机器零件、货币、珠宝、表、餐具、镀金属器皿、毛皮、影片和胶片、照相机、票证、文件、酒类、香水、家具、商品和销售样品。

（2）行李运价使用条件

行李运价在使用时需满足以下条件：

①作为货物运输的行李，只能在旅客所持客票中列明的各点间运输，不得迟于旅客出发的当日运出。

②旅客必须保证申报行李内容，备齐海关及承运人所需的各类文件，并有责任交付各项费用。行李必须由旅客本人或其代理人办理海关手续。

③需将旅客的客票号、航班/航段、日期等信息填入航空货运单。

④行李按照承运人所安排的航班运出，不一定与旅客同一航班。

⑤行李运价不得与普通货物运价及指定商品运价组合而低于所规定的运价和比例运价。

⑥若使用行李运价，货物的计费重量不可小于 10 kgs。

⑦不符合上述规定时不可使用行李运价，而只能使用相应的普通货物运价或指定商品运价。

（3）运价

在上述适用范围内，作为货物运输的行李运价如表 5－22 所示。其最低运费按公布的最低运费的 M 收取。

表 5－22 行李运价表

Area/Country	***Rate*:**
Within IATA 2 （except Europe）	50% of Normal GCR
Within IATA 3 （except USA）	
Between IATA area 2 and 3 （except USA）	
Between IATA area 1 and 2 （except USA，Greenland）	
All other areas	Applicable GCR

注：①IATA 二区内（欧洲分区除外）；
②IATA 三区内（至或从美国领地除外）；
③IATA 二区与三区之间（至或从美国领地除外）；
④IATA 一区与二区之间（至或从美国、美国领地或从格陵兰岛除外）；
⑤适用于 50% of Normal GCR；其他地区适用 Applicable GCR。

【例 5－19】 货运信息如下，计算运费：

Routing：SYDNEY，AUSTRALIA（SYD）→BEIJING，CHINA（BJS）

Commodity：BAGGAGE

Gross Weight：52.0 kgs

Dimensions：60 cm×50 cm×25 cm×5

航程：略

date /type	note	item	min. wght	local curr.
SYDNEY			**AU**	**SYD**
AUSTRALIAN $			AUD	KGS
BEIJING		**CN**	M	120.00
			N	9.75
			45	7.30
			100	5.35
			250	3.40
		0006	100	4.20
		0315	100	4.85

图 5－19 例 5－19 运价表

解：

Volume Weight：$60 \times 50 \times 25 \times 5 \div 6000 = 62.5$ kgs

Gross Weight：52.0 kgs

Chargeable Weight：62.5 kgs

Applicable Rate：R 75% of Normal GCR

$$75\% \times 9.75 = 7.3125 = 7.30 \text{ AUD/kg}$$

Weight charge：$62.5 \times 7.30 = 456.25$ AUD

此货物的航空运费为456.25 AUD。

表5-23　例5-19货运单运费计算栏

No. of Pieces RCP	Gross Weight	kg lb	Rate Class	Commodity Item No.	Chargeable Weight	Rate/Charge	Total	Nature and Quantity of Goods (incl. Dimensions or Volume)
5	52.0	K	R	N75	62.5	7.30	456.25	BAGGAGE DIMS：60×50×25 cm×5 NOT RESTRICTED
5	52.0						456.25	

5. 尸体、骨灰

尸体和骨灰的运价（不适用于ECAA成员国之间），见表5-24。

表5-24　尸体和骨灰的运价

***Area*:**	***Coffin*:**	***Ashes*:**
From all IATA areas, except within area 2	Normal GCR	Applicable GCR
Within IATA area 2	200% of Normal GCR	300% of Normal GCR

注：①所有IATA区域（除IATA 2区）：尸体：Normal GCR；骨灰：Applicable GCR。

②IATA 2区（欧洲小区内运输尸体、骨灰，参看Rule 3.7.1.）：尸体：200% of Normal GCR；骨灰：300% of Normal GCR。

③运输尸体、骨灰的最低费用为运价表中所适用的最低运费M；IATA 2区内，最低运费为200% M，且最低运费不得低于65美元或等值货币。

五、运价及运费的使用顺序

到目前为止，普通货物运价、指定商品运价和等级货物运价等公布直达运价都能为货主提供不同的运价和运费方案，且不同的货物可能同时存在几种运价都可以使用的情况。为货主提供一个最低的航空运费，是本节所要解决的问题。

（一）IATA 运价的使用顺序

公布直达运价优于相同两点间、相同承运人、运输同一种货物时的非公布直达运价。

（二）公布直达运价的使用顺序

（1）指定商品运价优先于等级货物运价和普通货物运价；

（2）等级货物运价优先于普通货物运价；

（3）若使用普通货物运价计算的结果低于使用指定商品运价计算的结果时，除附加等级货物外，应使用普通货物运价计算的结果；

（4）对于等级货物中的印刷品和作为货物运输的行李，如果使用普通货物运价计算的结果低于使用相应的等级货物运价计算的结果时，应取普通货物运价计算的结果。

具体来讲，对于活体动物、贵重货物和尸体骨灰等附加等级货物来说，不允许使用普通货物运价，可考虑使用指定商品运价和等级货物运价；如果存在，两种运价计算结果取低者。对于其他货物来说，指定商品运价、等级货物运价或普通货物运价均可考虑使用；如果存在，各种可用的运价计算的结果取低者。

【例 5-20】 货运信息如下，计算运费：

Routing：BEIJING，CHINA(BJS)→OSAKA，JAPAN(OSA)

Commodity：WORMS

Gross Weight：45.0 kgs

Dimensions：70 cm×47 cm×35 cm

date /type	note	item	min. wght	local curr.
BEIJING			**CN**	**BJS**
Y.RENMINBI			CNY	KGS
OSAKA		**JP**	M	230.00
			N	37.51
			45	28.13
		0008	300	18.80
		0300	500	20.61
		1093	100	18.43
		2195	500	18.80

图 5-20 例 5-20 运价表

解：

（1）按等级货物运价计算：

Volume Weight：70 ×47 ×35 ÷6000 =19. 19 kgs =19. 5 kgs

Gross Weight：45. 0 kgs

Chargeable Weight：45. 0 kgs

Applicable Rate：S 150% of Normal GCR

150% ×37. 51 =56. 265 =56. 27 CNY/kg

Weight charge：45. 0 ×56. 27 =2532. 15 CNY

（2）按指定商品货物运价计算：

Chargeable Weight：100. 0 kgs

Applicable Rate：SCR 1093/Q100 18. 43 CNY/kg

Weight charge：100. 0 ×18. 43 =1843. 00 CNY

此货物的航空运费为 1843. 00 CNY。

表 5 –25　　例 5 –20 货运单运费计算栏

No. of Pieces RCP	Gross Weight	kg lb	Rate Class		Chargeable Weight	Rate/Charge	Total	Nature and Quantity of Goods (incl. Dimensions or Volume)
				Commodity Item No.				
1	45. 0	K	C	1093	100. 0	18. 43	1843. 00	WORMS DIMS：70 ×47 ×35 cm ×1
1	45. 0						1843. 00	

第六节　非公布直达运价

公布直达运价在 TACT 运价手册中均可查到，但在实际工作中，并不是所有两点间的直达运价都可以直接查到。当实际运输的始发地和目的地中有一地是个很小的地区或城市时，两点间往往没有公布直达运价，则可以采用比例运价构成实际运输两点间的直达运价。当不存在比例运价时，可采用分段相加的方法构成实际运输两点间的最低组合运价来计算货物的航空运费。

一、比例运价（Construction Rate）

（一）一般规定

比例运价可与公布直达运价相加，构成无公布直达运价两点间的直达运价。比例运价的使用需要遵循以下规定：

（1）只能是相同运价相加。即：

①比例运价中的 GCR 运价只能与公布直达运价中的 GCR 运价相加。

②比例运价中的 SCR 运价只能与公布直达运价中的 SCR 运价相加。

③比例运价中的 ULD 运价只能与公布直达运价中的 ULD 运价相加。

（2）两点间有公布直达运价时，不得使用比例运价；有比例运价时，不得使用分段相加运价。

（3）比例运价只适用于国际运输，不能作为国内运价单独使用，且必须与公布直达运价一起使用。

（4）比例运价可加在公布直达运价两端，但在一段航程中不允许连续两次使用比例运价。

①始发站使用比例运价（见图 5－21）。

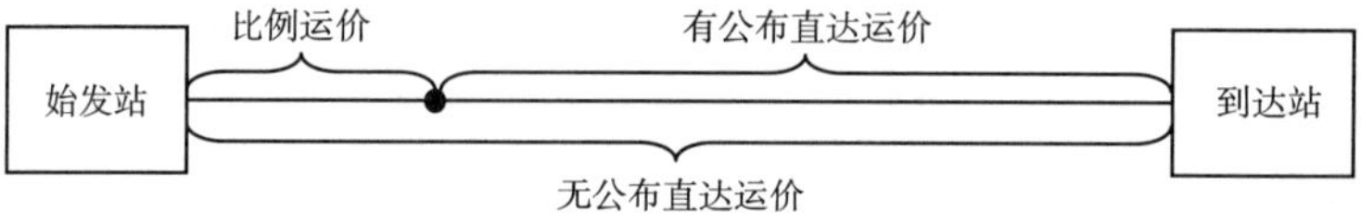

图 5－21 始发站使用比例运价

②到达站使用比例运价（见图 5－22）。

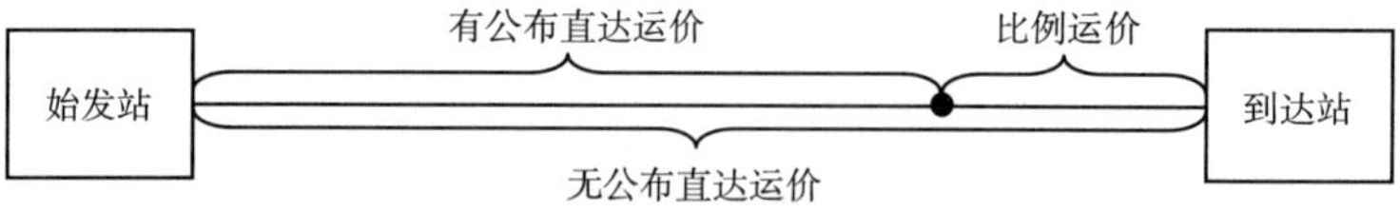

图 5－22 到达站使用比例运价

③始发站、到达站同时使用比例运价（见图 5－23）。

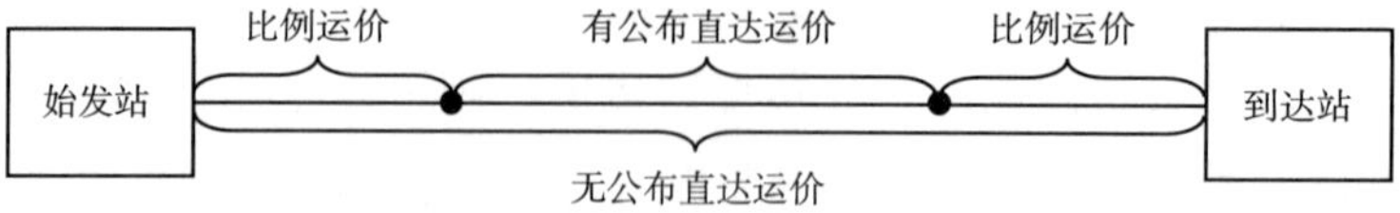

图 5－23 始发站和到达站均使用比例运价

（5）若在相同的两点间，公布直达运价的运价类别（如 GCR）不同于比例运价构成的直达运价的运价类别时（如 SCR），则可不必优先使用公布直达运价。

（6）当比例运价的组成点有多个时（一般情况下只有一个运价组成点），应选择可构成全程最低直达运价的组成点。

（7）用比例运价构成的两点间的直达运价，与公布直达运价具有同等的地位。即用此方法得到的两点间直达运价，相当于在 TACT 中查到的一样。

（8）使用比例运价时，运价的组成点只作为运价构成之用，而并非实际运输一定要经过该点。

（二）比例运价表

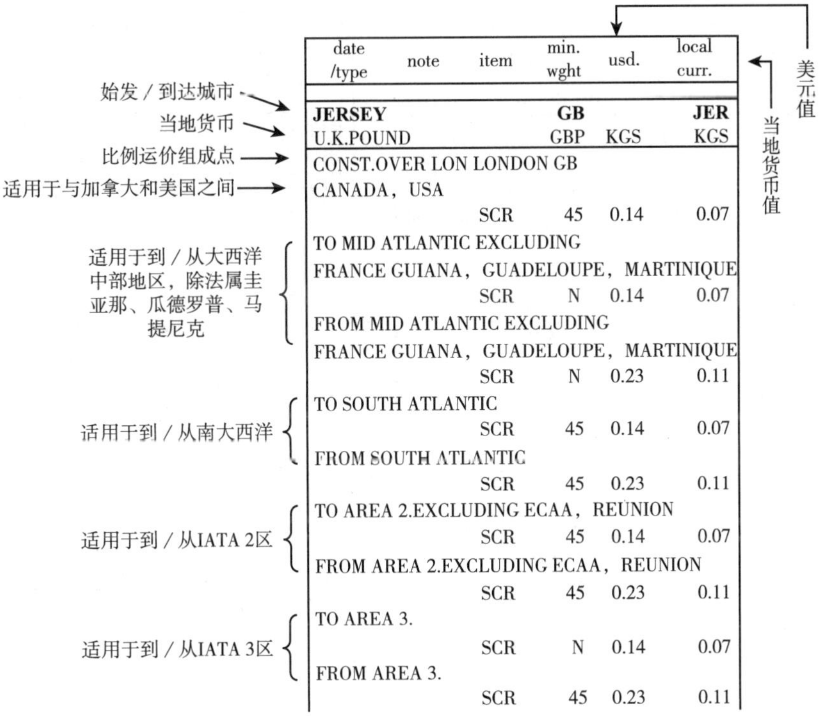

图 5－24　比例运价表的使用

注：

（1）比例运价表以当地货币和美元两种货币表示，在运输始发站使用比例运价，使用比例运价表中的当地货币值；在运输到达站使用比例运价，使用比例运价表中的美元值。

（2）构成直达运价的点可以是始发站，也可以是到达站。

（3）另一点所在区：用比例运价构成直达运价的另一点所在 IATA 区域。

（4）运价组成点：在比例运价表中，所要查找的城市下面标有“CONST. OVER”后面所列的城市代码即为运价组成点。

（5）如果在指定区域中，如果比例运价前有“from”，只适用于从该区域出发的情况；如果比例运价前有“to”，只适用于到达该特定区域的情况；没有任何文字，从该区域出发和到达该区域均可使用。

（6）用比例运价组成运价计算货物运费，该货物的最低运费应采用始发地到目的地的最低运费。

(三) 使用举例

用比例运价构成全程普通货物运价 GCR

【例 5 - 21】 在始发站使用比例运价。

Routing：AKITA，JAPAN(AXT)→BEIJING，CHINA(BJS)

Commodity：GLASS PRODUCTS

Gross Weight：30 kgs

Dimensions：50 cm × 30 cm × 20 cm × 5

date /type	note	item	min. wght	usd	local curr.
AKITA			**JP**		**AXT**
YEN			JPY	KGS	KGS
CONST.OVER TYO TYOKO JP					
AREA.1					
		GCR	N	1.61	170
		GCR	45	1.21	128
AREA.2					
		GCR	N	1.61	170
		GCR	45	1.21	128
AREA.3					
		GCR	N	1.61	170
		GCR	45	1.21	128

date /type	note	item	min. wght	local curr.
TYOKO			**JP**	**TYO**
YEN			JPY	KGS
BEIJING		**CN**	M	8500
			N	950
			45	790
			100	680
		2195	100	480
		4702	100	480
		6002	100	470

图 5 - 25 例 5 - 21 的运价表及比例运价表

解：查运价表可知，AXT→BJS 无公布直达运价。查比例运价表，运价组成点为 TYO。用 AXT→BJS 间的公布直达运价组合，从而构成 AXT→BJS 的直达运价。

AXT→BJS 的公布直达运价构成如下：

M：8500

N：170 + 950 = 1120

Q45：128 + 790 = 918

Q100：128 + 680 = 808

Volume Weight：50 × 30 × 20 × 5 ÷ 6000 = 25 kgs

Chargeable Weight：30 kgs

Applicable Rate：GCR N 1120 JPY/kg

Weight Charge：30 × 1120 = 36600 JPY

表 5－26　　　　　　　　　例 5－21 货运单运费计算栏

No. of Pieces RCP	Gross Weight	kg lb	Rate Class	Commodity Item No.	Chargeable Weight	Rate/Charge	Total	Nature and Quantity of Goods (incl. Dimensions or Volume)
1 TYO	30.0	K	N		30.0	1120	36600	GLASS PRODUCTS DIMS：50×30×20 cm×5
1	30.0						36600	

【例 5－22】始发站和到达站同时使用比例运价构成 GCR。

Routing：SHENYANG，CHINA(SHE)→TOULON，FRANCE(TLN)

Commodity：MEDICINE

Gross Weight：33 kgs

Dimensions：50 cm×30 cm×20 cm×10

1 USD＝6.88530 CNY

date /type	note	item	min. wght	usd	local curr.
SHENYANG			CN		SHE
Y.RENMINBI			CNY	KGS	KGS
CONST.OVER BJS BEIJING CN					
AREA.1					
		GCR	N	0.62	5.12
		GCR	45	0.46	3.84
AREA.2					
		GCR	N	0.62	5.12
		GCR	45	0.46	3.84
AREA.3					
		GCR	N	0.62	5.12
		GCR	45	0.46	3.84

date /type	note	item	min. wght	local curr.
BEIJING			CN	BJS
Y.RENMINBI			CNY	KGS
PARIS	FR		M	320.0
			N	50.37
			45	41.43
			300	37.90
			500	33.42
			1000	30.71
			2000	28.33

date /type	note	item	min. wght	usd	local curr.
TOULON			FR		TLN
EURO			EUR	KGS	KGS
CONST.OVER PAR PARIS FR					
AREA.1					
		GCR	N	0.00	0.00
AREA.2					
		GCR	N	0.00	0.00
AREA.3					
		GCR	N	0.13	0.14

图 5－26　例 5－22 的运价表及比例运价表

解：查运价表可知，SHE→TLN 无公布直达运价。在比例运价表查 TLN 可知，在法国的巴黎 Pairs（PAR）组合；在比例运价表中查 SHE 可知，在北京 BJS 组合。因此，此例的运价组成点为 BJS 和 PAR，属于始发站和到达站同时使用比例运价的情况。

SHE→TLN 的公布直达运价构成如下：

M：320

N：5.12＋50.37＋0.13×6.8853＝55.39

Q45：3. 84 +41. 43 +0. 13 ×6. 8853 =46. 17

Q300：3. 84 +37. 90 +0. 13 ×6. 8853 =42. 64

Volume Weight：50 ×30 ×20 ×10 ÷6000 =50 kgs

Gross Weight：33 kgs

Chargeable Weight：50 kgs

Applicable Rate：GCR Q45 46. 17 CNY

Weight Charge：50 ×46. 17 =2308. 5 CNY

表 5 –27　　　　例 5 –22 货运单运费计算栏

No. of Pieces RCP	Gross Weight	kg lb	Rate Class	Commodity Item No.	Chargeable Weight	Rate/Charge	Total	Nature and Quantity of Goods (incl. Dimensions or Volume)
10 BJS PAR	33. 0	K	Q		50. 0	46. 17	2308. 50	MEDICINE DIMS：50 ×30 ×20 cm ×10
10	33. 0						2308. 50	

【**例 5 –23**】用比例运价构成全程 SCR。

Routing：WELLINGTON，NEW ZEALAND(WLG)→CATANIA，ITALY(CTA)

Commodity：CANNED FOODSTUFFS

Gross Weight：TOTAL 480 kgs，10 PIECES

Dimensions：50 cm ×50 cm ×50 cm ×10

解：查运价表可知，Canned Foodstuffs 的指定商品代码为 0006。WLG→CTA 只有 GCR 公布直达运价，如果能用比例运价构造出该航线的指定商品运价，则将大大降低航空运费，运价组成点选 ROM。

WLG→CTA 的公布直达运价构成如下：

1 USD =1. 60000 NZD

SCR 0006/250 kg：5. 90 +0. 07 ×1. 60 =6. 01

SCR 0006/500 kg：5. 55 +0. 07 ×1. 60 =5. 66

Volume Weight：50 ×50 ×50 ×10 ÷6000 =208. 3 kgs

Gross Weight：480 kgs

Chargeable Weight：480 kg

date /type	note	item	min. wght	local curr.
WELLINGTON			**NZ**	**BJS**
N ZEALAND $			NZD	KGS
ROME		**IT**	M	90.00
			N	16.39
			45	12.31
			500	10.24
		0006	250	5.90
		0006	500	5.55
		1420	45	5.29
		1420	100	4.91
		2199	100	9.32
		2199	250	7.39
		2199	500	7.16
		6857	250	7.39

date /type	note	item	min. wght	usd	local curr.
CATANIA			**IT**		**CTA**
EURO			EUR	KGS	KGS
CONST.OVER ROM ROME IT					
AREA 1.					
		GCR	N	0.09	0.10
		GCR	45	0.07	0.08
AREA 2. EXCEPT ECAA AND SWITZERLAND					
		GCR	N	0.09	0.10
		GCR	45	0.07	0.08
		SCR	45	0.07	0.08
ECAA AND SWITZERLAND					
		GCR	K	0.07	0.08
		GCR	N	0.07	0.08
AREA 3.					
		GCR	N	0.09	0.10
		GCR	45	0.07	0.08
		SCR	N	0.07	0.08

图 5－27　例 5－23 的运价表及比例运价表

Applicable Rate：SCR 0006/Q500 5. 66 NZ/kg

Weight Charge：500 ×5. 66 =2830. 00 NZD

表 5－28　　例 5－23 货运单运费计算栏

No. of Pieces RCP	Gross Weight	kg lb	Rate Class	Commodity Item No.	Chargeable Weight	Rate/Charge	Total	Nature and Quantity of Goods (incl. Dimensions or Volume)
10 ROM	480. 0	K	C	0006	500. 0	5. 66	2830. 00	CANNED FOODSTUFFS DIMS：50 ×50 ×50 cm ×10
10	480. 0						2830. 00	

二、分段相加运价（Combination of Rates and Charges）

当货物的始发地至目的地无公布直达运价，也不能使用比例运价，选择适当的运价构成点，可以采用分段相加的办法组成全程最低运价。分段相加运价的使用规则如表5－29所示。

表5－29　　分段相加运价的使用规则

运价类别	可相加运价
国际普通货物运价	比例运价中的普通货物运价
	国际普通货物运价
	国内运价
	过境运价*
国际指定商品运价	比例运价的指定商品运价
	国内运价
	过境运价*
国际等级货物运价	国内运价
	过境运价*
集装货物运价	国内运价

注：过境运价是指适用于美国和加拿大之间的运价，除到/从加勒比地区和到/从 IATA3 区各点外，该运价不能与到/从加拿大的运价相加使用。

（一）一般规定

（1）采用分段相加的方法构成全程的最低组合运价时，最低运费的确定仍以 TACT Rule 3.4 为准；

（2）采用分段相加的方法组成全程运价时，应选择几个不同的运价组成点，构成全程直达运价后进行比较，取其最低者；

（3）只有当货物使用同一集装器/板从始发站运至目的站时，集装器运价才可以与表5－29中所指定的其他运价组合使用；

（4）运价的组合可以适用两个方向：国际 GCR + 国内运价和国内运价 + 国际 GCR，即，任何国际运价可与任何国内运价进行组合，且指定商品运价、等级货物运价和普通货物运价，可以在组合运价的每一段上使用；

（5）货物实际运输不受运价组成点选择的影响，即，与国内运价组合时，可选择不同的国内点进行组合，使其达到最低组合运价。

（二）使用举例

1. 国际普通货物运价

如果两点间无公布直达运价，也无比例运价时，则可采用分段相加的方法构成最低的全程直达运价。

【例 5－24】国际普通货物运价 GCR 与国内普通货物运价 GCR 组合。

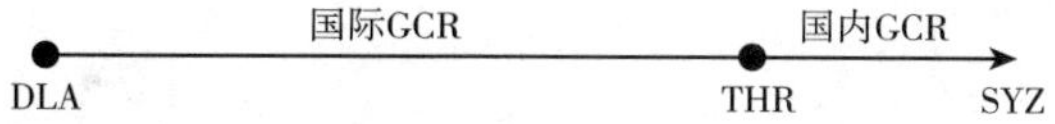

Routing：DOUALA，CAMEROUN(DLA)→SHIRAZ，IRAN(SYZ)

Commodity：COFFEE SAMPLES

Gross Weight：12.5 kgs，1 PIECES

Dimensions：30 cm × 30 cm × 30 cm

date /type	note	item	min. wght	local curr.
DOUALA			**CM**	**DLA**
CRAFRANC			XAF	KGS
TEHRAN	**IR**		M	28000
			N	4670
			45	3500

date /type	note	item	min. wght	local curr.
TEHRAN			**IR**	**THR**
IRANIAN RIAL			IRR	KGS
SHIRAZ	**IR**		M	28000
			N	4670
			45	3500

图 5－28　例 5－24 的运价表

解：DLA→SYZ 无公布直达运价，也无比例运价，采用分段相加运价，运价组成点选 THR。

1 USD＝613.27000 XAF

1 USD＝42000.00000 IRR

THR→SYZ 航段 N 运价转换为喀麦隆货币 XAF：

4000 × 613.27000 ÷ 42000.00000 ＝ 58.4 ＝ 60 XAF

DLA→SYZ 航段 N 运价：4670＋60＝4730

表 5－30　　例 5－24 货运单运费计算栏

No. of Pieces RCP	Gross Weight	kg lb	Rate Class	Commodity Item No.	Chargeable Weight	Rate/Charge	Total	Nature and Quantity of Goods (incl. Dimensions or Volume)
1 THR	12.5	K	N		12.5	4730	59125	COFFEE SAMPLES DIMS：30 × 30 × 30 cm × 1
1	12.5						59125	

Volume Weight：30 × 30 × 30 ÷ 6000 = 4.5 kgs

Gross Weight：12.5 kgs

Chargeable weight：12.5 kgs

Weight Charge：12.5 × 4730 = 59125 XAF（XAF 取舍单位：5）

2. 国际指定商品运价

当两点间不存在指定商品运价而只有普通货物运价时，可采用比例运价构成全程的指定商品运价；如果无法采用比例运价，则可采用分段相加的组合方式构成全程的指定商品运价。

【例 5 - 25】 国际指定商品运价 SCR ＋ 国内等级货物运价 CR 组合

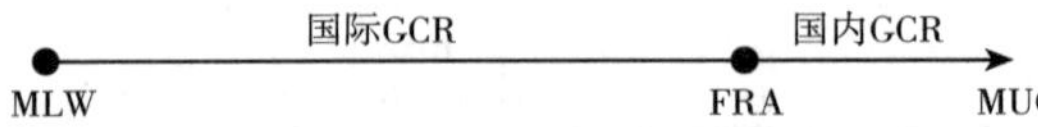

Routing：MONROVIA，LIBERIA(MLW)→MUNICH，GERMANY(MUC)

Commodity：LIVE TROPICAL FISH

date /type	note	item	min. wght	local curr.
MONROVIA			**LR**	**MLW**
LIBERLAN $			LRD	KGS
COLOGNE		**DE**	M	62.00
			N	8.92
			45	6.67
		1024	100	4.14
DUSSELDORF		**DE**	M	62.00
			N	8.92
			45	6.67
		1024	100	4.14
FRANKRURT		**DE**	M	62.00
			N	8.92
			45	6.67
		1024	100	4.14
HAMBURG		**DE**	M	62.00
			N	9.37
			45	7.02
		1024	100	4.14
MUNICH		**DE**	M	62.00
			N	8.72
			45	6.56
		0007	500	1.53

图 5 - 29　例 5 - 25 的运价表 1

Gross Weight：TOTAL 120 kgs，15 PIECES

Dimensions：40 cm×30 cm×30 cm×15

1USD＝159.00000 LRD

1USD＝0.93000 EUR

date /type	note	item	min. wght	local curr.
COLOGNE			**DE**	**CGN**
EURO			EUR	KGS
MUNICH	DE		M	48.00
			N	1.10

date /type	note	item	min. wght	local curr.
DUSSELDORF			**DE**	**DUS**
EURO			EUR	KGS
MUNICH	DE		M	48.00
			N	1.10

date /type	note	item	min. wght	local curr.
HAMBURG			**DE**	**HAM**
EURO			EUR	KGS
MUNICH	**DE**		M	48.00
			N	1.10

date /type	note	item	min. wght	local curr.
FRANKFURT			**DE**	**FRA**
EURO			EUR	KGS
MUNICH	**DE**		M	48.00
			N	1.10

图5－30 例5－25的运价表

解：MLW→MUC无指定商品运价SCR1024，也无法使用比例运价SCR1024，可采用分段相加运价。

SCR1024/100 kg运价从MLW到德国的有四个城市：CGN（Cologne）、HAM（Hamburg）、DUS（Dusseldorf）、FRA（Frankfurt），但从这些城市到MUC都无相应的SCR，只有GCR。

由各运价表可知，四个城市到MUC公布的运价都相同，可任意选择，故选择FRA。

Volume Weight：40×30×30÷6000＝90 kgs

Gross Weight：120.0 kgs

Chargeable Weight：120.0 kgs

国际航段MLW→FRA，采用指定商品运价：

适用运价：SCR 1024/Q100 4.14 LRD/kg

Volume Weight：120.0 kgs

Weight charge：120.0×4.14＝496.80 LRD

国内航段FRA→MUC，采用国内等级货物运价：

Applicable Rate：175%N＝175%×1.1＝1.93 EUR

$= 1.93 \div 0.93000 \times 159.00000$ LRD = 329.97 LRD

Volume Weight：120.0 kgs

Weight charge：$120.0 \times 329.97 = 39596.40$ LRD

Total weight charge：$496.80 + 39596.40 = 40093.20$ LRD

表 5－31　例 5－25 货运单运费计算栏

No. of Pieces RCP	Gross Weight	kg lb	Rate Class		Chargeable Weight	Rate/Charge	Total	Nature and Quantity of Goods (incl. Dimensions or Volume)
				Commodity Item No.				
15	120.0	K	C	1024	120.0	4.14	496.80	LIVE TROPICAL FISH DIMS：40×30×30 cm×15
FRA			S	N150	120.0	329.97	39596.40	
15	120.0						40096.20	

3. 国际等级货物运价

国际等级货物运价可与国内运价和过境运价组合。除非参与运输的承运人对其所承运的航段上有特殊的百分比。否则，从始发站到目的站运输等级货物均使用同一百分比。

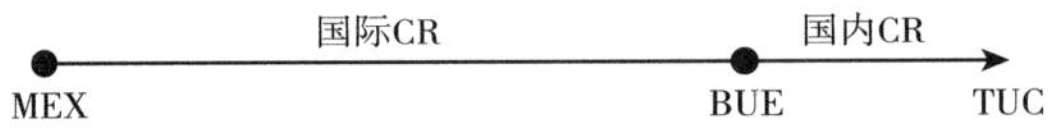

【例 5－26】 国际等级货物运价 CR ＋ 国内等级货物运价 CR

Routing：MEXCICO CITY（MEX）→TUCUMAN，ARGENTINA（TUC）

Commodity：Gold Jewellery

Gross Weight：TOTAL 14.5 kgs，2 PIECES

Dimensions：20 cm×20 cm×10 cm×2

解：MEX→TUC 无公布直达运价，且无比例运价。MEX→BUE 有公布直达运价，且 BUE→TUC 有公布直达运价。

MEX→BUE：N 7.32

BUE→TUC：N 0.79

MEX→TUC 的组合运价：N = 7.32 + 0.79 = 8.02 USD/kg

Volume Weight：$20 \times 20 \times 10 \times 2 \div 6000 = 1.33$ kgs

date /type	note	item	min. wght	local curr.
MEXICO CITY			**MX**	**MEX**
U.S.DOLLAR			USD	KGS
BUEN AIRES BA		**AR**	M	70.00
			N	7.23
			45	5.46
			…	…

date /type	note	item	min. wght	local curr.
BUEN AIRES		**BA**	**AR**	**BUE**
U.S.DOLLAR			USD	KGS
TUCUMAN TU		**AR**	M	8.30
			N	0.79
			45	0.71
			100	0.62

图 5－31　例 5－26 的运价表

Chargeable Weight：14.5 kg

Applicable Rate：200% N＝200% ×8.02＝16.04 USD/kg

Weight Charge：14.5×16.04＝232.58 USD

表 5－32　　例 5－26 货运单运费计算栏

No. of Pieces RCP	Gross Weight	kg lb	Rate Class	Commodity Item No.	Chargeable Weight	Rate/Charge	Total	Nature and Quantity of Goods (incl. Dimensions or Volume)
2	14.5	K	S	N200	14.5	16.04	232.58	GOLD JEWELLERY DIMS：20×20×10 cm×2 VALUABLE CARGO
2	14.5						232.58	

第七节　混运货物运价

前面几节介绍的内容中，运价计算所涉及的货物是单一的，一批货物计算运费采用了同一种运价。本节介绍当托运人托运的一票货物中有不同种类的货物时，可能采用不同的运价计算航空运费。

一、定义

混运货物是指在使用同一份货运单运输的货物中，含有不同运价、不同运输条件的货物。混运货物中不得含有下列货物：

（1）贵重物品；

（2）活体动物；

（3）尸体、骨灰；

（4）外交信袋；

（5）作为货物运输的行李；

（6）危险品；

（7）机动车辆（电力自动车辆除外）。

二、申报方式与计算规则

1. 申报整批货物的总重量（总体积）

将整批货物视为一种货物，将其总重量确定为一个计费重量，运价采用适用的普通货物运价。

2. 分别申报每一种类货物的件数、体积、重量和品名

分别申报在计算运费时按不同种类货物适用的运价与其对应的计费重量分别计算运费。

注：如果混运货物使用一个外包装将所有货物合并运输，则该包装物的运费按混运货物中运价最高的货物的运价计收。

三、声明价值

只能按整批货物办理声明价值，不得办理部分货物的声明价值，或办理两种以上的声明价值。因此，混运货物声明价值附加费应按整票货物总的毛重计算。

四、最低运费

按整票货物计收，无论是分别申报还是整批申报的混运货物，按其运费计算方法计得的运费与起讫点间的最低收费标准比较，取高者。

五、运费计算

混运货物的计算分为两步：第一，把一票货物视为一个整体，计算混运货物整

体的计费重量，采用普通货物运价计算运费；第二，按分别申报的方式，单独计算每种货物的计费重量并选择合适的运价，最终将各种货物的运费相加得到总运费，两者比较，取低者。

【例 5－27】 货运信息如下，计算运费：

Routing：TORONTO，OT，CANADA(YTO)→WARSAW，POLAND(WAW)

Commodity：BALLDOZER PARTS and SWEATERS

Gross Weight：200. 0 kgs and 150. 0 kgs

Dimensions：5 Pieces 44 ×33 ×33 cm and 10 Pieces 66 ×44 ×44 cm

date /type	note	item	min. wght	local curr.
TORONTO		**OT**	**CA**	**YTO**
CANADIAN $			CAD	KGS
WARSAW		**PL**	M	150.00
			N	8.50
			45	6.89
			100	3.75
			300	3.29
			500	2.94
			1000	2.48
		4209	200	3.06
		7119	1000	2.14

图 5－32　例 5－27 运价表

解：

（1）统一申报：

Volume：44 ×33 ×33 ×5 =239580 cm^3

66 ×44 ×44 ×10 =1277760 cm^3

Total Volume：239580 +1277760 =1517340 cm^3

Total Volume Weight：1517340 ÷6000 =252. 89 =253. 0 kgs

Total Gross Weight：200. 0 +150. 0 =350. 0 kgs

Chargeable Weight：350. 0 kgs

Applicable Rate：GCR Q300 3. 29 CAD/kg

Weight charge：350. 0 ×3. 29 =1151. 50 CAD

（2）分别申报：

BALLDOZERPARTS：

Volume Weight：44×33×33×5÷6000=39.93 kgs=40.0 kgs

Gross Weight：200.0 kgs

Chargeable Weight：200.0 kgs

Applicable Rate：SCR 4209/Q200 3.06 CAD/kg

Weight charge：200.0×3.06=612.00 CAD

SWEATERS：

Volume Weight：66×44×44×10÷6000=212.96 kgs=213.0 kgs

Gross Weight：150.0 kgs

Chargeable Weight：213.0 kgs

Applicable Rate：GCR Q100 3.75 CAD/kg

Weight charge：213.0×3.75=798.75 CAD

两种货物运费相加为612.00+798.75=1410.75 CAD；

将统一申报运费与分别申报运费相比，取低者，即该批混运货物的运费为1151.50 CAD。

表5－33　　例5－27 货运单运费计算栏

No. of Pieces RCP	Gross Weight	kg lb	Rate Class	Commodity Item No.	Chargeable Weight	Rate/Charge	Total	Nature and Quantity of Goods (incl. Dimensions or Volume)
15	350.0	K	Q		350.0	3.29	1151.50	BALLDOZER PARTS DIMS：44×33×33 cm×5 SWEATERS DIMS：66×44×44 cm×10
15	350.0						1151.50	

【例5－28】货运信息如下，计算运费：

Routing：BEIJING，CHINA(BJS)→OSAKA，JAPAN(OSA)

Commodity：BOOKS and HANDICRAFT and APPLE(FRESH)

Gross Weight：100.0 kgs and 42.0 kgs and 80.0 kgs

Dimensions：4 Pieces 70×47×35 cm

and 1 Pieces 100×60×42 cm

and 2 Pieces 90×70×32 cm

date /type	note	item	min. wght	local curr.
BEIJING			**CN**	**BJS**
Y.RENMINBI			CNY	KGS
OSAKA		**JP**	M	230.00
			N	37.51
			45	28.13
		0008	300	18.80
		0300	500	20.61
		1093	100	18.43
		2195	500	18.80

图 5－33　【例 5－28】运价表

解：

（1）统一申报：

Volume：$70 \times 47 \times 35 \times 4 = 460600\ cm^3$

$100 \times 60 \times 42 = 252000\ cm^3$

$90 \times 70 \times 32 \times 2 = 403200\ cm^3$

Total Volume：$460600 + 252000 + 403200 = 1115800\ cm^3$

Total Volume Weight：1115800 ÷ 6000 = 185. 96 kgs = 186. 0 kgs

Total Gross Weight：100. 0 + 42. 0 + 80. 0 = 222. 0 kgs

Chargeable Weight：222. 0 kgs

Applicable Rate：GCR Q45 28. 13 CNY/kg

Weight charge：222. 0 × 28. 13 = 6244. 86 CNY

（2）分别申报：

BOOKS：

Volume Weight：70 × 47 × 35 × 4 ÷ 6000 = 76. 77 kgs = 77. 0 kgs

Gross Weight：100. 0 kgs

Chargeable Weight：100. 0 kgs

Applicable Rate：R 50% of Normal GCR

50% × 37. 51 = 18. 755 = 18. 76 CNY/kg

Weight charge：100. 0 × 18. 76 = 1876. 00 CNY

HANDICRAFT：

Volume Weight：100 × 60 × 42 ÷ 6000 = 42. 0 kgs

Gross Weight：42. 0 kgs

Chargeable Weight：42.0 kgs

Applicable Rate：GCR N 37.51 CNY/kg

Weight charge：42.0 ×37.51 =1575.42 CNY

与较高重量分界点的较低运价比较：

Chargeable Weight：45.0 kgs

Applicable Rate：GCR Q45 28.13 CNY/kg

Weight charge：45.0 ×28.13 =1265.85 CNY

两者比较取低者，HANDICRAFT 的航空运费为 1265.85 CNY；

APPLE （FRESH）：

Volume Weight：90 ×70 ×32 ×2 ÷6000 =67.2 kgs =67.5 kgs

Gross Weight：80.0 kgs

Chargeable Weight：80.0 kgs

Applicable Rate：GCR Q45 28.13 CNY/kg

Weight charge：80.0 ×28.13 =2250.40 CNY

三种货物运费相加为 1876.00 +1265.85 +2250.40 =5392.25 CNY；

将统一申报运费与分别申报运费相比，取低者，该批混运货物的运费为 5392.25 CNY。

混运货物货运单的填写有两种方式：

方法一：将采用不同运价计算的各类货物分别填入货运单的运价计算栏，包括各类货物的件数、毛重、计费重量、运价、运费及货物的品名、尺寸等，如表 5 -34 所示。

表 5 -34 【例 5 -28】货运单运费计算栏（方法一）

No. of Pieces RCP	Gross Weight	kg lb		Rate Class		Chargeable Weight		Rate/Charge		Total		Nature and Quantity of Goods (incl. Dimensions or Volume)
					Commodity Item No.							
4	100.0	K		R	N50	100.0		18.76		1876.00		BOOKS DIMS：70 ×47 ×35 cm ×4
1	42.0			Q		45.0		28.13		1265.85		HANDICRAFT DIMS：100 ×60 ×42 cm ×1
2	80.0			Q		80.0		28.13		2250.40		APPLE （FRESH） DIMS：90 ×70 ×32 cm ×2
7	222.0									5329.25		

方法二：货运单上只填入：总件数、总毛重、总运费、总体积；品名及数量栏

中填入“See Extension list”或“Consolidated Cargo as per Extension List”，如表5-35和表5-36所示。

表5-35　【例5-28】货运单运费计算栏（方法二）

No. of Pieces RCP	Gross Weight	kg lb	Rate Class	Commodity Item No.	Chargeable Weight	Rate/Charge	Total	Nature and Quantity of Goods (incl. Dimensions or Volume)
7	222.0	K					5329.25	1115800 cm^3 CONSOLIDATED CARGO AS PER EXTENSION LIST
7	222.0						5329.25	

表5-36　【例5-28】货运单运费计算栏（方法二）的扩展单

EXTENSION LIST

Issued in conjunction with Air Waybill No. 999-12345675

4 CARTIONS, ADDR., No. 345-348　　1 BOXES, ADDR., No. LW 3432

1 WOODEN BOX, ADDR. No. BC02　　1 BOXES, ADDR., No. H. R. 01

No. of Pieces RCP	Gross Weight	kg lb	Rate Class	Commodity Item No.	Chargeable Weight	Rate/Charge	Total	Nature and Quantity of Goods (incl. Dimensions or Volume)
4	100.0	K	R	N50	100.0	18.76	1876.00	BOOKS DIMS: 70×47×35 cm×4
1	42.0		Q		45.0	28.13	1265.85	HANDICRAFT DIMS: 100×60×42 cm×1
2	80.0		Q		80.0	28.13	2250.40	APPLE (FRESH) DIMS: 90×70×32 cm×2
7	222.0						5329.25	

第八节　集装货物运价

一、定义

集装货物是指装入集装设备交运而不另加包装的货物，而集装货物运价（Unit

Load Device Rate，ULD Rate）指此类货物的特别运价。使用集装货物运价应保证货物从始发站至目的站载在同一集装器内运输。在填写货运单时，集装货物运价通常用代码 U（ULD 基本运价/运费代号）、E（ULD 附加运价代号）、X（ULD 附加信息代号）等表示。

二、集装货物运价使用规则

集装货物运价公布于运价表中，一般计算集装货物运费时，需要涉及以下内容。

表 5－37　　集装货物运价计算涉及内容

基准运价部分		超基准运价部分	
基准重量 Pivot Weight	对装有货物的集装器所规定的最低计费重量	超基准重量 Over Pivot Weight	装入集装器的货物超过基准重量的部分
基准运费 Pivot Charge	对装有货物的集装器所规定的最低运费	超基准运费 Over Pivot Charge	对超基准重量所收取的费用
		超基准运价 Over Pivot Rate	对超基准重量每千克收取的运费

集装货物运费的计算是以一个集装器为单位。规定一个基准重量和基准运费，如果装入集装器的货物超过基准重量，就要收取超基准运费。各种类型的集装器，运至不同的地点，其基准重量和基准运费不同。集装货物运费计算方法如下：

集装货物运费＝基准运费 ＋ 超基准运费

其中，（1）基准运费公布在运价表中；

（2）超基准运费＝超基准重量×超基准运价；

（3）超基准重量＝货物重量－基准重量。

如果一批货物装在多个集装器中，该批货物的总基准重量为所有单个集装器基准重量之和，总基准运费为所有单个集装器基准运费之和，超基准重量是指超过总基准重量的重量。

集装器外有货物，不得与集装器合并计算费用，应按照所适用的运价另计收运费。

公布在运价手册中的集装货物运价/运费，适用于所有品名的货物，除非特别指明适用于某一特定品名的货物。集装货物运价/运费表如图 5－34 所示。

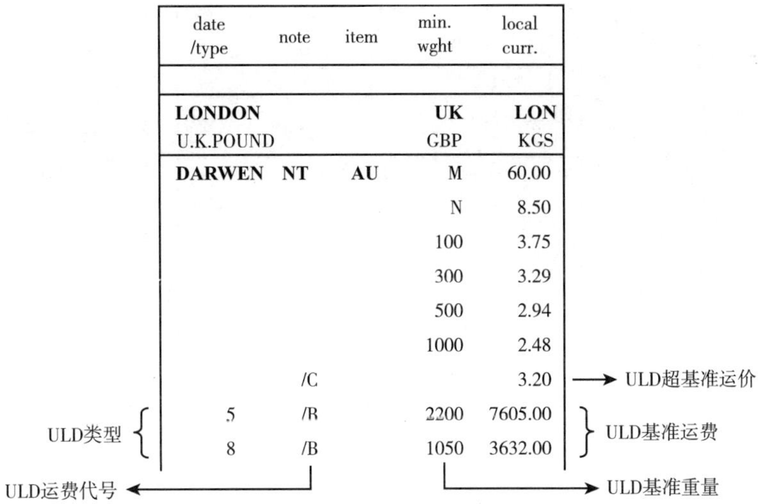

图 5－34　集装货物运价/运费表

注：一般来说，集装货物运价/运费适用于所有货物，除非在运价表的“item”栏中有指定商品代号。

三、运费计算

在运价表中有时存在多种集装货物运价/运费，使用时须遵循一定的原则，如表 5－38 所示。

表 5－38　　集装货物运价/运费使用原则

基准运价/运费	超基准运价/运费	使用原则
/A 基准运价	/C 第一超基准运价	一起使用
/B 第一基准运价		
/D 第二基准运价	/E 第二超基准运价	一起使用
/F 第三基准运价	/G 第三超基准运价	一起使用

【例 5－29】货运信息如下，计算运费：

Routing：HELSINKI，FINLAND(HEL)→BARBADOS(BGI)

Commodity：ELECTRICAL APPLIANCES

Pieces：30

Gross Weight：3500.0 kgs

ULD 识别代码：PAP55860IB

ULD Rate Category：5

ULD Weight：125 kgs

Pivot Weight：1650 kgs

date /type	note	item	min. wght	local curr.
HELSINKI			**FI**	**HEL**
EURO			EUR	KGS
BARBADOS		**BB**	M	58.87
			N	15.07
			45	11.57
			100	8.90
			300	7.05
			500	5.84
	/A			4.17
	/C			2.84

图 5－35　【例 5－29】运价表

解：

Gross Weight：3500. 0 kgs

Pivot Weight：1650 kgs

Over Pivot Weight：3500 – 1650 = 1850 kgs

Pivot Rate/A：4. 17 EUR/kg

Pivot Charge：1650 ×4. 17 =6880. 50 EUR

Over Pivot Rate/C：2. 84 EUR/kg

Over Pivot Charge：1850 ×2. 84 =5254. 00 EUR

Total ULD Charge：6880. 50 +5254. 00 =12134. 50 EUR

表 5－39　【例 5－29】货运单运费计算栏

No. of Pieces RCP	Gross Weight	kg lb	Rate Class	Commodity Item No.	Chargeable Weight	Rate/Charge	Total	Nature and Quantity of Goods (incl. Dimensions or Volume)
1	3500. 0	K	U		1650. 0	4. 17	6880. 50	ELECTRICAL APPLIANCES PAP55860IB
			E		1850. 0	2. 84	5254. 00	
	125. 0		X	5				
1	3625. 0						12134. 50	

【例 5－30】货运信息如下，计算运费：

Routing：HONG KONG(HKG)→NEW YORK，NY，USA(NYC)

Commodity：ELECTRICAL HOUSEHOLD

Pieces：30

Gross Weight：1450.0 kgs

ULD 识别代码：AKE35670JL

ULD Rate Category：8

ULD Weight：85 kgs

date /type	note	item	min. wght	local curr.
HONG KONG			**HK**	**HKG**
HONG KONG $			HKD	KGS
NEW YORK NY		**US**	M	468.00
			N	96.66
			45	74.67
			100	69.41
			300	54.78
			500	48.12
	/C			31.64
	/E			28.88
	/G			25.47
…			…	…
8	/B		505	21597.00
8	/D		674	24812.00
8	/F		799	27383.00
…			…	…

图 5-36 【例 5-30】运价表

解：

（1）按/B，/C 计算：

Gross Weight：1450.0 kgs

Pivot Weight/B：505 kgs

Over Pivot Weight：1450 - 505 = 945 kgs

Pivot Charge/B：21597.00 HKD

Over Pivot Rate/C：31.64 HKD/kg

Over Pivot Charge：945 × 31.64 = 29899.80 HKD

Total ULD Charge：21597.00 + 29899.80 = 51496.8 HKD

（2）按/D，/E 计算：

Gross Weight：1450.0 kgs

Pivot Weight/D：674 kgs

Over Pivot Weight：1450 - 674 = 776 kgs

Pivot Charge/D：24812.00 HKD

Over Pivot Rate/E：28.88 HKD/kg

Over Pivot Charge：776 × 28.88 = 22410.00 HKD

Total ULD Charge：24812.00 + 22410.00 = 47222.00 HKD

（3）按/F，/G 计算：

Gross Weight：1450.0 kgs

Pivot Weight/F：799 kgs

Over Pivot Weight：1450 - 799 = 651 kgs

Pivot Charge/F：27383.00 HKD

Over Pivot Rate/G：25.47 HKD/kg

Over Pivot Charge：651 × 25.47 = 16580.97 HKD

Total ULD Charge：27383.00 + 16580.97 = 43963.97 HKD

比较三种计算方法，方法3计算出的运费最低，故该批货物的运费为43963.97 HKD。

表 5-40　　例 5-30 货运单运费计算栏

No. of Pieces RCP	Gross Weight	kg lb	Rate Class	Commodity Item No.	Chargeable Weight	Rate/Charge	Total	Nature and Quantity of Goods (incl. Dimensions or Volume)
1	1450.0	K	U		799.0	27383.00	27383.00	ELECTRICAL HOUSEHOLD AKE35670JL
			E		651.0	25.47	16580.97	
	85.0		X	8				
1	1535.0						43963.97	

第九节　其他费用和声明价值附加费

其他费用是指除航空运费和声明价值附加费之外，与航空运输有关的各种服务和相关费用的总称，如地面运输费、仓库报关费、运费到付货物手续费、垫付费、危险品操作费等。本节先介绍几种常见的其他费用，最后介绍声明价值附加费。

一、货运单费（Documentation Charges）

货运单费是指航空货运单工本费，是填制航空货运单的费用。货运单费的收取可参照 TACT Rule 4.4 及各航空公司的具体规定。货运单费填在货运单的“Other Charges”（其他费用）一栏，费用种类为代号 AW。需要特别注意的是，货运单费需注明该项费用归属承运人还是代理人：AWC——航空公司销售或填制，表示此费用归出票/制单航空公司（Issuing Carrier），而 AWA——航空公司的代理人销售或填制，表示此费用归销售代理人（Agent）。我国民航局规定，货运单费归各出票/制单航空公司所有，一律 AWC。

二、危险品费（Charges for Shipments of Dangerous Goods – handling）

对危险货物的运输，除了按照 DGR 收运并收取航空运费外，还应收取危险货物收运手续费。危险品费填制在货运单的“Other Charges”一栏，费用种类：RA。TACT 规定，危险品处理费归出票/制单航空公司所有，即在货运单中，危险品处理费表示为 RAC。需要特别注意的是，从中国出发至 IATA 一区、二区和三区，各票货物最低收费 400.00CNY。

三、垫付款（Disbursements）

垫付款是指在始发站发生的、在目的站收取的与航空运输有关的其他费用。航空公司提供的该项服务只限于运输前，列在货运单上的有关货物地面运输、清关处理和货运单工本费。此项费用需按不同其他费用的种类代号、费用归属代号（A 或 C）及费用金额一并填入货运单“Other Charges”一栏。例如：

AWC 表示承运人填制货运单；

CHA 表示代理人代办始发站清关业务；

SUA 表示代理人将货物运输到始发站机场的地面运输费。

（一）垫付款的适用范围

垫付款只适用于可接受运费及其他费用到付的国家和相关承运人。垫付款由最后一个承运人向收货人收取。根据国际货物到付结算规则，通过出票航空公司开账结算，付给支付垫付款的代理人或出票航空公司。

（二）垫付款金额

在任何情况下，垫付款数额不能超过货运单上全部航空运费总额。

当航空运费总额（Total Weight Charge）低于100美元（或等值货币）时，垫付款总额可以为100美元（或等值货币）。该金额在中国香港垫付款可达300美元，且到/从赞比亚，垫付款总额任何情况下都不得超过100美元（或等值货币）。

四、垫付费（Disbursements Fees）

垫付费由垫付款产生，是指在目的站收取垫付款金额时，同时收取相应的手续费，也称垫付款手续费。

根据货运单“Other Charges”中的相应金额收取，且垫付费本身也应填入“Other Charges”一栏中。该费用由交付承运人收取，归属填开货运单的承运人（即出票航空公司）所有，在货运单“Other Charges”栏中，此项费用应为DBA。每票货物的垫付费不得低于20美元（或等值货币）。垫付费的计算公式为：

垫付费 = 垫付款 × 10%

五、货物到付手续费（Charges Collect Fee）

货物的航空运费及其他运费到付时，收货人还应支付到付货物手续费（又称CC Fee）。此项费用由最后一个承运航空公司收取，并归其所有。一般情况下CC Fee的收取，采用目的站开具专门发票，但也可以使用货运单（此种情况在交付航空公司无专门发票，并将AWB作为发票使用时使用）。

对于运至中国的运费到付货物，到付运费手续费的计算公式及标准如下：

到付运费手续费 =（货物的航空运费 + 声明价值附加费）× 2%

各个国家CC Fee的收费标准不同。在中国，CC Fee最低收费标准为CNY100。

对下列货物不办理运输到付：

（1）不能到付；

（2）收货人与发货人是同一个人；

（3）收货人是政府机构；

（4）收货人没有人身自由；

（5）所寄物品包含尸体、活体动物、易腐食品；

（6）目的国不接受到付；

（7）承运人不接受到付；

（8）货物自身的价值低于运费。

六、声明价值附加费（Valuation Charge）

（一）定义

根据《华沙公约》和《海牙议定书》的规定，国际航空运输中，承运人必须保证货物的安全与正常运输。货物在承运人的保管期间，无论是在机场内、飞机上还是在机场外降落的任何地点，因毁灭、遗失或损坏而产生的损失，或因延误所产生的损失，承运人应负责任。赔偿的最高限额为17SDR/kg（每千克17个特别提款权），或其等值货币。如果货物的实际价值超过一定的限额，则货主应向承运人申报货物的价值并缴纳声明价值附加费。

（二）一般规定

托运人必须在货运单上向承运人申报货物的价值。该申报可以是具体数额，也可以为NVD，即没有声明价值。若货物从始发机场运出，声明价值不得补报也不能修改。

若货物的声明价值超过承运人的最高责任限额，对超出部分应收取声明价值附加费。对于毛重每千克超过17SDR的部分收取0.75%。即：

声明价值附加费=（声明价值－17SDR与始发国货币兑换率×货物毛重）×0.75%

在计算声明价值附加费时，货物的毛重不包括航空公司所属的集装器重量。申报货物价值时，不允许分别申报一票货物中各件货物的价值，也不允许申报部分货物的价值。必须申报一票货物的总价值。

【例5－31】货运信息如下，计算声明价值附加费：

Routing：SEATTLE，U. S. A（SEA）→NICE，FRANCE（NCE）

Commodity：BANKNOTES

Gross Weight：10.0 kgs

DIMS：30 cm×45 cm×65 cm

17 SDR＝28.00 USD

Valuation for Carriage：10000.00 USD

解：

声明价值附加费＝（10000.00－28×10）×0.75%＝72.9 USD。

七、其他费用代号

常见的其他费用代号如表 5－41 所示。在填写货运单时，需在其他费用代号后加上费用归属代号（A 或 C），表示该项费用应归属承运人（Carrier）或代理人（Agent）。

表 5－41 其他费用代号

代号	其他费用	代号	其他费用	代号	其他费用
AC	动物集装箱	HR	人类遗骸	RF	费用托收汇款
AS	配货服务费	IN	保险费	SD	地面费－目的地
AT	集中货物服务费	LA	活体动物	SI	转运停留
AW	货运单费	MA	杂费－应付代理人	SO	仓储－出发地
BL	拆箱检查费	MB	杂费－未指定	SP	单独提前放行
BR	银行放行	MC	杂费－应付承运人	SR	仓储－目的地
CD	清关及处理－目的地	MD to MN	杂费－应付最终承运人	SS	签字服务
CH	清关及处理－出发地	MD to MZ	杂费－应付发行承运人	ST	国内销售税
DB	垫付款服务费	PK	包装	SU	地面费
DF	支付服务费	PU	提货	TR	转运
FC	到付运费手续费	RA	危险品费	TX	税金
GT	政府税金	RC	分摊费	UH	ULD 处理

注：
①杂费应付给代理却不能进一步确定时用 MA 代号；
②杂费无法确定该付给代理还是承运人时用 MB 代号；
③杂费应付给承运人但不能进一步确定时用 MC 代号。

第十节　运费分摊与结算

一、运费分摊

运费分摊发生在由两个或两个以上的承运人将货物从始发站运至目的站时，各承运人需按规定的分摊比例，计算出各承运人应得的收入。

（一）运费分摊参阅资料

根据 TACT（航空货物运价手册）、OAG－C（航空货运指南）、APD－C（Airlines Proportion Directory Cargo，航空公司货运分摊指南）和 PFM – C（Prorate Factor Manual – Cargo，货运分摊系数手册）的相关规定：

各承运人的收入 =（Weight Charge × Valuation Charge）× 分摊比例

其中，分摊比例可根据各航段的分摊系数计算出，而全程分摊系数可以在 PFM – C（货运分摊系数手册）中查找。

（二）关于固定收费

某些承运人为维护自身的利益，声明某些航段不参加分摊，而要求固定费用。此时需要将固定费用从分摊额中减去，而余额部分按规定进行比例分摊。

固定收费的航段不参加声明价值附加费的分摊，但并不因此而免除其赔偿责任。各承运人关于固定收费的要求可在 APD – C（航空公司货运分摊指南）中查找，某个承运人连续承运两个或两个以上航段，分摊系数应使用第一个航段的始发站至最后一航段的终止站之间的系数，而不应使用各航段系数之和。

【例 5 – 32】航程如下：

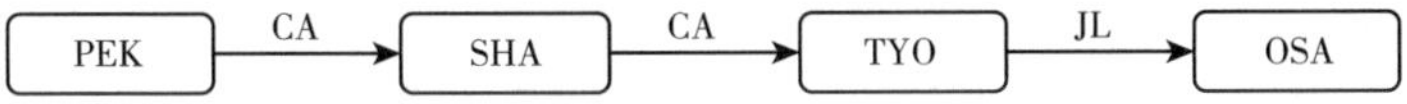

通过查找 PFM – C 可知，CA 在 PEK→SHA 段分摊系数是 800，在 SHA→TYO 段分摊系数是 900。

计算中不能采用 800 + 900 = 1700 这一系数之和，应查找 PEK→TYO 之间的分摊系数。

【例 5 – 33】航程如下：

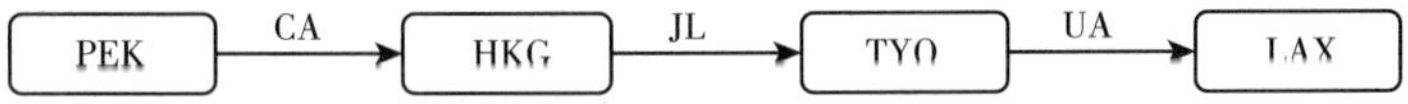

全程运费：5000 CNY

被分摊额：5000 CNY

固定收费：PEK→HKG 1366 CNY

解：

实际分摊额：5000 – 1366 = 3634 CNY

参加分摊的航程：HKG→TYO→LAX

各承运人的分摊系数：

JL（HKG→TYO）：2640

UA（TYO→LAX）：6081

CA（PEK→HKG）：1336 CNY

全程分摊系数：2640 + 6081 = 8721

分摊百分比：JL 2640 ÷ 8721 = 30.27%

UA 6081 ÷ 8721 = 69.73%

分摊收入：CA 1336 CNY

JL 3634 × 30.27% = 1100.01 CNY

UA 3634 × 69.73% = 2533.99 CNY

（三）分批货物运费的分摊

分批货物运费按各承运人承运的重量占整批货物重量的比例，计算收取承运航段所应得的运费。

【例 5 - 34】 航程及货物信息如下：

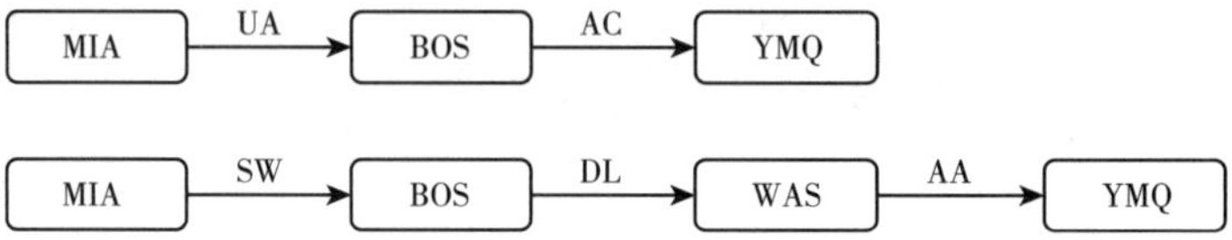

第一批货物：225 kg

第二批货物：375 kg

全程运费：450 USD

解：

（1）计算各批货物应分摊的数额：

全程重量：225 kg + 375 kg = 600 kg

第一批货物应分摊的比例：225/600 = 37.5%

第二批货物应分摊的比例：375/600 = 62.5%

根据各批货物分运重量比例计算应分摊的数额

第一批货物应分摊的数额：450 × 37.5% = 168.75 USD

第二批货物应分摊的数额：450 × 62.5% = 281.25 USD

（2）到 PFM - C 查找各承运人的分摊系数：

UA：473　AC：768　SW：473　DL：402　AA：0.14USD/kg（固定收费）

（3）计算各承运人的分摊收入：

①第一批货物。

被分摊额：168.75 USD

参加分摊的航程：MIA→BOS→YMQ

参加分摊航程的比例系数：MIA→BOS 473

BOS→YMQ 768

全程分摊系数：473 + 768 = 1241

分摊百分比：UA 473/1241 = 38.11%

AC 768/1241 = 61.89%

分摊收入：UA 168.75 × 38.11% = 64.31 USD

AC 168.75 × 61.89% = 104.44 USD

②第二批货物。

被分摊额：281.25 USD

固定收费：AA 0.14 USD/kg × 375 kg = 52.5 USD

实际分摊额：281.25 − 52.5 = 228.75 USD

参加分摊的航程：MIA→BOS→WAS

参加分摊航程的比例系数：MIA→BOS 473

BOS→WAS 402

全程分摊系数：473 + 402 = 875

分摊百分比：SW 473/875 = 54.06%

DL 402/875 = 45.94%

分摊收入：SW 228.75 × 54.06% = 123.66 USD

DL 228.75 × 45.94% = 105.09 USD

AA 52.5 USD

二、运费结算

承运航空公司有权将按货运单填开之日有效的运价所计得的运费进行分摊，可以不考虑在货运单上出现的错误运价。承运人根据中转舱单结算运费，每份中转舱单至少包括：中转机场名称、货运单号码、目的站机场名称、转交货物的件数。

（一）运费预付的结算

各航段承运人有权向制单承运人开账收取所应分摊的费用。

如果在中转站产生了其他费用，并且未在货运单上注明，则中转站承运人应通知交付承运人，并采用运费到付的方法向下一个航段的承运人收取费用。

（二）运费到付的结算

交运承运人（Delivering Carrier）向接收承运人（Receiving Carrier）收取交接中

转站之前各承运人所应得的运费、声明价值附加费、其他费用（不扣除代理人手续费）和自中转站至目的站的代理人手续费（5%）。

如果货物分批运输，全程的运费和其他费用将由运输第一批货物至目的地的最后一个承运人向收货人收取。

如果货运单上的“付款方法”栏内所注明的内容与货运单下部所填内容不一致，结算运费时以货运单下部所注明的付款方式为准。

出现以下两种情况需进行运费调整，调整方式见表5－42。

表5－42　　运费调整

货运单注明运费超过实际应收运费	应收取的费用高于货运单内注明运费
交付承运人可在不通知其他承运人的情况下向收货人收取正确的运费数额	交付承运人应尽量能够向收货人补收运费差额
其他承运人应接受交付承运人重新调整的运费	如果收货人拒付，交付承运人将向填开货运单的承运人开账，收取差额

习题

1. 对下表所列各题的重量单位及长度单位正确取舍。

重量及长度单位	取舍后的重量及长度单位
155.33 kgs	
99.44 lbs	
77.50 kgs	
14.2×20.5×44.4 cm	
35.6×69.4×35.5 cm	
65.3 kgs	
86.65 lbs	
78.80 kgs	

2. 对下表所列各货物进行重量取舍。

货物件数	每件尺寸	总重量	取舍后的体积重量	计费重量
3	22×16×45 in	523 lbs		
4	直径17 in，高22 in	128 lbs		
2	直径60 cm，高120 cm	356 kgs		
3	251×118×84 cm	213.2 kgs		

3. 货运信息如下，计算运费，并填写货运单的运费部分。

Routing：TOKYO，JAPAN(TYO)→PAIRS，FRANCE(PAR)

Commodity：FOODSTUFFS

Gross Weight：35.5 kgs

Dimensions：60.2 ×36.8 ×50 cm ×2

date /type	note	item	min. wght	local curr.
TOKYO			**JP**	**TYO**
YEN			JPY	KGS
PAIRS		**FR**	M	15000
			N	2630
			45	2100
			100	1840
			300	1580
			500	1310

4. 货运信息如下，计算运费，并填写货运单的运费部分。

Routing：SHANGHAI，CHINA(SHA)→ROME，ITALY(ROM)

Commodity：OIL PAINTING

Gross Weight：385 kgs

Dimensions：210 cm ×150 cm ×50 cm ×1

210 cm ×160 cm ×50 cm ×1

date /type	note	item	min. wght	local curr.
SHANGHAI			**CN**	**SHA**
Y.RENMINBI			CNY	KGS
ROME		**IT**	M	320.00
			N	51.98
			45	42.60
			100	40.00
			300	38.87
			500	35.94

5. 货运信息如下，计算运费，并填写货运单的运费部分。

Routing：KUALA LUMPUR，MALAYSIA(KUL)→AMSTERDAM，NETHERLANDS(AMS)

Commodity：FLOWERS （SCR 1420）

Gross Weight：85 kgs

Dimensions：100 cm ×30.3 cm ×29.5 cm ×5

date /type	note	item	min. wght	local curr.
KUALALUMPUR			**MY**	**KUL**
RINGGIT			MYR	KGS
AMSTERDAM	**NL**		M	150.00
			N	28.47
			45	21.36
			250	10.76
		1420	45	12.91
		1420	100	7.72

6. 货运信息如下，计算运费，并填写货运单的运费部分。

Routing：NEW YORK，NY，USA(NYC)→TOKYO，JAPAN(TYO)

Commodity：DOG （LIVE DOG）

Gross Weight：50 kgs （Dog and Kennel）

Dimensions：100. 3 cm × 89. 5 cm × 68 cm × 1

date /type	note	item	min. wght	local curr.
NEW YORK NY			**US**	**NYC**
U.S.DOLLAR			USD	KGS
TOKYO	**JP**		M	125.00
			N	10.99
			45	8.47
			100	7.52
			300	6.00

7. 货运信息如下，计算运费，并填写货运单的运费部分。

Routing：MONTREAL，QU，CANADA(YMQ)→LAGOS，NIGERIA(LOS)

Commodity：OIL PAINTING

Gross Weight：8. 2 kgs

Dimensions：35 cm × 42 cm × 40 cm × 1

date /type	note	item	min. wght	local curr.
MONTREAL	**QU**		**CA**	**YMQ**
CANADA $			CAD	KGS
LAGOS	**NG**		M	150.00
			N	20.40
			45	12.55
			100	13.30
			300	11.44
			500	10.90

Declared value：15000 CAD

兑换率：1 USD = 1.33000 CAD

8. 货运信息如下，计算运费，并填写货运单的运费部分。

ROUTING：WELLINGTON，NEW ZEALAND(WLG)→DUSSELDORF，GERMANY(DUS)

Commodity：MAGAZINES

Gross Weight：560 kgs

Dimensions：39.5 cm × 30 cm × 28 cm × 50

date /type	note	item	min. wght	local curr.
WELLINGTON			**NZ**	**WLG**
N ZEALAND $			NZD	KGS
DUSSELDORF		**DE**	M	90.00
			N	20.70
			45	15.52
			500	11.66
		0006	100	6.05
		9750	100	6.17

9. 货运信息如下，计算运费，并填写货运单的运费部分。

Routing：TOKYO，JAPAN(TYO)→AMSTERDAM，NETHERLAND(AMS)

Commodity：LIVE TROPICAL FISH (SCR 1024)

Gross Weight：34.3 kgs

Dimensions：28 cm × 24 cm × 39.9 cm × 4

date /type	note	item	min. wght	local curr.
TOKYO			**JP**	**TYO**
YEN			JPY	KGS
AMSTERDAM		**NL**	M	15000
			N	2630
			45	2100
			100	1840
			300	1580
		1024	100	1520
		1024	200	1310

10. 货运信息如下，计算运费，并填写货运单的运费部分。

Routing：SINGAPORE，SINGAPORE(SIN)→TOKYO，JAPAN(TYO)

Commodity：TRANSISTORS (SCR4435)，HANDICRAFTS AND BOOKS

Gross Weight：120.0 kgs and 34.0 kgs and 20.0 kgs

Dimensions：45 cm × 50.4 cm × 40 cm × 3

and 50 cm × 28 cm × 40 cm × 4

and 30 cm × 27.5 cm × 30 cm × 1

date /type	note	item	min. wght	local curr.
SINGAPORE			**SG**	**SIN**
SINGAPORE $			SGD	KGS
TOKYO		**JP**	M	75.00
			N	11.01
			45	8.26
		0300	100	5.90
		1024	100	6.31
		4314	250	5.41
		4435	100	6.51

11. 货运信息如下，计算运费，并填写货运单的运费部分。

Routing：HONG KONG(HKG)→NEW YORK，NY，USA(NYC)

PC/WT：25/2700.0 kgs

Commodity：TOOLS

ULD 识别代码：PAP27370MU

ULD Rate Category：5

ULD WT：125 kgs

date /type	note	item	min. wght	local curr.
HONG KONG			**HK**	**HKG**
HONG KONG $			HKD	KGS
NEW YORK NY		**US**	M	468.00
			N	96.66
			45	74.67
			100	69.41
			300	54.78
			500	48.12
	/C			31.64
	/E			28.88
	/G			25.47
…			…	…
8	/B		505	21597.00
8	/D		674	24812.00
8	/F		799	27383.00
…			…	…

▶▶第六章 托运书及航空货运单

第一节 托运书

一、托运书概述

托运人在托运货物时，首先必须填写《航空货物托运书》，作为接收航空货物、计算运费和填开航空货运单的重要依据。

托运书（Shipper's Letter of Instruction）是托运人用于委托承运人或其代理人填开航空货运单的一种表单，表单上列有填制货运单所需各项内容，并应印有授权于承运人或其代理人代其在货运单上签字的文字说明。

托运人对所填托运书关于货物的各项说明和声明的正确性负责。托运人对托运书中所填内容的不正确、不完备或不正规而使承运人或任何其他人遭受的一切损失应负完全责任。

二、填开托运书的责任

根据《华沙公约》第六条第（1）款和第（5）款的规定，货运单应由托运人填开，也可委托承运人或其代理人代替填开。在实际工作中由于种种原因，托运人往往不能亲自填开货运单和亲自在货运单上签字，因此就必须使用国际货物托运书，委托承运人或其代理人或航空货运代理依据托运书替其填开货运单，并代表托运人在货运单上签字。

三、托运书填开说明

托运书作为填开货运单的依据应由托运人填写，并加盖公章，作为货主委托代理公司承办航空货物出口运输的依据。托运书上需注明托运人和收货人姓名和地址，始发站和目的站，货物品名、数量、件数、包装和实际毛重，托运人声明价值、签字及日期等内容，并由托运人向货代公司提交出口合同、贸易合同、发票等与出口货物相关的商业文件和单据，以便货运代理根据委托书要求办理出口手续，并据以结算费用。国际货物托运书如图 6-1 所示。

托运书各栏目的内容和填写要求如下：

1. 始发站（Airport of Departure）

填写始发站机场全称，或始发站机场所在城市的全称。当一个城市有多个机场或者托运人与各机场的距离相当时，可将始发站机场留给代理人填写。

2. 到达站（Airport of Destination）

填写目的地机场全称，或目的站机场所在城市的全称。如果一个城市的名称有多个国家使用时，应在城市名称旁边注明国家。例如 LONDON，UK（伦敦，英国），用于区别 LONDON，KY，US（伦敦，肯达基州，美国）。若一个城市具有多个机场时，对承运人和路径的选择，也会决定到达机场的名称。同样，若收货人距离几个城市或一个城市中的几个机场的距离一样时，可留给航空货运代理去选择最近或者最方便的目的站机场。

3. 路线及到达站（Routing and Destination）

填写托运人所要求的运输路线及到达站。如托运人不指定则不填写。

4. 托运人姓名及地址（Shipper's Name and Address）

填写托运人的全称、街名、城市名称、国名以及便于联系的电话号码或传真号码。

5. 托运人账号（Shipper's Account Number）

除非承运人需要，此栏可不填写。

6. 收货人姓名及地址（Consignee's Name and Address）

填写收货人的全称、街名、城市名称、国名（不同国家内有相同城市名时，必须填国名）以及便于联系的电话号码或传真号码。

本栏内不得填写“Order”或“To Order of the Shipper（按委托人的指示）”等，因为航空货运单不得转让。

图 6－1 航空货物托运书示例

Airport of Departure (1)	Airport of Destination (2)	For carrier use only (11)	
		Flight/Date	Flight/Date

Routing and Destination (3)								No. of Air Waybill (12)
To	By First Carrier	To	By	To	By	To	By	
								Booked (13)

Shipper's Account Number (5)	Shipper's Name and Address (4)	Charges (14)
Consignee's Account Number (7)	Consignee's Name and Address (6)	
Also Notify (8)		

Shipper's Declared Value (9)		Amount of Insurance (10)	Documents to Accompany Air Waybill (15)
For Carriage	For customs		

No. of Packages	Actual Gross Weight (kg)	Rate Class	Chargeable Weight	Rate/Charge	Nature and Quantity of Goods (Incl. Dimensions or Volume)
(16)	(17)	(18)	(19)	(20)	(21)
(22)	(23)				

Shipper's instruction in case of inability to deliver shipment as consigned. (24)

Handling information (Incl. method of packing, identifying marks and number, etc.) (25)

The shipper certifies that the particularson the face hereof are correct and agrees to the conditions of carriage of the carrier.

Signature of Shipper (26) Date (27) Agent (28) Date (29)

图 6－1 航空货物托运书示例

7. 收货人账号（Consignee's Account Number）

除非承运人需要，此栏可不填写。

8. 另请通知（Also Notify）

如果一票货物有 2 个及以上的收货人，则在“收货人姓名及地址栏”内填写第一收货人，同时在该栏内填写第二收货人。

9. 托运人声明价值（Shipper's Declared Value）

（1）供运输用（For Carriage）

填写托运人向承运人声明的货物价值，例如 CNY10000.00。如果没有声明价值，则该栏目应填写“NVD”（No Value Declared）。这一声明价值可用于计算声明价值附加费。当一票货物的声明价值超过 10 万美元或其等值货币时，除非事先与相关承运人联系，否则不能接收此票货物。

（2）供海关用（For Customs）

填写托运人向到达站海关申报的货物价值，海关根据此栏所填数额征税，若无则填写“NCV”（No Commercial Value or No Customs Value），表示无商业价值。

需要注意的是，国际航空货物托运书的托运人声明价值栏在填写时应注明货币名称。

10. 保险金额（Amount of Insurance）

如果承运人向托运人提供货物保险服务，此栏可填入货物的实际价值或投保金额。如不需要保险，则在此栏中填写“×××”。关于承运人是否提供此项保险服务，可参看 TACT Rule 8.3。需要注意的是，中国民航各空运企业暂未开展国际航空运输代办保险业务。

11. 仅供承运人使用的飞行日期（Flight/Date for Carrier Use Only）

本栏可不填，由承运人或其代理人填写。

12. 货运单号码（No. of Air Waybill）

填写根据本托运书而填制的货运单号码。必要时填写。

13. 已预订吨位（Booked）

填入预留吨位（包括已订妥或已发电申请预留吨位）的航班号、舱位和日期。必要时填写。

14. 运费（Charges）

由承运人填写运费和其他费用支付方式：运费预付填写“FREIGHT PREPAID”，运费到付填写“FREIGHT COLLECT”；其他费用预付填写“OTHER CHARGES PREPAID”，其他费用到付填写“OTHER CHARGES COLLECT”。

15. 所附文件（Documents to Accompany Air Waybill）

填写随附托运书的文件名称，例如，托运人的动物证明（Shipper's Certification For Live Animals）、商业发票（Commercial Invoices）。

16. 件数（No. of Packages）

填写该批货物的件数，可分开填写或填写总件数。

17. 实际毛重（Actual Gross Weight）

本栏重量应由承运人或其代理人在称重后填入。如托运人已填，承运人或其代理人必须复核。

18. 运价类别（Rate Class）

本栏可不填，由承运人或其代理人填写。

19. 计费重量（Chargeable Weight）

本栏计费重量应由承运人或其代理人在量过货物尺寸后，算过计费重量后填入。如托运人已经填上，承运人或其代理人必须复核。

20. 费率（Rate/Charge）

本栏由承运人或其代理人填写，填写适用的每千克运价。

21. 货物品名及数量［Nature and Quantity of Goods（Incl. Dimensions or Volume）］

包括体积或尺寸，对于不同种类的货物应详细填写货物的具体品名。

22. 件数合计栏

填写该批货物的总件数。

23. 毛重合计栏

填写该批货物的总毛重。

24. Shipper's instructions in case of inability to deliver shipment as consigned

在货物不能交与收货人时，托运人指示的处理办法。必要时填写。

25. 操作事项（Handling Information）

填写如"Fragile""This Way Up"以及其他操作要求。必要时填写。

26. 托运人签字（Signature of Shipper）

托运人必须在本栏内签字。

27. 日期（Date）

填写托运人或其代理人交货的日期。

28. 代理人（Agent）

托运人的代理人在此栏签字。

29. 日期（Date）

填写办理托运货物的日期。

第二节　货运单

一、货运单概述

航空货运单是托运人和承运人间订立的航空运输契约合同，同时也是货物运输的凭证。航空货运单是航空货物运输中最重要的单证之一，它承载了货物运输最主要的信息，是承运人组织货物运输的主要依据，具有重要的法律地位。航空货运单既可用于单一种类的货物运输，也可用于不同种类货物的混合运输，既可用于单程货物运输，也可用于联程货物运输。按照《华沙公约》的规定，货运单由托运人填写，也可由承运人或其代理人代为填写。实践中，货运单均由承运人或其代理人填制。IATA 标准航空货运单如图 6－2 所示。

二、一般规定

1. 货运单不可转让（No Negotiable）

每张货运单上都印有“NOT NEGOTIABLE”字样，表明航空货运单只作为货物航空运输凭证，所有权属于出票航空公司，不得通过背书等方式转让，这是与海运提单的本质区别。因此，任何 IATA 成员都不允许印制可以转让的航空货运单，货运单上的“NOT NEGOTIABLE”字样不可删去或篡改。

2. 货运单的有效期

货运单填开后，托运人和承运人签字后即时生效。货物运至目的地，承运人把货物交给货运单上载明的收货人，收货人提取货物并在货运单交付联签字，货运单作为运输凭证的有效期宣告结束。作为运输合同，其法律依据的有效期应延至运输停止之日起两年内有效。

3. 货运单的使用限制

一张货运单只能用于一个托运人在同一时间、同一地点托运的由承运人承运的，运往同一目的站同一收货人的一件或多件货物。每一批货物填开一份货运单，对

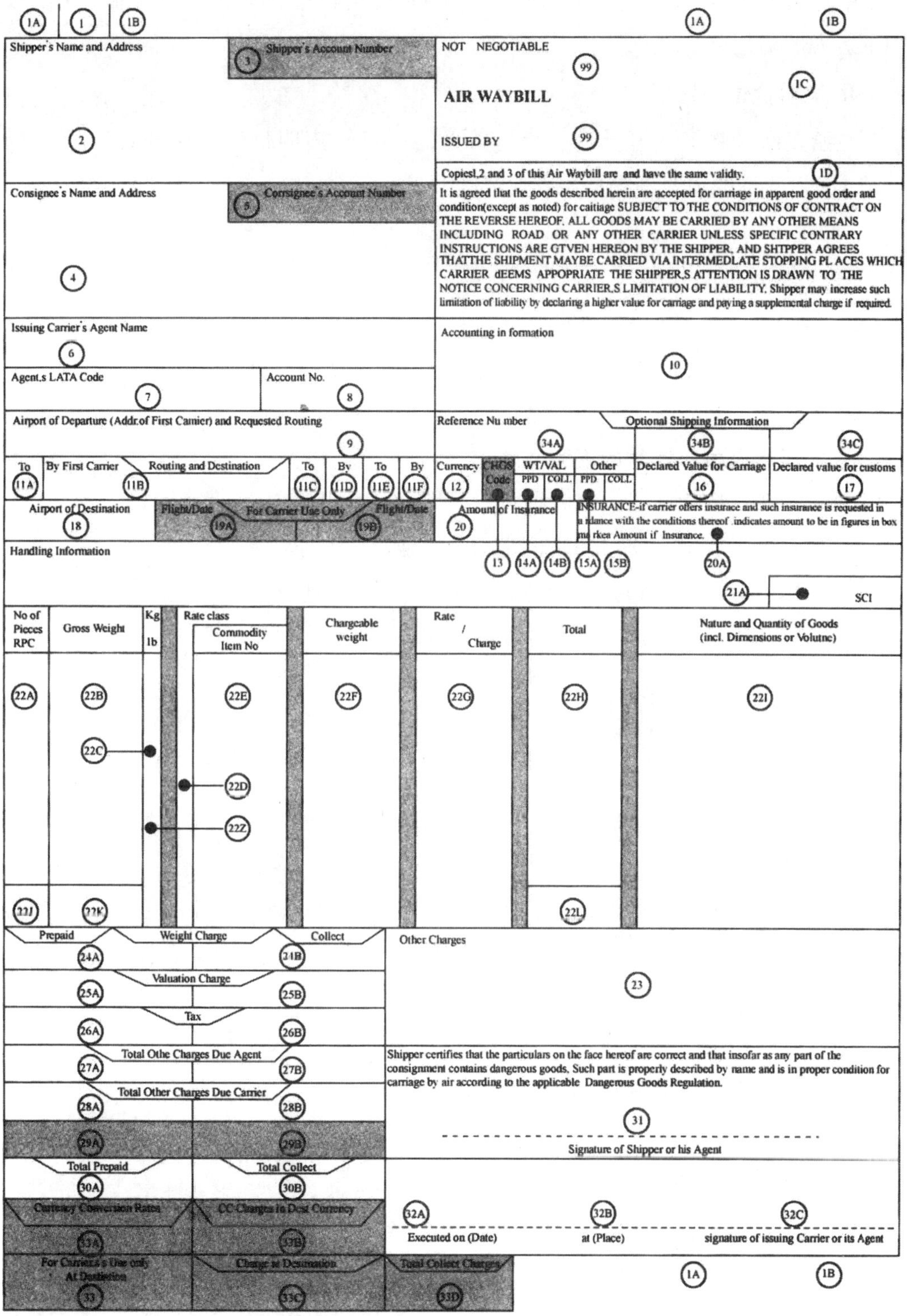

图 6－2 IATA 标准航空货运单

于集中托运的货物，分运单（House Way Bill）应由集中托运人自行备制，不得使用承运人的货运单。

4. 声明价值的约束

在始发站货物运输开始后，货运单上的“运输声明价值（Declared Value for Carriage)”一栏的内容不得再做任何修改。

三、货运单的作用

货运单是承运人或其代理人所使用的最重要的货运文件，其作用有：

（1）承运人与托运人之间缔结运输凭证的运输契约；

（2）承运人收运货物的证明文件；

（3）运费结算凭证及运费收据；

（4）承运人发运、交付和联运货物的凭证；

（5）国际进出口货物办理清关的证明文件；

（6）托运人要求承运人代办保险的证明。

四、填开货运单的责任

根据《华沙公约》《海牙协定书》及承运人的运输条件规定，航空货运单应由托运人填写。因此，托运人应对货运单上所填各项内容的正确性、完备性负责。由于货运单所填内容的不正确、不完备导致任何其他人遭受损失，托运人负有责任。无论货运单是托运人填开，还是承运人或其代理人为其填开，托运人都应承担责任。

货运单上有托运人的签字（可能是代理人代签），表示托运人接受货运单正本背面的契约条件和承运人的运输条件。

五、货运单的组成及各联用途

国际航空货运单一般由三份正本（Original）、六份副本（Copy）和三份备份副本（Extra Copy）等共十二联组成。各联的顺序及用途如表 6－1 所示。

表 6-1 国际航空货运单组成及用途

印刷顺序	颜色	流向	用途
第一联：正本 3	浅蓝色	托运人	承运人与托运人签署运输合同的证据，托运人交付货物的凭证
第二联：副本 9	白色	代理人	制单代理人留存
第三联：正本 1	浅绿色	制单承运人	承运人和托运人签署运输合同的证据，承运人财务部门留存
第四联：正本 2	浅粉色	收货人	在目的地站交付给收货人，运输涉及的三方当事人各执一份正本
第五联：副本 4	浅黄色	交付承运人	经收货人签字后，由航空公司留存运输合同终止的书面依据
第六联：副本 5	白色	目的地机场	目的地机场使用
第七联：副本 6	白色	第三承运人	承运人结算费用时使用
第八联：副本 7	白色	第二承运人	承运人结算费用时使用
第九联：副本 8	白色	第一承运人	承运人结算费用时使用
第十联：备份副本 10	白色		
第十一联：备份副本 11	白色		
第十二联：备份副本 12	白色		

六、货运单的填开说明

货运单要求用英文打字机或计算机，用英文大写字母打印。各项内容要准确、清楚、齐全、不得随意涂改。

货运单已填内容在运输过程中需要修改时，在修改项目的附近要注明修改货运单的空运企业名称、日期和地点，修改货运单应将所剩余的各联同时修改。

每批货物必须全部收齐后方可填开货运单，每一批货物或集合运输的货物应填一份货运单。

以图 6-2 为例，货运单各栏目的填写说明如下：

1. 始发站机场（Airport of Dcparture）

填写始发站机场的 IATA 三字代号或机场所在城市的三字代码，且本栏所填内容应与 9 栏一致。

[1A] 3 位数字：填写填开货运单承运人的 IATA Airline Code Number（航空公司 IATA 票证代号），如中国国际航空公司 999，日本航空公司 131。

[1B] 8 位数字：由货运单序号 Serial Number + 货运单检验号 Check Number

组成，其中最后数字是检验号，是前 7 位数除以 7 的余数。例如：12345675。货运单号码应清晰地印在货运单的左右上角以及右下角。

［1C］货运单所属承运人的名称及地址（Issuing Carrier's Nature and Address）

填开货运单承运人的名称和总部所在地，此处一般印有航空公司的标志、名称和地址。

［1D］正本联说明（Reference to Originals）

说明正本 1、2、3 具有相同的法律效应，无须填写。

［1E］契约条件（Reference to Conditions of Contract）

填写其他相关契约，一般情况下无须填写，除非承运人需要。

2. 托运人姓名及地址（Shipper's Name and Address）

填写托运人的姓名、地址、所在国家及联络方法。

（1）托运人可以是货主，也可以是货运代理人。如采用的是集中托运，则通常托运人是货运代理人；如采用的是直接托运，托运人是货主。

（2）当托运的是危险货物时，必须由货主直接托运，因而托运人填写的是货主，航空公司不接受货运代理人的托运。

3. 托运人账号（Shipper's Account）

本栏一般不填，只在必要时填写，以便承运人在收货人拒付运费时向托运人索偿。

4. 收货人姓名、地址（Consignee's Name and Address）

应填写收货人姓名、地址、所在国家及联络方法。

（1）航空运单必须是记名抬头，不得填写“To Order”或“To Order of Shipper”字样，因为航空运单不可转让；

（2）收货人可以是实际收货人，也可以是货运代理人。集中托运时收货人通常是货代，直接托运时为实际收货人；

（3）承运人一般不接受一票货物有 2 个及以上的收货人。若在实际业务中有，则在该栏内填写第一收货人，同时在通知栏内填写第二收货人。

5. 收货人账号（Consignee's Account）

同第 3 栏一样，除非最后承运人需要，只在必要时填写。

6. 填开货运单的承运人的代理人名称和城市（Issuing Carrie's Agent Name and City）

填制向承运人收取佣金的国际航协代理人的名称和所在机场或城市。

根据货物代理机构管理规则，佣金必须支付给目的站国家的一个国际航协代理人，则该国际航协代理人的名称和所在机场或城市必须填入本栏。冠以“收取佣金代理人”（Commissionable Agent）字样。

7. 代理人国际航协代号（Agent's IATA Code）

（1）代理人在非货账结算区（Non－CASS Areas），填写 IATA 7 位数字代号，例如 14－30288；

（2）代理人在货账结算区（CASS Areas），填写国际航协 7 位数字代号，后面跟三位 CASS 地址代号（Cargo Accounts Settlement System，货物财务结算系统），例如 34－41234/567。

8. 账号（Account No.）

本栏一般不需要填写，除非承运人需要。

9. 始发站机场和所要求的路线（Airport of Departure and Requested Routing）

此栏填制与栏 1 中一致的始发站机场全称，以及所要求的运输路线。

（1）当始发站机场全称不清楚时，填写始发站所在城市全称。

（2）如果一个城市的名称有多个国家使用时，应在城市名称旁边注明国家。例如 LONDON，UK（伦敦，英国），用于区别 LONDON，KY，US（伦敦，肯达基州，美国）。

（3）若一个城市具有多个机场时，需要填机场全称。

10. 财务说明（Accounting Information）

填写运费支付方式及其他财务说明事项。分为以下几种情况：

①付款方式：现金（Cash）、支票（Check）、旅费证（MCO）或其他支付方式；

②用旅费证（MCO）付款时，只接受作为货物运输的行李，还需填写 MCO 号码、旅客客票号码、航班及日期等；

③使用政府提单付款时，填写政府提单单号；

④货物未能交付而退回时，填写原货运单单号；

⑤发货人参考代号（如托运人或其代理人指明的）；

⑥使用信用卡付款时，填写信用卡号。

11A. to（by first carrier）

填写目的站机场或第一个转运点的 IATA 三字代码。

11B. by（first carrier）

填写第一个承运人的名称或 IATA 二字代码。

11C. to（by second carrier）

填写目的站机场或第二个转运点的 IATA 三字代码。

11D. by (second carrier)

填写第二个承运人的名称或 IATA 二字代码。

11E. to (by third carrier)

填写目的站机场或第三个转运点的 IATA 三字代码。

11F. by (third carrier)

填写第三个承运人的名称或 IATA 二字代码。

12. 货币 (Currency)

填制始发国的 ISO 货币代号，例如 CNY、USD、JPY。

13. 运费代号 (CHGS Code)

仅供电子传送货运单信息时承运人使用，本栏一般不填。

14. 航空运费/声明价值附加费 (WT/VAL)

WT (Weight Charge) 航空运费是指根据货物计费重量乘以运价收取的运费；

VAL (Valuation Charge) 声明价值费是指 16 栏中向承运人声明了价值时，必须与运费一起交付声明价值费，即声明价值附加费。

[14A] 在 PPD (Prepaid) 中打"×"表示预付；

[14B] 在 COLL (Collect) 中打"×"表示到付。

15. 其他费用 (Other Charges at Origin)

在始发站的其他费用。

[15A] PPD 中打"×"表示预付；

[15B] COLL 中打"×"表示到付。

16. 运输声明价值 (Declared Value for Carriage)

填制托运人向货物运输声明的价值金额。如果托运人没有声明价值，此栏必须填入"NVD (No Value Declared)"字样，即没有申明价值。

17. 海关声明价值 (Declared Value for Customs)

托运人向海关申报的货物价值，当托运人不办理此项声明，此栏必须填入"NCV (No Customs Valuation)"，表明没有声明价值。

应检查与运输有关国家的海关要求，因为有些国家不接收无海关申报价值的货物。

18. 目的地机场 (Airport of Destination)

填制最后承运人的目的地机场名称或三字代码。

(1) 机场的三字代码按 IATA 规范标准填报：如上海浦东国际机场填为"PVG"。

（2）机场名称不明确时，可填城市名称，当城市名称有重名时，应加上国名：如悉尼，加拿大悉尼，填写“SYD，CA.”；澳大利亚悉尼时，则填写“SYD，AU.”。

19. 航班/日期（Flight/Date for Carrier's Use only）

此栏仅供承运人使用，根据订舱情况填写。

20. 保险的金额（Amount of Insurance）

只有在航空公司提供代保险业务而客户也有此需要时才填写。如果承运人不提供此项服务或托运人不要求投保时，此栏须打上“×××”或“NIL（Nothing）”。

21. 操作事项（Handing Information）

运输处理注意事项栏，填制货物在运输过程中需要注意的有关事宜。一般存在以下情况：

（1）当有2个收货人时，第二通知人相应信息填写在该栏。

（2）货运单有随附文件的，如“Attached Files Including Commercial Invoice”“Packing List”，则文件名称应填入此栏。

（3）货物上的标志、号码、包装方法等。

（4）货物所需的特殊处理，如未完税交付“DDU”。

（5）当一票货运单所运输的货物中含有危险品和非危险品时，应注明危险品的件数。

（6）危险品运输。

①需要附托运人危险品申报单时，本栏一般打上“Dangerous Goods as per Attached Shipper's Declaration”；

②不需要附托运人危险品申报单时，本栏则打上“Shipper's Declaration not Required”；

③仅限货机时，应填写“Cargo Aircraft Only”或CAO。

（7）货物在欧盟国家的机场装、卸时，海关代码应填入［21A］中。

（8）其他信息。

22. 货物运价细目（Consignment Rating Details）（A－L）

一票货物中如含有两种或两种以上不同运价类别计费的货物应分别填写，每填写一项另起一行，如果含有危险品，则该危险品应列在第一项。

［22A］件数/运价组合点（No. of Pieces RCP）

填制适用同一运价计算航空运费的货物件数。

“RCP”（Rate Combination Point）：如果使用非公布直达运价计算运费时，在件数的下面还应填制运价组合点城市的 IATA 三字代号。

［22B］毛重（Gross Weight）

适用于运价的货物实际毛重（以 kg 为单位时保留至小数点后一位）。

［22C］重量单位（Kg/Lb）

以公斤为单位用代号“K”；以磅为单位用代号“L”。

［22D］运费等级（Rate Class）

根据需要填入以下代号：

M——Minimum Charge，即最低运费；

N——Normal Rate，即 45 kgs 以下（或 100 kgs 以下）运价；

Q——Quantity Rate，即 45 kgs 以上运价；

C——Specific Commodity Rate，即指定商品运价；

S——Class Rate Surcharged，即附加等级货物运价；

R——Class Rate Reduced，即附减等级货物运价；

U——Unit Load Device Basic Charge or Rate，即集装设备基本运费或运价；

E——Unit Load Device Additional Rate，即集装设备附加运价；

X——Unit Load Device Additional Information，即集装设备附加信息；

Y——Unit Load Device Discount，即集装设备折扣。

［22E］商品编号（Commodity Item No.）

使用指定商品运价时，此栏填制指定商品品名代号（位置应与运价代号 C 保持水平）；

使用等级货物运价时，此栏填入附加或附减运价的比例（百分比）；

使用集装货物运价时，打印货物运价等级。

［22F］计费重量（Chargeable Weight）

填写按照运价规则计算出的托运货物的计费重量。

当使用集装货物运价时，有：

①U 对应适合集装货物基本运费的运价点重量；

②E 对应超过使用基本运费的重量；

③X 对应集装器自重。

［22G］运价/运费（Rate/Charge）

当使用最低运费时，此栏与运价代号“M”对应填制最低运费；

填制与运价代号“N”“Q”“C”等对应的运价；

当货物为等级货物时，此栏与运价代号“S”或“R”对应填制附加或附减后的运价；

当使用集装货物运价时：

①填入与运价代号 U 对应的集装货物的基本运费；

②填入与运价代号 E 对应的超过基本运费的集装货物运价。

［22H］运费总额（Total）

填制计费重量与适用运价相乘后的运费金额；

如果使用最低运费或集装货物基本运费时，本栏与“［22G］运价与运费（rate/charge）”填写的金额相同。

［22I］货物品名和数量（Nature and Quantity of Goods）

本栏按合同或信用证规定填制，需要注意航空运输的一些特殊要求：

①当托运货物中含有危险货物时，应分别填写，并把危险货物列在第一项；

②当托运货物为活体动物时，应依照 IATA 活体动物运输规则（Live Animal Regulations）填写；

③对于集中托运货物，填写“Consolidation as Per Attached List”；

④货物的体积，表示为“长×宽×高×件数”，如“DIMS：50×30×20 cm×1”；

⑤当合同或信用证要求标明原产地国时，可在此栏标出货物的原产地国。

［22J］货物总件数

填入［22A］中各组货物的件数之和。

［22K］货物总毛重

填入［22B］中各组货物的毛重之和。

［22L］货物总运费

填入［22H］中各组货物的运费之和。

［22Z］服务代号

除非承运人需要，一般不需打印，此栏可填入服务代号：B 公务货物；C 公司物资；D 门到门服务；J 优先服务；P 小件货物；T 包机。

23. 其他费用（Other Charges）

（1）填写其他费用发生的地点和付款方式，指除运费和声明价值附加费以外的其他费用。

①填写始发站发生的费用，全部预付或到付；

②填写中途站发生的费用，全部预付或到付；

③作为到付的其他费用视为“代垫付款（Disbursements）”，托运人应按代垫付款规定支付手续费，并将代垫付款手续费填入此栏；

④未列于本栏，在中途及目的站发生的其他费用只能到付，填入［33C］。

（2）填写除税收外的其他费用种类及金额，根据 IATA 规则各项费用分别用三个英文字母表示：其中前两个字母是某项费用的代码，如运单费就表示为 AW（Air Waybill Fee）；第三个字母是 C 或 A，分别表示费用应支付给承运人（Carrier）或货运代理人（Agent）。

（3）如果货物无法交付而退回，在原货运单上所列明的费用，应向原收货人收取，未收取的各项费用，填入新填开货运单的本栏。

24. 航空运费——预付、到付（Weight Charge - Prepaid/Collect）

填写［22H］或［22L］中的数值，根据预付和到付分别填入［24A］或［24B］。

25. 声明价值附加费——预付、到付（Valuation Charge - Prepaid/Collect）

填写根据 16 栏声明价值计得的声明价值附加费，对应在“预付”［25A］或“到付”［25B］栏内填入声明价值附加费金额。无声明价值，则本栏空白不填。

26. 税款（Tax - Prepaid/Collect）

如果有需要时填写政府或官方当局要求征收的税款。税款全部预付或全部到付，对应在“预付”［26A］或“到付”［26B］栏内填入适用的税款。

27. 由代理人收取的其他费用总额（Total Other Charges Due Agent - Prepaid/Collect）

由 23 栏算出，对应在“预付”［27A］或“到付”［27B］栏内填入由代理人收取的其他费用总额。

28. 由承运人收取的其他费用（Total Other Charges Due Carrier - Prepaid/Collect）

由 23 栏算出，对应在“预付”［28A］或“到付”［28B］栏内填入由承运人收取的其他费用总额。

29. 未命名栏

［29A］和［29B］栏不填。

［30A］预付总计（Total Prepaid）

填入［24A］、［25A］、［26A］、［27A］、［28A］等栏有关预付费用之和。

［30B］到付总计（Total Collect）

填入［24B］、［25B］、［26B］、［27B］、［28B］等栏有关到付费用之和。

31. 托运人签名（Signature of Shipper's or His Agent）

托运人或其代理人在本栏内签字或盖章。

［32A］运单日期（Executed on Date）

按日、月、年顺序将填开货运单的日期填入此处，月份可用缩写或全称。

［32B］填开地点（at Place）

填写航空运单的签发地点（机场或城市全称）。

［32C］货运单承运人或其代理人签字（Signature of Issuing Carrier or Its Agent）

填开货运单的承运人或其代理人在本栏内的签字。

以代理人身份签章时，需要加注“AS AGENT”；

以承运人身份签章时，需要加注“AS CARRIER”。

33. 仅供承运人在目的站使用（For Carrier's Use Only at Destination）（A－D）

此栏一般不填，仅供有关承运人、目的地机场等在目的站使用，收货人用目的地国家货币付款。

［33A］货币兑换比例（Currency Conversion Rate）

填写目的站国家货币代号及兑换比率。

［33B］目的站货币表示的到付金额（CC Charges in Destination Currency）

［30B］与［33A］栏数值的乘积。

［33C］目的站发生的费用（Charges at Destination）

填写最后承运人在目的站发生的费用金额。

［33D］到付费用总额（Total Collect Charges）

到付费用总额，［33B］和［33C］费用的合计金额。

34. 可选的运输信息（Optional Shipping Information）（A－C）

托运人或其代理人可根据填开货运单的承运人同意的有关内容填写，此栏阴影则不可使用。

99. 航空货运单号条形码（Bar Coded Air Waybill Number）

本栏填写航空货运单的条形码，一般不填写。

第三节 根据托运书填开货运单

根据国际货物托运书 SLI（Shippers Letter of Instruction）中所给信息，主要包括：

（1）收发货人；

（2）航线信息；

（3）支付方式；

（4）声明价值；

（5）货物品名、尺寸、件数；

（6）操作信息。

加上其他与实际运输相关的其他信息，如货运代理人、承运人、要求的运输路线等，在完成运费核算的情况下，填制航空货运单 AWB（Air Waybill），如图 6－3 所示。

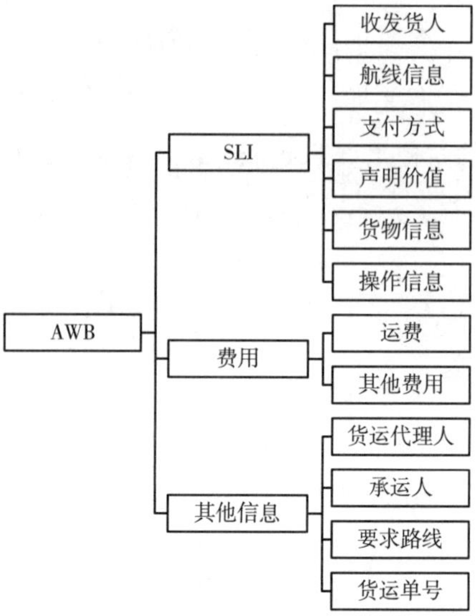

图 6－3　根据托运书填开货运单

【例 6－1】 根据托运书和其他附加信息，填开货运单。

（1）其他费用：

①货运单费（AW）——归代理人：3.00 GBP；

②报关费（CH）——归承运人：7.50 GBP；

③杂费（MD）——归承运人：1.25 GBP。

（2）始发站机场及填开货运单地点：London Heathrow Airport（LHR）。

（3）到达站机场：Montreal－Mirabel International Airport（YMX）。

（4）填开货运单承运人代理人名称：ATS Transport。

（5）代理人 IATA 代号：91－41234。

（6）承运人：英航 British Airways（BA）。

（7）承运人票证号：125。

（8）货运单序号：12345675。

（9）填开货运单承运人：British Airways，London，UK。

（10）货运单填开日期：与托运书相同。

Airport of Departure	Airport of Destination	For carrier use only	
LONDON HEATHROW AIRPORT	MONTRÉAL－MIRABEL INTERNATIONAL AIRPORT	Flight/Date	Flight/Date

Routing and Destination

To	By First Carrier	To	By	To	By	To	By

No. of Air Waybill

Booked

Shipper's Account Number

Shipper's Name and Address
BOB ROBIN
BRITISH AEROSPACE LTD.
73 FLEET STREET
LONDON , UNITED KINGDOM
TEL：+442074368288

Charges
FREIGHT PREPAID
OTHER CHARGES PREPAID

Consignee's Account Number

Consignee's Name and Address
AIR CANADA MIRABEL AIRPORT
BUILDING C
MONTREAL，CANADA
TE：16478378686L

Also Notify
BOB ROBIN，TEL：+442074368288

Shipper's Declared Value		Amount of Insurance	Documents to Accompany Air Waybill
For Carriage	For customs	×××	3 COMMERCIAL INVOICES
100000 GBP	NCV		

No.of Packages	Actual Gross Weight（kg）	Rate Class	Chargeable Weight	Rate/Charge	Nature and Quantity of Goods（Incl.Dimensions or Volume）
1	160				WHEEL ASSEMBLY FOR AIRCRAFT DIMS：150×100×100 CM×1
1	160				

Shipper's instruction in case of inability to deliver shipment as consigned.

Handling information（Incl.method of packing，identifying marks and number，etc.）

The shipper certifies that the particulars on the face hereof are correct and agrees to the conditions of carriage of the carrier.

Signature of Shipper **Bob Robin**　　Date **31 MAY 2023**　　Agent　　Date

图 6－4　例 6－1 的托运书

（11）付款方式：现金。

date /type	note	item	min. wght	local curr.
LONDON			**UK**	**LON**
U.K.POUND $			GBP	KGS
MONTREAL		**CA**	M	55.00
			N	4.55
			100	3.09
			300	1.94
			500	1.84
		4109	100	2.29
		4109	200	2.19
		7119	1000	1.34
		9998	45	3.07
		9998	1000	1.98
	/A			1.43
	/C			1.04

图 6－5　例 6－1 的运价表

解：

（1）计算航空运费：

通过查找 TACT Rate 2.4 品名表可知，飞机轮胎（Wheel assembly for aircraft）的指定商品代码为 4109；

Volume Weight：150 × 100 × 100 ÷ 6000 = 250.0 kgs

Gross Weight：160 kgs

Chargeable Weight：250.0 kgs

Applicable Rate：SCR 4109/Q200 2.19 GBP/kg

Weight charge：250.0 × 2.19 = 547.50 GBP

（2）计算该批货物的声明价值附加费：

声明价值附加费 =（100000 － 160 × 14）× 0.75% = 733.20 GBP

（3）根据托运书和其他信息的内容填写货运单，如图 6－6 所示。

【例 6－2】根据托运书和其他附加信息，填开货运单。

（1）其他费用：

①货运单费（AW）——归代理人：35.50 EUR；

②报关费（CH）——归承运人：65.25 EUR；

③保险服务费（IN）——归承运人：37.50 EUR；

125 | LHR | 12345675 125-12345675

Shipper's Name and Address	Shipper's Account Number	Not Negotiable **Air Waybill** Issued by BRITISH AIRWAYS LONDON
BOB ROBIN BRITISH AEROSPACE LTD. 73 FLEET STREET LONDON, UNITED KINGDOM TEL: +442074368288		Copies 1, 2 and 3 of this Air Waybill are originals and have the same validity.

Consignee's Name and Address	Consignee's Account Number	
AIR CANADA MIRABEL AIRPORT BUILDING C MONTREAL, CANADA TEL: 16478378686		It is agreed that the goods described herein are accepted in apparent good order and condition (except as noted) for carriage SUBJECT TO THE CONDITIONS OF CONTRACT ON THE REVERSE HEREOF. ALL GOODS MAY BE CARRIED BY ANY OTHER MEANS INCLUDING ROAD OR ANY OTHER CARRIER UNLESS SPECIFIC CONTRARY INSTRUCTIONS ARE GIVEN HEREON BY THE SHIPPER, AND SHIPPER AGREES THAT THE SHIPMENT MAY BE CARRIED VIA INTERMEDIATE STOPPING PLACES WHICH THE CARRIER DEEMS APPROPRIATE. THE SHIPPER'S ATTENTION IS DRAWN TO THE NOTICE CONCERNING CARRIER'S LIMITATION OF LIABILITY. Shipper may increase such limitation of liability by declaring a higher value for carriage and paying a supplemental charge if required.

Issuing Carrier's Agent Name and City		Accounting Information
ATS TRANSPORT		CASH
Agent's IATA Code: 91-41234	Account No.	

Airport of Departure (Addr. of First Carrier) and Requested Routing	Reference Number	Optional Shipping Information
LONDON HEATHROW AIRPORT		

To	By First Carrier (Routing and Destination)	to	by	to	by	Currency	CHGS Code	WT/VAL PPD	WT/VAL COLL	Other PPD	Other COLL	Declared Value for Carriage	Declared Value for Customs
YMX	BRITISH AIRWAYS					GBP		X		X		100000	NCV

Airport of Destination	Requested Flight/Date		Amount of Insurance	INSURANCE—If carrier offers insurance and such insurance is required in accordance with the conditions thereof, indicate amount to be insured in figures in box marked "Amount of Insurance".
YMX			XXX	

Handling Information

ALSO NOTIFY BOB ROBIN, TEL: +442074368288

DOCUMENTS ATTACHED: 3 COMMERCIAL INVOICES

No. of Pieces RCP	Gross Weigh	kg lb	Rate Class	Commodity Item No.	Chargeable Weight	Rate/Charge	Total	Nature and Quantity of Goods (incl. Dimensions or Volume)
1	160.0	K	C	4109	250.0	2.19	547.50	WHEEL ASSEMBLY FOR AIRCRAFT DIMS: 150*100*100CM*1
1	160.0						547.50	

Prepaid	Collect	Other Charges
Weight Charge: 547.50		AWA 3.00 CHC 7.50 MDC 1.25
Valuation Charge: 733.20		
Tax		
Total Other Charges Due Agent: 3.00		Shipper certifies that the particulars on the face hereof are correct and that insofar as any part of the consignment contains dangerous goods, such part is properly described by name and is in proper condition for carriage by air according to the applicable Dangerous Goods Regulations.
Total Other Charges Due Carrier: 8.75		Bob Robin Signature of Shipper or his Agent
Total Prepaid: 1292.45	Total Collect	31 MAY 2023 LONDON HEATHROW AIRPORT ATS TRANSPORT
Currency Conversion Rate	CC Charges in Dest. Currency	Executed on (date) at (place) Signature of Issuing Carrier or its Agent
For Carrier's Use only at Destination	Charge at Destination	Total Collect Charges

125-12345675

图 6 – 6 例 6 – 1 的货运单

Airport of Departure	Airport of Destination	For carrier use only	
AMSTERDAM	SAPPORO	Flight/Date	Flight/Date

Routing and Destination								No.of Air Waybill
To	By First Carrier	To	By	To	By	To	By	
TYO	KL	SPK	JL					Booked

Shipper's Account Number	Shipper's Name and Address	Charges
	MR.J.JANSEN LANGSWATER 789 AMSTERDAM THE NETHERLANDS	FREIGHT PREPAID OTHER CHARGES PREPAID

Consignee's Account Number	Consignee's Name and Address
	MR.J.JANSEN C/O HOTEL OKUTA INTL . SAPPORO JAPAN

Also Notify

Shipper's Declared Value		Amount of Insurance	Documents to Accompany Air Waybill
For Carriage	For customs	2500 EUR	ONE PACKING LIST
NVD	NCV		

No.of Packages	Actual Gross Weight（kg）	Rate Class	Chargeable Weight	Rate/Charge	Nature and Quantity of Goods（Incl.Dimensions or Volume）
1	15.0				USED PERSONAL EFFECT S NOT RESTRICTED DIMS：90 × 20 × 60CM × 1
1	15.0				

Shipper's instruction in case of inability to deliver shipment as consigned.

Handling information（Incl.method of packing，identifying marks and number，etc.）

FLIGHT：KL861/31 OCT 2023 AMS–TYO　JL848/01 NOV 2023 TYO–SPK

TICKET No.074–12345675

1 SUITCASE TYPE 02 BLUE

The shipper certifies that the particulars on the face hereof are correct and agrees to the conditions of carriage of the carrier.

Signature of Shipper **JACK LIU**　　Date **23 MAY 2023**　　Agent　　Date

图 6－7　例 6－2 的托运书

④打包费（PK）——归代理人：12.80 EUR。

（2）始发站机场及填开货运单地点：Amsterdam Chiphol Airport（AMS）。

（3）到达站机场：Sapporo Okadama Airport(OKD)。

（4）填开货运单承运人代理人名称及所在城市：ATS In. at Amsterdam Chiphol Airport。

（5）代理人 IATA 代号：57 - 41234。

（6）承运人：Amsterdam(AMS)→Tokyo(TYO）由 KLM Royal Dutch Airlines（KL）承运；

Tokyo(TYO)→Sapporo(SPK）由 Japan Airlines(JL）承运。

（7）填开货运单承运人：KLM Royal Dutch Airlines，Amsterdam。

（8）票证号：074。

（9）货运单序号：12345675。

（10）货运单填开日期：与托运书相同。

（11）付款方式：现金。

date /type	note	item	min. wght	local curr.
AMSTERDAM			**NL**	**AMS**
EURO			EUR	KGS
SAPPORO		**JP**	M	68.07
			N	19.82
			45	14.82
			100	6.63
			300	6.07
			500	5.57

图 6 - 8　例 6 - 2 的运价表

解：

计算航空运费：

Volume Weight：$90 \times 20 \times 60 \div 6000 = 18.0$ kgs

Gross Weight：15 kgs

Chargeable Weight：18.0 kgs

Applicable Rate：R 50% of Normal GCR

$50\% \times 19.82 = 9.91$ EUR/kg

Weight charge：$18.0 \times 9.91 = 178.38$ EUR

（2）根据托运书和其他信息的内容填写货运单，如图 6 - 9 所示。

074 | AMS | 12345675 　　　　　　　　074-12345675

Shipper's Name and Address MR.J.JANSEN LANGSWATER 789 AMSTERDAM THE NETHERLANDS	Shipper's Account Number	Not Negotiable **Air Waybill** Issued by KLM ROYAL DUTCH AIRLINES AMSTERDAM Copies 1, 2 and 3 of this Air Waybill are originals and have the same validity.
Consignee's Name and Address MR.J.JANSEN C/O HOTEL OKUTA INTL. SAPPORO JAPAN	Consignee's Account Number	It is agreed that the goods described herein are accepted in apparent good order and condition (except as noted) for carriage SUBJECT TO THE CONDITIONS OF CONTRACT ON THE REVERSE HEREOF. ALL GOODS MAY BE CARRIED BY ANY OTHER MEANS INCLUDING ROAD OR ANY OTHER CARRIER UNLESS SPECIFIC CONTRARY INSTRUCTIONS ARE GIVEN HEREON BY THE SHIPPER, AND SHIPPER AGREES THAT THE SHIPMENT MAY BE CARRIED VIA INTERMEDIATE STOPPING PLACES WHICH THE CARRIER DEEMS APPROPRIATE. THE SHIPPER'S ATTENTION IS DRAWN TO THE NOTICE CONCERNING CARRIER'S LIMITATION OF LIABILITY. Shipper may increase such limitation of liability by declaring a higher value for carriage and paying a supplemental charge if required.
Issuing Carrier's Agent Name and City ATS IN. AT AMSTERDAM CHIPHOL AIRPORT		Accounting Information CASH TICKET No. 074-12345675 FLIGHT: KL861/31 OCT 2023 AMS-TYO JL848/01 NOV 2023 TYO-SPK
Agent's IATA Code 57-41234	Account No.	
Airport of Departure (Addr. of First Carrier) and Requested Routing AMSTERDAM CHIPHOL AIRPORT, AMS-TYO-SPK		Reference Number / Optional Shipping Information

To	By First Carrier	Routing and Destination	to	by	to	by	Currency	CHGS Code	WT/VAL PPD	WT/VAL COLL	Other PPD	Other COLL	Declared Value for Carriage	Declared Value for Customs
TYO	KL		SPK	JL			EUR		X		X		NVD	NCV

Airport of Destination	Requested Flight/Date		Amount of Insurance	INSURANCE—If carrier offers insurance and such insurance is required in accordance with the conditions thereof, indicate amount to be insured in figures in box marked "Amount of Insurance".
SAPPORO OKADAMA AIRPORT			2500	

Handling Information
1 SUITCASE TYPE 02 BLUE
DOCUMENTS ATTACHED: 1 PACKING LIST

No. of Pieces RCP	Gross Weigh	kg lb	Rate Class	Commodity Item No.	Chargeable Weight	Rate/Charge	Total	Nature and Quantity of Goods (incl. Dimensions or Volume)
1	15.0	K	R	N50	18.0	9.91	178.38	USED PERSONAL EFFECTS NOT RESTRICTED DIMS: 90*20*60CM*1
1	15.0						178.38	

Prepaid	Weight Charge	Collect
178.38		
	Valuation Charge	
	Tax	
	Total Other Charges Due Agent	
48.30		
	Total Other Charges Due Carrier	
102.75		
Total Prepaid		Total Collect
329.43		
Currency Conversion Rate		CC Charges in Dest. Currency
For Carrier's Use only at Destination		Charge at Destination

Other Charges
AWA 35.50
CHC 65.25
INC 37.50
PKA 12.80

Shipper certifies that the particulars on the face hereof are correct and that insofar as any part of the consignment contains dangerous goods, such part is properly described by name and is in proper condition for carriage by air according to the applicable Dangerous Goods Regulations.

JACK LIU
Signature of Shipper or his Agent

23 MAY 2023 　 AMSTERDAM CHIPHOL AIRPORT 　 ATS INC.
Executed on (date) 　 at (place) 　 Signature of Issuing Carrier or its Agent

Total Collect Charges

074-12345675

图 6－9　例 6－2 的货运单

习题

1. 根据托运书和其他附加信息，填开货运单。

<table>
<tr><td colspan="4" rowspan="2">Airport of Departure
BEIJING INTERNATIONAL
AIRPORT</td><td colspan="4" rowspan="2">Airport of Destination
SYDNEY INTERNATIONAL
AIRPORT</td><td colspan="2">For carrier use only</td></tr>
<tr><td>Flight/Date</td><td>Flight/Date</td></tr>
<tr><td colspan="8">Routing and Destination</td><td colspan="2" rowspan="2">No.of Air Waybill
999–12345675</td></tr>
<tr><td>To</td><td>First Carrier</td><td>To</td><td>By</td><td>To</td><td>By</td><td>To</td><td>By</td></tr>
<tr><td>HKG</td><td>CA</td><td></td><td></td><td></td><td></td><td></td><td></td><td colspan="2">Booked</td></tr>
<tr><td colspan="4">Shipper’s Account Number</td><td colspan="4" rowspan="2">Shipper’s Name and Address
LIN ZHANG
10 JIAOMIN ROAD
BEIJING，CHINA
+8615738770825</td><td colspan="2"></td></tr>
<tr><td colspan="4"></td><td colspan="2" rowspan="4">Charges
FREIGHT PREPAID
OTHER CHARGES PREPAID</td></tr>
<tr><td colspan="4">Consignee’s Account Number</td><td colspan="4" rowspan="2">Consignee’s Name and Address
MAYER AND COR LTD
10 ROBUCHAN
SYDNEY，AUSTRALIA</td></tr>
<tr><td colspan="4"></td></tr>
<tr><td colspan="8">Also Notify
LEI LI，+8615913836530</td></tr>
<tr><td colspan="4">Shipper’s Declared Value</td><td colspan="4" rowspan="2">Amount of Insurance
×××</td><td colspan="2" rowspan="2">Documents to Accompany Air Waybill
DOCUMENTS ATTACHED：2 COMMERCIAL INVOICES</td></tr>
<tr><td colspan="2">For Carriage
30000 CNY</td><td colspan="2">For customs
NCV</td></tr>
<tr><td colspan="2">No.of Packages</td><td colspan="2">Actual Gross Weight（kg）</td><td colspan="2">Rate Class</td><td colspan="2">Chargeable Weight</td><td>Rate/Charge</td><td>Nature and Quantity of Goods（Incl.Dimensions or Volume）</td></tr>
<tr><td colspan="2">2</td><td colspan="2">100</td><td colspan="2" rowspan="2"></td><td colspan="2" rowspan="2"></td><td rowspan="2"></td><td rowspan="2">TOYS
DIMS：82CM×4CM×32CM×3</td></tr>
<tr><td colspan="2">2</td><td colspan="2">100</td></tr>
<tr><td colspan="10">Shipper’s Instruction in case of inability to deliver shipment as consigned.</td></tr>
<tr><td colspan="10">Handling information（Incl.method of packing，identifying marks and number，etc.）</td></tr>
</table>

The shipper certifies that the particulars on the face hereof are correct and agrees to the conditions of carriage of the carrier.

Signature of Shipper	Date	Agent	Date
LIN ZHANG	2023.3.15		

（1）其他费用：

①货运单费（AW）——归代理人：83.60 CNY；

②报关费（CH）——归承运人：67.20 CNY；

③杂费（MD）——归承运人：41.55 CNY。

（2）始发站机场及填开货运单地点：Beijing International Airport（PEK）。

（3）到达站机场：Sydney International Airport（SYD）。

（4）代理人名称：Sino Transport。

（5）代理人 IATA 代号：61－41234。

（6）承运人：国航 Air China（CA）。

（7）承运人票证号：999。

（8）货运单序号：12345675。

（9）填开货运单承运人：Air China，Beijing，China。

（10）货运单填开日期：与托运书相同。

（11）付款方式：现金。

（12）运价表如图 6－10 所示。

date /type	note	item	min. wght	local curr.
BEIJING			**CN**	**BJS**
Y.RENMINBI			CNY	KGS
SYDNEY	**NS**	**AU**	M	420.00
			N	54.72
			45	41.04
			100	35.57
			300	32.83

图 6－10　习题运价表

第七章 航空货运的出入境运送

国际航空货物运输的业务流程可分为三大阶段：国际航空货物运输出港业务流程、国际航空货物空中运输流程和国际航空货物运输进港业务流程。其中，国际航空货物运输出港业务流程是指从托运人委托运输货物到承运人把货物装上飞机的整个流程所需通过的环节、所需办理的手续以及必备的单证；国际航空货物空中运输流程是指货物从一个机场到另一个机场的空中运输飞行过程；国际航空货物运输进港业务流程是指空运货物从到达目的地机场承运人把货物卸下飞机到把货物交到收件人手中的整个流程所需通过的环节、所需办理的手续以及必备的单证。

所谓“环节、手续和单证”是指同一过程中的三个方面。航空货物出入境时要通过一系列环节，而每经过一道环节都要办理一定的手续，而办理手续不能单凭口头阐述，必须出具有关的单证，如商业单据、运输单据及所需的各种批文和证明等。

根据实施主体的不同，国际航空货物运输的业务流程可进一步细分为五个步骤：

步骤 1：航空货物出口运输代理业务；

步骤 2：航空公司出港货物操作；

步骤 3：实际承运人空中运输；

步骤 4：航空公司进港货物操作；

步骤 5：航空货物进口运输代理业务。

作为代理人主要从事航空货物进出港运输代理业务的工作，即步骤 1 和步骤 5，而航空公司主要从事进出港货物操作和空中运输的工作，即步骤 2、步骤 3 和步骤 4。

第一节 航空货物出口业务及操作流程

一、航空货物出口运输代理业务

航空货物出口运输代理业务流程，是指航空货代企业从托运人手里接货直到将货物交给货站这一过程所涉及的环节、所需办理的手续和必备的单证。无论是班机运输还是包机运输，所涉及的环节和申办的手续大致相同。

（一）航空货物出口业务流程

1. 揽货

承揽货物，接受出运预报是航空货运代理的一项至关重要的业务活动。航空货运代理公司为争取更多的出口货源而到各进出口公司和有进出口经营权的企业，主动承揽货物。揽货时，一般需要向出口单位介绍本公司的代理业务范围、服务项目、各项收费标准，特别需要向出口单位介绍优惠价和本公司的服务优势。

一个业务开展比较好的货运代理公司，一般都有相当数量的揽货人员和揽货网点从事专门的揽货业务。无论航空货运代理公司主动承揽，还是出口货物发货人上门委托，只要双方就航空出口货物运输事宜达成意向后，航空货运代理就可以向发货人提供航空公司的“国际货物托运书”，托运书由发货人填写并加盖公章，作为委托的依据。对于长期出口或出口货量较大的单位，航空货运代理公司一般都与之签订长期的代理合同（或协议）。对于一次批量较大的货物，要采用包机或包舱运输时，需提前填写“包机委托书”。

2. 接受委托

航空出口货物的发货人，一般都是委托航空货运代理办理货物托运。委托时，发货人应填制“国际货物托运书”，连同贸易合同副本、出口货物明细发票、装箱单以及检验、检疫和通关所需要的单证和资料交给航空货运代理，由航空货运代理办理订舱、提货、报关、制单等托运手续。这里需要指出的是接受委托、签订委托合同时要明确合同的性质和航空货运代理承担的责任。

若航空货运代理就这批货物接受发货人的委托，向发货人签发了航空分运单，那么这个委托不应签订委托代理合同，因为这时的航空货运代理人是作为承运人接受托运。

若航空货运代理人仅作为发货人的代理人，代发货人向航空公司办理航空货物运输，由航空公司出具并签发航空货运单，这时的航空货运代理人完全处于代理人的法律地位，货运单这一运输合同的法律后果完全由发货人享有和承担。这时发货人与货运代理人签订的是委托代理合同。

有时航空公司出售部分舱位给航空货运代理，也就是说，航空货运代理人以自己的名义与航空运输承运人签订订购飞机运输舱位的合同，同时航空货运代理人接受发货人的委托，预订舱位进行航空货物运输，这时航空货运代理人并不签发分运单，就可能处于行纪人的地位（行纪人是指在行纪关系中根据委托人要求代为从事购销、寄售等行纪业务的当事人），与发货人签订的可能是行纪合同，这时的代理人就要承担行纪人的责任。

3. 审核单证

航空货运代理在接受发货人的委托后，要指定人员对托运书进行审核。审核的主要内容是航空公司的收运条件、价格和航班日期。目前，航空公司对起降的航班大部分采用自由销售的方式，每家航空公司、每条航线、每个航班甚至每个目的港均有优惠运价，这种运价会因货源原因、淡旺季原因而经常调整，各航空公司的优惠价也不尽相同。因此，有时更换航班，运价也会随之变动。

需要指出的是，航空货运单上显示的运价虽然与托运书上的运价有联系，但相互之间往往有很大差别。货运单上显示的是 TACT 上公布的适用运价和费率，而托运书上显示的是航空公司优惠运价加上各项杂费和服务费或使用协议价格。托运书的审核，就是判断在发货人托运的货物符合收运条件的前提下，其价格是否能被接受，预订航班是否可行。审核人员必须在托运书上签名并注明日期，以示确认。

4. 预配舱

货运代理人在预订舱位之前要预配舱。经代理人审核单证后，汇总所接受的委托和客户的预报，将审核好的信息输入货运系统（Cargo Transport System，CTS）出口操作系统，后将订舱信息传送到航线订舱部。

订舱部制订方案预配舱过程中，根据系统汇总订舱信息，计算出各航线的件数、重量、体积，并按照客户要求和货物重量、体积情况根据各航空公司不同机型对不同板箱的重量和高度要求，制订预配舱方案。可对每票货配上运单号，即“有运单订舱”，也可作“无运单订舱”处理。

5. 预订舱

预订舱是指向航空公司申请运输并预订舱位的行为。代理人根据所制订的预配舱方案，按航班、日期打印出总运单号、件数、重量、体积，向航空公司预订舱。

这一环节称为预订舱，是因为此时货物可能还没有入仓库，预报和实际的件数、重量、体积等都会有差别，这些留待配舱时再做调整。

预订舱须根据发货人的要求和货物标识的特点，以及批量的大小而定。一般来说，大宗货物、紧急物品、鲜活易腐商品、危险品、贵重物品等，必须预订舱位。非紧急的零星货物，可以不预先订舱。通常对下列货物应当预订航班舱位，否则承运人可以不予受理：

①货物在中转时需要特殊对待；

②不规则形状或者尺寸超限的货物；

③批量较大的货物；

④特种货物，如危险品、活体动物等；

⑤需要两家及其以上承运人运输的联运货物；

⑥货物的声明价值超过 10 万美元或其等价货币。

6. 接单

接单是指航空货运代理公司在订妥舱位后，从发货人手中接过货物出口所需的一切单证。在不同情况下，发货人应提供的单证略有不同，主要是有关报关所需的单证，以便出口货物通关。例如，托运特殊货物时，如危险品申报单、活体动物托运证明、死亡证明等；在 IATA 三区和一区之间托运指定商品时，必须提供商业发票。

7. 填制货运单

填制货运单，即缮制航空货运单，包括总运单和分运单。缮制航空货运单是空运出口业务中最重要的环节，运单填写的正确与否直接关系到货物能否及时、准确地运达目的地。同时航空货运单又是发货人结汇的主要单证之一。因此，运单的填写必须详细、准确、严格，符合单货一致、单单一致的要求。

填写航空货运单的主要依据是发货人提供的货物托运书。托运书上的各项内容都应准确地体现在航空货运单上，如发货人和收货人的全称、详细地址、电话、电传、传真和银行开户账号；出口货物的名称、件数、重量、体积、包装方式；承运人和代理人的名称和城市名称；始发港和目的港等。除了托运书的内容之外，运单上还要注明已订妥的航班号和起航日期、运单号、货物的实际重量、运价类别、运费等内容。

如果是直接发给国外收货人的单票托运货物，缮制航空公司货运单即可。如果以国外代理为第一收货人的集中托运货物，必须先为每票货物缮制航空货运代理公司的分运单，再缮制航空公司的总运单，以便国外代理对总运单下的各票货物进行分拨。

8. 接货

接货是指航空货运代理公司把即将发运的货物从发货人手中接过来并运送到自己的仓库或机场，装机前的货物作业应由机场负责进行。

但由于航空货运代理往往有自己的仓库，或出具航空分运单将货物集中托运，因而越来越多的货运代理人如海运的拼箱人一样，由自己来操作，具体操作如下：

①清点货物。接货时应根据发票和装箱单清点货物，核对货物的数量、品名、合同号及标志等是否与托运单上所列一致。重点应检查、核对货物包装、货物标志、货物的重量、体积和件数等。

②贴挂标签。航空货运代理缮制航空货运单以后，制作“空运出口业务日报表”，供制作标签用。标签分为航空公司的主标签和航空货运代理的分标签两种。航空公司标签是对其所承运货物的标识，各航空公司的标签虽然在格式、颜色上有所区别，但其内容却基本相同。标签上 3 位阿拉伯数字代表所承运航空公司的代号，后 8 位数字是总运单号码，还填有货物的目的地。分标签是货运代理公司对出具分运单货物的标识。凡出具分运单的货物都要制作分标签，上面填制分运单号码和货物到达城市或机场的三字代码。每一件货物都贴一张航空公司标签，有分运单的每件货物再贴一张分标签。标签的具体使用请参照第四章第四节“货物标记与标签”。

③配舱。需要出运的货物全部入库以后，就要核对货物的实际件数、重量、体积与托运书上填报的是否相同。按照各航班机型，集装板或集装箱型号、高度、数量进行配舱。对于未到货物、晚到货物，以及未能顺利通关放行的货物做出调整，为出仓单做准备。实际操作中，这一过程一直延续到单、货交接给航空公司后才终止。

9. 订舱

这一环节是指将所接受已配好舱的货物向航空公司正式提出运输申请，并订妥舱位。订舱的具体做法和基本步骤，是航空货运代理人在接到发货人的发货预报后，向航空公司吨位控制部门领取并填写订舱单（CBA），写明货物的名称、体积、重量、件数、目的港及要求出运的时间等。航空公司根据实际情况安排航班和舱位。航空货运代理公司订舱时，可依照发货人的要求选择最佳航线和最佳承运人，同时为发货人争取最低或最合理的运价。舱位订妥后，航空公司签发舱位确认书（舱单），同时给予装货集装器领取证以示舱位订妥。航空货运代理公司应及时通知发货人备单备货。

10. 出口报关

出口报关，是指发货人或其代理人在发运出口货物之前，向出境地海关办理货物出口通关手续的过程。出口报关的基本程序如下：

（1）申报。

首先将发货人提供的出口货物报关单的各项内容输入计算机，即计算机预录入。然后再由计算机缮制的报关单上加盖报关单位的报关专用章。后将报关单与有关商业发票、装箱单、商检证、出口收汇核销单，有的商品则需要动植检疫证书或产地证和航空货运单一起，并根据贸易方式和货物类别所需要随附的其他有关证明文件，如出口许可证、配额许可证等。上述报关所需单证备齐后，由持有报关员证的报关员正式向海关申报。

（2）查验。

查验是海关对出口货物进行实际核查，确定单货是否相符，有无瞒报、伪报和申报不实等走私违规行为，并为征税、统计和后续管理提供可靠的监管依据。

（3）税费计征。

税费计征是海关根据《海关法》和《进出口关税条例》及国家有关规定，对出口货物除国家另有规定外征收关税。

（4）放行。

海关在接受出口货物的申报后，经审核报关单据，查验实际货物，依法办理出口税费计征手续并缴纳税款后，由海关官员在航空货运单正本、出口收汇核销单和出口货物报关单上加盖放行章，在发货人用于出口产品退税的单据上加盖验讫章。海关的监管行为结束，放行即为结关。

11. 出仓单

配舱方案制订后，就可着手编制出仓单。出仓单的主要内容包括出仓日期、承运航班日期、装载板箱的形式及数量、货物进仓顺序编号、总运单号、件数、重量、体积、目的港三字代码和备注。出仓单交给出口仓库用于安排出库计划，并在货物出库时点数；出仓单在装板、装箱环节中作为向出口仓库提货的依据；出仓单用于货物的交接环节，作为装板、装箱环节收货的凭证，并作为制作“国际货物交接清单”的依据；出仓单还可用于外拼箱。

12. 提板箱

根据货物订舱后航空公司给予的装货集装器领取凭证，向航空公司领取与订舱货量相应的集装板或集装箱及相应的塑料薄膜和绳网，并办理相应的登记、销号等有关手续。航空货运代理公司将 2 m^3 以上的大宗货物或集中托运的拼装货物安排由自己装板、装箱，不能装板、装箱的 2 m^3 以下货物作为小件货物交给航空公司拼装或单件运输。

13. 签单

航空货运单在盖好海关放行章后，还须到航空公司签单。航空公司主要审核运价使用是否正确，货物的性质是否适合空运，危险品是否已办妥了相应的证明和手续，每批货物（每份货运单）的声明价值不超过 10 万美元或其等价货币。如果超过，则须经航空公司同意才可收运。航空公司的代理规定，只有签单确认后，才允许将单、货交给航空公司。

14. 交接发运

航空货物的“交接发运”就是航空货运代理将从发货人手里接到的货物经过对货物的整理、单据处理后交付给航空公司承运，直至航空公司装机出运，这是航空货物运输出口代理最关键、最重要的环节。该环节包括交单交货和货物发运两个过程。

交单是将随机单据和应由承运人留存的单据交给航空公司。随机单据包括航空货运单正本两联、发票、装箱单、产地证明、品质鉴定书等。交货就是把与单据相符的货物交给航空公司。交货之前必须缮制“国际货物交接清单”，按交接清单，根据粘贴或拴挂的货物标签清点和核对货物。大宗货物、集中托运货物，以整板、整箱称重交接；零散小件货物按票称重，计件交接。航空公司审单验货后，在交接清单上签收，至此即算办完单货交接手续。

货物发运是指航空公司接收托运人所交运空运货物后，由航空公司安排运输，具体安排如下：

①运送时间。承运人应当根据货运单上约定的合同条件，在合理的时间内将货物运至货物目的地，对托运人预先定妥吨位的货物，应当按托运人指定的航班将货物运至目的地点。

②运输路线。承运人应当按照合理、经济的原则选择运输路线。承运人为尽早地将货物运抵目的地，有权改变托运人在货运单上列明的运输路线。

③缮制舱单。承运人收运货物后，根据配舱情况，对本航班所运输的货物应当缮制舱单，以便装机运输。对联运的货物应当缮制联运舱单。

④货物装机。承运人应按装机单准确装卸货物，按照货物包装上的储运指示标志作业，轻拿、轻放，防止货物损坏。在货物运输中，发现货物包装破损无法续运时，应当做好运输记录，及时通知托运人或者收货人，征求托运人或收货人对货物的处理意见。

15. 跟踪管理

航空货运代理公司从接受委托后，经过审单订舱、接单接货、制单报关、交接发运，甚至运输变更，一直到将货物交收货人的整个过程，始终与委托人和有关人员保持信息往来，对货物进行跟踪服务。

货运代理人接受委托后，在审单时对每家航空公司、每条航线、每个航班甚至每个目的港的运价和航班日期的信息掌握后，进行订舱，对发货人可接受运价的航班、订舱情况将及时通知委托人，以便及时备单、备货；对委托人送来的各种单证进行审核，如有遗漏失误将告知委托人及时补充或修正，保证货物顺利通关；对交接的货物进行检查、整理，对包装、标志不符合运输要求，缺件，重量体积不符，运输中的货损，都将及时通告货主求得确认；货物出运一程航班号、日期，以及二程航班乃至三程航班的信息都应及时通知货主；对集中托运货物，还应将发运信息预报给收货人所在地的国外代理，以便对方查询、接货、进行分拨处理；货物发运后，对发货人存留的单据，包括有放行章和验讫章的出口货物报关单、出口收汇核销单、航空货运单正本三联、手册、关封、许可证，以及用于出口产品退税的单据等交付或寄送发货人。

单、货交给航空公司以后，由于种种原因，如航班取消、延误、溢载、故障、改换机型、错运及装板不符规定等未能按预定时间出运而变更运输；货物出运后，对联程货物的中转，二程、三程航班日期等，航空货运代理必须予以掌握。因此，货交航空公司后，航空货运代理就需要通过传真、电话、电传通信工具对航班、货物进行跟踪，及时获得信息，并反馈给委托人或国外的代理，遇有不正常情况及时进行处理。所以航空货运代理应当对订舱信息、审单信息、报关信息、仓库收货信息、交运称重信息、航班信息、单证信息、集中托运信息等进行及时传递，对航班、货物进行跟踪，为委托人进行全程运输服务。

16. 费用结算

费用结算主要涉及同发货人、承运人和国外代理人方面的结算。与发货人结算费用，包括在运费预付的情况下，向发货人收取航空运费，收取地面运费，以及各种服务费和手续费。与承运人结算费用，就是向承运人支付航空运费，同时收取代理佣金。与国外代理结算主要涉及付运费和收益分成。到付运费实际上是发货方的航空货运代理人为收货人垫付的费用，因此收货方的航空货运代理人在将货物移交收货人时，应收回到付运费并退还发货方的货运代理人。同时，发货方的货运代理人应将代理佣金的一部分给其收货地的货运代理人。由于航空货运代理公司之间存在长期的互为代理协议，因此与国外代理结算一般不采取一票一结的办法，而采取抵销账单、一月一结的办法。按照惯例，每月初由发货方的代理人缮制并出示账单交收货方代理确认。

（二）航空货物出口业务单证

1. 贸易合同副本

贸易合同签订的双方当事人是买方和卖方。贸易合同的签订，不是交易的终结而是履行合同的开始，只有通过货物的运输，才能把货物从卖方转移到买方的手里，买方付给卖方货物的价款后，贸易合同才能终结。因此，运输合同是为贸易合同服务的，为了履行贸易合同而签订的。在签订运输合同时，必须按照贸易合同的要求和规定，使运输合同条件符合贸易合同履行的要求，以保证贸易合同的顺利履行。这里所指的贸易合同副本就是托运人所签订的贸易合同的复印件或影印件，是进行国际航空货物运输最原始的凭证。

2. 商业发票和装箱单

商业发票是卖方向买方开立的，凭此向买方收款发货的价目清单，也是卖方对一笔交易的全面说明。发票上注明发货人和收货人的名称和地址，货物的品名、原产地、声明价值、价格条件、货币名称等是缮制其他业务单据的基础资料。

商业发票是出口报关、进口清关和纳税的主要凭证。装箱单是商业发票的补充文件，其上面应注明每箱货物的箱号、重量、体积及标志，每箱内装的件数及其品名。

3. 出口许可证

出口许可证是国家批准商品出口的证明文件，其主要作用是海关放行和银行结汇的主要依据；同时也是国家对出口商品数量、市场进行限制的主要措施。

凡出口国家限制出口的商品，均应向出境地海关交验出口许可证。实行出口许可证管理的商品主要有：野生动植物及其制品、文物、金银制品、精神疾病药物和音像制品等。

4. 配额许可证

我国自1979年以来，由于先后与美国、加拿大、瑞典、挪威、芬兰、奥地利及欧共体签订了双边纺织品贸易协定，这些国家对从我国进口纺织品的数量和品种进行限制。因此，向上述国家出口纺织品必须向外经贸部申请纺织品配额许可证。实行统配管理的其他出口商品，也需向外经贸部或省级经贸委（厅、局）申领出口配额许可证。

国外对我国有配额限制的24种出口商品，每年出口数量按两国政府间的双边协议进行。属于纺织品这种被动配额类商品有19种。

5. 商检证明

在国际贸易中，需要一个公正、权威的进出口商品检验、鉴定机构从事商品检验，主要基于买卖合同的需要、法定检验的需要、国际贸易有关部门的需要等，但出口货物的商检证明主要基于以下两种情况：

一是国家为维护出口商品质量，而规定某些商品出口必须经过商检机构检验并出具商检证明；二是根据贸易合同的规定，为维护买卖双方的正当合法权益，进口商为保证所买到商品质量而要求出口方出具的商检证明书，这种检验称为合同商检。

6. 出口收汇核销单

出口收汇核销单是国家外汇管理局对出口货物实施跟踪结汇管理逐笔核销的凭证。《出口收汇核销管理办法》1990 年 12 月 9 日经国务院批准，于 1991 年 1 月 1 日起实施。在该规定的第二条第 5 款中规定："出口收汇核销单（简称核销单）是指由国家外汇管理局制发，出口单位和受托行及解付行填写，海关凭以受理报关，外汇管理部门凭以核销收汇的有顺序编号的凭证（核销单附有存根）。"

7. 登记手册

根据我国《海关法》第 57 条规定："保税货物，是指经海关批准未办理纳税手续进境，在境内储存、加工、装配后复运出境的货物。"具体包括：来料加工进口的料件和设备、进料加工进口的料件、补偿贸易进口的设备以及其他和一些经海关批准进口时暂未办理纳税手续的货物。所谓"保税"是指海关保留对货物征税的权利。我国《海关法》第 23 条规定："经营保税货物的储存、加工、装配、寄售业务，须经海关批准，并办理注册手续。"

8. 出口货物报关单

出口货物报关单一般由发货人自己或委托代理报关的代理人填写，但代理报关要向委托人收取正式的报关委托书。报关单的格式和需要填写的项目与进口报关单基本相同，只是出口货物报关单上应注明出口收汇核销单的编号。每种报关单均有 47 个栏目，其中大部分由报关员填写。出口货物报关单是货物发货人或其代理人在货物出境时向海关申请办理出口查验、征税、放行、统计等海关手续的法定文件。报关单位（人）必须按照填制规范的要求，真实准确地填制报关单的有关栏目，并对其填报数据的准确性和真实性承担相应的法律责任。

二、航空公司出港操作流程

航空公司除了提供空中运输业务外，还应在货站内设有货物出口和进口部门，以便完成货物收运、配载、交付、转运等环节，其中涉及货物交接、仓储、货物组装、货物配载、制作单据和货物出仓等具体环节。

1. 货物交接

货物交接是指货运代理人向航空公司交单交货，由航空公司安排航空运输的过程。该环节主要围绕航空公司的订舱单（CBA）进行，是航空货运代理人与航空公司或其地面代理人之间完成货物交接的过程。其具体步骤为：航空公司预审货物订舱单（CBA）、单据整理和货物过磅、入库；订舱成功后，航空公司签发舱位确认书（舱单），同时给予装货集装器领取凭证，以表示舱位订妥。

（1）预审订舱单。

CBA 由航空公司吨控部门开具，是配载人员进行配载工作的依据。航空公司需认真审核 CBA，随后配载人员严格按照 CBA 要求配货。

①根据 CBA，了解旅客人数，货邮订舱情况、有无特种货物；

②估算本航班最大可利用货邮业载和舱位；

③预划平衡，根据订舱情况、旅客人数及前、后舱分布，对航班的重心平衡进行调控；

④了解相关航线上待运货物情况，结合 CBA，及时发现有无超订情况。

（2）整理单据。

接单是指货站或航空公司接收随机单据和应由承运人留存的单据。随机单据包括第二联航空货运单正本、发票、装箱单、产地证明、品质鉴定证书。主要整理以下单据：

①已入库的大宗货物单据。

检查入库通知单、交接清单是否清楚、完整，运单是否和交接单一致；核对 CBA，做好货物实际到达情况记录。

②现场收运的货物单据。

根据货运代理提供的报关单、货物清单对运单进行审核，主要查看货物品名、件数、重量、运价及海关放行章等。

③中转的散货单据。

整理运单，询问货物到达情况及所在仓库区位，寻找并清点货物，决定其组装方式。

（3）货物过磅、入库。

接收与单据相符的货物，并对货物进行清单和核对，对大宗货物以整板、整箱称重交接，对零散小货按票称重，计件交接。过磅时应检查货物板箱的组装情况，高度、收口等是否符合规定；将货物称重后应悬挂吊牌。对装有轻泡货物的板箱要查看运单，记录其实际体积。

2. 货物仓储及保管

货物收运后或交付前将入库货物登记装配、储存、保管和清仓等工作。航空货站通常根据进出港货物的运输量及货物特性，分别建立普通货物、贵重物品、鲜活物品以及有温控要求物品、危险物品等货物仓库或划定指定存放区域；贵重物品、危险物品仓库应指定专人负责出入库的管理、核对、销号。仓库管理必须明确责任，划分区域，每日对库存货物进行核对、清点、检查和登记的工作，做到货运单与货物相符。严格交接手续，库内货物应当合理码放、定期清仓。

货物保管是货运工作的一个重要环节，要求根据货物的性质和要求，采用相应的保管措施，保证货物安全运输。例如，同一批货物应当集中码放在一起；贵重物品、危险物品应当放入有锁的专用仓库内储存；鲜活易腐货物及时间温度敏感货物按运输文件操作要求使用冷藏库。货物码放要整齐、稳定，货物的标签、标志应朝外显露，便于辨认和处理；不稳定的、包装不够坚固的和过重的货物不宜重叠码放。

3. 货物组装

组装是指将货物配装在一个集装器或拖斗等其他容器的作业。货物核对完毕后，装入适航的容器，装载时必须符合集装器载重限制的要求，是否超过货舱地板承受力；配装散舱时，必须核对货物有无超出单件限重，尺寸是否符合散舱装载要求，详见第四章第二节“货物装载限制”。货物组装需注意以下几个方面：

（1）确认集装器适航，设备可用并清理集装器；

（2）按规定给货物加装垫板、捆绑，组装探板（也称为“飘板”）时，应符合相关机型的装载轮廓；

（3）禁止将较重货物的边角向下码放在集装器的底板和其他纸制包装的货物上，如图 7－1 所示；

图 7－1 禁止将较重货物的边角向下码放

（4）使用撬杠时，必须在支点处使用木制垫板衬垫，如图 7－2 所示；

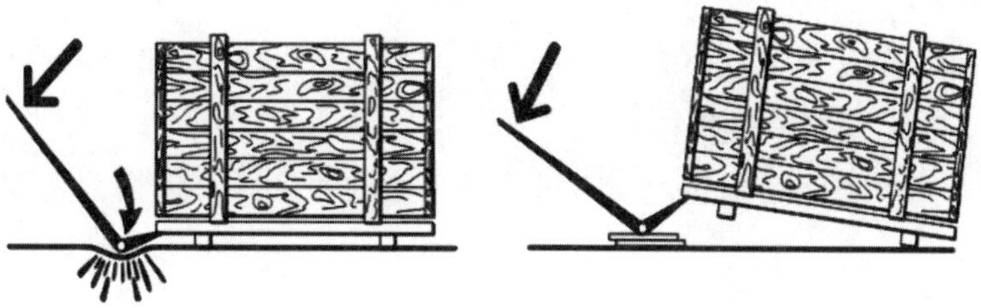

图7－2　撬杠的支点处应使用木制垫板

（5）合理利用雨布，避免货物淋湿受潮；

（6）严禁使用不适航的集装器组装货物；

（7）在组装货物时应注意货物的性质是否抵触，不相容的货物须满足一定的隔离要求。

4. 货物配载

配载是航班始发站根据从本站出发的最大可用业务载量来配运至各有关站的旅客、行李、邮件、货物，即实际业务载量的配算。配载飞机的平衡与飞机所需油量、航班下一航程的距离、当天航班的天气情况、旅客量，以及需要装配的货物的重量，分配板箱装配的位置等因素有关。

货物配载要体现“保证重点、照顾一般、合理运输”的原则，将载重平衡部门预报的货运载量合理地分配，并做好记录；应按照货物发运顺序制订配载预案；按照舱位管理制度合理配载，避免舱位浪费或者货物积压；按照合理和经济的原则，选择运输路线，争取运输效率和效益最大化；配运中转联程货物时，要考虑到中转、联运站的转运能力。

配载时需要遵循以下注意事项：

（1）所有机型的驾驶舱和客舱内禁止装载货物；

（2）根据航班、机型、舱位容积、货物的尺寸、重量合理搭配，充分利用集装设备和飞机货舱容积；

（3）注意季节变化、行李重量、飞机油量使用等情况引起的飞机业载的变化；

（4）有关航站、航线的禁运情况；

（5）海关监管的国际国内联程运输的货物，应检查货运单上是否盖有海关监管章、放行章或在货运单后面附有海关关封，此类货物应使用直达航班运输；

（6）活体动物运输，除可参照国际航协《活体动物规则》（LAR）相关规定外，还需要考虑不同机型的装载要求，以及起飞时间、天气条件、航线距离等因素可能对动物产生的影响；

（7）过站航班配货时应注意充分利用本站的配额，可以利用本站至远程航站的舱位配装近程航站的货物，不能使用本站至近程航站的舱位配装远程航站的货物，不能超出给定的配额配装货物；

（8）始发站应考虑全程航站对飞机配载平衡的要求，合理搭配各集装设备的装载重量。

5. 制作单据

货物出港操作，重点是制作好平衡交接单、货邮舱单及中转舱单。

（1）平衡交接单

配载工作全部完成后，制作平衡交接单。需要注明航班号、航班日期、机型、起飞时间、板箱号、总板箱号、总重量，并在鲜活、快件、邮件及特种货物上做好标识，贴好标签。一般交接单一式四份：一份交平衡室，一份交外场，一份交内场出仓，一份交接后留底。

（2）货邮舱单

货邮舱单是航班在始发站或经停站所装卸全部货物、邮件的清单。它是承运人和地面服务代理人装卸、分拣的依据，也是承运人结算航空运费的凭证。货邮舱单根据所配货物的货运单及邮件总路单编制，可填写或输入电脑打印。货邮舱单要留存备查，交接时要填制舱单、承运人联交接单，并与货运单承运人联一起转交结算部门，保存期限为两年。航班无货邮时也必须编制货邮舱单，即“空舱单”，空舱单上必须注明“NIL”字样。

货邮舱单一式六份：一份供货物出仓，一份本货物配载站留存，一份供结算使用，一份交载重平衡部门，两份随货运单运至卸机站。

（3）中转舱单

中转舱单是交运承运人在转交中转货物时所填写的文件，经接收承运人签收后，成为承运人运输货物和承运人之间财务结算的凭证之一，也是判明货物损失和延误运输责任的重要依据。

除承运人之间预先约定外，交运承运人都应填制中转舱单并经接运人签收。中转舱单可分为转出性和转入性。当航空公司是交运人时，将中转货物交给接运人，由航空公司（或其地面服务代理）所填写的中转舱单，对航空公司是转出的，因而是转出性的中转舱单；当航空公司是接运承运人，从承运交运人那里接收中转货物，航空公司在交运人所填写的中转舱单上签收，对航空公司是转入的，因而是转入性的中转舱单。

中转舱单由四联组成，当航空公司结束对一票货物在某一航段上的承运后，需要交予另一航空公司完成后续航段的承运时，需要填写中转舱单。填写主要由货运部门（公司）、各营业部以及其他有关地面代理人来填写中转舱单。填写的中转舱单交运人和接运人必须是不同的承运人。航空公司作为外航的地面代理，如果外航没有提供自己公司印制的中转舱单，可以用本公司的中转舱单填写。中转舱单同货运单承运人联一起交结算部门，保存期限为两年。

6. 货物出仓

出仓是将库内货物按照货邮舱单和航空货运单进行核对后单独存放，并准备运输的工作。对出仓货物必须做到三核对、三符合，即货运单与货邮舱单相符，货邮舱单与装机单相符，装机单与出仓货物件数相符。

货物出仓前应完成出仓单的填制。该单只显示从仓库交接到外场或者从机坪拉货交接到仓库的板箱信息。

7. 货物装卸

货物装卸是指货物在运输过程中各个环节的装卸搬运、维修与保管各种装卸车辆、设备和工具，协助做好仓库管理工作。

货物装卸有以下要求：

①货物装卸要确保飞机安全；

②保证飞机以及设备良好；

③保证货物运输的安全性；

④货物装卸要准确迅速。

第二节　航空货物进口业务及操作流程

一、航空货物进口运输代理业务

（一）航空货物进口业务流程

航空货物进口运输代理业务流程，是指航空货代企业从航空公司接收货物，办理进口手续，交付或送到收货人指定地点的整个流程所涉及的环节、所需办理的手续和必备的单证。

1. 代理预报

在国外托运人发货前，由国外代理公司将运单、航班信息、货物件数、重量、品名、实际收货人及其地址、联系电话等内容通过传真或 E - mail 发给目的地货运代理公司，这一过程被称为预报。到货预报的目的是使代理公司提前做好接货前的所有准备工作，并且还需要进一步确定：

（1）航班是否是中转航班。中转航班的延误会使实际到达时间和预报时间出现差异。

（2）货物是否分批到港。从国外一次性运来的货物在国内中转时，由于载量的限制，往往采用分批的方式到达。

2. 交接单、货

在国际航空运输货物入境时，与货物相关的单据——航空货运单、商业发票、装箱单等也随机到达，此时运输工具和货物处于海关监管之下，航空公司将货物卸机后，存入航空公司或机场的海关监管仓库内，同时根据货运单上的收货人及地址发出取单提货通知。若货运单上的收货人为某航空货运代理公司，则把运输单据及与之相关的货物交给该航空货运代理公司。

航空货运代理公司在与航空公司办理交接手续时，应当交接的有国际货物交接清单、总运单、随机文件及货物。并且，交接时应做到单、单核对，即交接清单与总运单核对；单、货核对，即交接清单与货物核对，总运单与货物核对。核对后，如出现以下问题，应采取的处理方式如表 7 - 1 所示。

表 7 - 1　　处理方式

总运单	清单	货物	处理方式
有	无	有	清单上加总运单号
有	无	无	总运单退回
无	有	有	总运单后补
无	有	无	清单上划去
有	有	无	总运单退回
无	无	有	货物退回

交接过程中如发现货物短缺、破损或其他异常，应向航空公司索要商务事故记录，作为实际收货人交涉索赔事宜的依据。如发现货物质量存疑或货损责任难以确定的货物，或数量与贸易合同不符，可暂将货物留存机场，商请货主共同处理。

3. 理货与仓储

航空货运代理公司从航空公司接单接货后，即可将货物运到自己仓库或利用机场仓库，组织理货分类，具体工作如下：

①逐一核对每票件数，再次检查货物破损情况，若遇有异常，确属在交接时未

发现的问题，尚可向航空公司提出索赔事宜。

②按货物体积大小、重量轻重、单票或混载、特殊货物分别堆存。堆存时要按总运单、分运单标志朝向，货物包装标志方向，货物轻重的规定进行堆放。

③登记每票货储存区号，并输入电脑。

航空进口货物通常较为特殊且价值较高，因此，仓储须注意以下几点：

①一般货物保管根据不同货种要注意防雨淋、防受潮、防污染、防重压、防升温、防变质，特别是冷藏、冷冻品要由专门的冷藏、冷冻库进行保管。

②危险品要存入专门危险品仓库。易燃品、易爆品、毒品、腐蚀品、放射性物品均应分库安全放置。

③为防止贵重货物被盗，应设专库由两人制约保管。

4. 理单与到货通知

（1）理单

集中托运货物，应在总运单下拆单。对集中托运的进口货物每票总运单项下，应按分运单分理出来，审核与到货情况是否一致，并制成清单录入电脑；将集中托运的进口货物每票总运单项下的发运清单输入海关电脑，以便实施按分运单分别报关、报验、提货。

对制成清单并核对无误的货物进行分类编号。分类的标准和方法很多，可根据进口货物的类别或贸易方式划分，也可根据发货人或发货人代理的国别和地区划分，还可以按照收货人的企业性质或经营范围划分，究竟如何划分，各代理公司可根据自己的具体情况，如服务性质、工作要求或传统做法而定。一般来说，集中托运货物和单票货物，运费预付货物和运费到付货物应区分开来。为便于用户查询，满足内部操作和统计的需要，在分类理单的同时，将各票总货运单、分运单都编上航空货运代理公司自己设定的编号。对货运单编号后，再将其输入电脑。

（2）到货通知

货物到目的港后，货运代理应尽快根据运单或合同上的收货人名称及地址通知实际收货人，告知货物已到港，催其配齐有关单证，尽快报关、提货，为货主减少仓储费，避免产生海关滞报金。

到货通知应向货主提供到达货物的内容有：

①主运单号、分运单号、货运代理公司对货物的编号；

②货物名称、件数、重量、体积、发货人、发货地；

③货运单、商业发票上已编注的合同号、随机已到达的单证数量及尚缺的报关单证；

④运费到付数额，货运代理公司地面服务收费标准；

⑤货运代理公司及仓库的地址（地理位置图）、电话、传真、联系人；

⑥提示货主海关超过 14 天报关收取滞报金和超过 3 个月未报关货物上交由海关处理的规定。

5. 制单、报关

制单报关，货主自己可以进行，也可以委托航空货运代理代办制单或代理报关，或两者都由货运代理办理，这主要根据委托代理合同中的委托项目。若航空货运代理是国外集中托运人的代理，此时若货主委托代理人，则可签订委托合同。

制单就是缮制“进口货物报关单”，制单的依据是航空货运单、商业发票、装箱单及证明货物合法进口的有关批准文件。随后，将报关单的各项内容输入海关报关系统中，并打印报关单，在其右下角加盖申报单位的“报关专用章”。最后，将报关单连同有关的运单、发票、装箱单、合同，并随附批准货物进口的证明和批文，由报关员正式向海关申报。

向海关申报办理货物进口手续的过程，是进口程序中最关键的环节。海关经初审、审单、查验、征税、验放等环节后，在货运单上加盖放行章，将报关单据及核销完的批文和证明全部留存海关。验放员可要求货主开箱查验货物，查验无误后海关放行货物。

按照《海关法》规定，进口货物的报关期限是自运输工具进境之日起的 14 日内，超过这一期限报关的，海关每天按货物的到岸价格的万分之五征收滞报金；如 3 个月内未办理进口手续的货物，上缴当地海关处理。

6. 收费、发货

货运代理公司仓库在发货前，一般先将费用收妥。收费内容有：

①到付运费及垫付佣金；

②单证、报关费；

③仓储费；

④装卸费；

⑤航空公司到港仓储费；

⑥海关预录入、动植物检验检疫、卫检报验等代收代付费；

⑦关税及垫付佣金。

仓库发货前，须检验提单上各类报关、报验章是否齐全，并登记提货人的单位、姓名、身份证号，以确保发货安全。发货时，货运代理公司应协助货主装车，尤其有超大超重货物或货物件数较多的情况下，指导货主合理、安全装车，提高运输效率、保障运输安全。

7. 送货与转运

在实际操作过程中，许多货主要求将进口到达货物由货运代理报关、垫税，提货后直接运送到收货人手中。货运代理公司也乐于接受货主的委托，提供送货上门或办理转运，将货物移交货主前，办理货物交接手续，并向其收取货物进口过程中所发生的一切费用。

转运服务是指将进口清关后的货物以飞机、汽车、火车、水运或邮政的方式转运至内地的货运代理公司。办理转运业务，需要由内地货运代理公司协助收回相关费用，同时口岸货运代理公司要支付一定比例的代理佣金给内地货运代理公司。

（二）航空货物进口业务单证

1. 进口许可证

根据《中华人民共和国进口货物许可证制度暂行条例》规定，凡属该条例规定凭证进口的货物，除国家另有规定外，都必须事先申请领取进口货物许可证，经由国家批准经营该项进口业务的公司办理进口订货。海关凭进口货物许可证和其他有关单证查验放行。

经由国家批准经营该项进口业务的各经营进口的贸易单位，在进口前根据不同的商品品类，分别向国家各级管理部门申请。国家对外贸易经济合作部代表国家统一签发进口货物许可证，省级、计划单列市对外经济贸易管理部门，在对外贸易经济合作部规定的范围内，可以签发本省、自治区、直辖市、本计划单列市进口货物许可证。对外贸易经济合作部也可以授权派驻主要口岸的特派员办事处，在规定的范围内签发进口货物许可证。

国家限制进口的货物，不分进口方式、外汇来源、进口渠道，都必须按照国家规定的审批权限，报经主管部门和归口审查部门审核批准，由订货单位凭批准证件申请领取进口货物许可证。国家限制进口货物的品种，由对外贸易经济合作部根据国家规定统一公布、调整。

进口货物许可证的有效期限为一年。货物在有效期限内没有进口，领证单位可以向发证机关申请延期。发证机关可以根据合同规定相应延长许可证的有效期限。

2. 检验检疫证明

凡进口货物属于法定检验检疫的商品，均须向海关交验国家检验检疫机构及有关检验部门出具的检验证明。实施法定检验检疫的进口商品主要包括：

①列入原国家商检局制定的《商检机构实施检验的进出口商品种类表》。

②国家卫生部门规定应实施卫生检验及检疫的食品、食品添加剂、食品容器等进口商品。

③国家卫生部门规定应实施检验的药品。

④《中华人民共和国进出境动植物检疫法》规定应实施检疫的进口动植物产品。

3. 登记手册

“登记手册”是指由海关核发的进料加工贸易的“进料加工登记手册”、外商投资加工企业的“外商投资企业履行产品出口合同所需进口料件加工复出口登记手册”、对外加工装配贸易的“加工装配和中小型补偿贸易进出口货物登记手册”、补偿贸易的“补偿贸易登记手册”这几种登记手册总的简称。

“登记手册”适用于以来料加工、进料加工和补偿贸易等方式进口的物品。进料加工和来料加工项下进口料、件和补偿贸易项下进口的机器设备及用于加工返销产品的料件，海关凭“登记手册”办理免税和验放手续。每次进口报关时，海关在“登记手册”上核销进口的数量和金额。进口辅料时，可以不办理“登记手册”，海关凭签约单位盖章的贸易合同副本办理免税、验放手续。

4. 减免税证明

根据我国《海关法》第 39 条、第 40 条和第 42 条的规定，关税的减免分为 3 大类，即法定减免、特定减免和临时减免。减免税证明主要是指特定减免税证明。我国减免税政策调整后，目前仍保留的特定减免税的措施有 3 类：对特定用途货物实施的关税优惠、对特定企业进口货物实施的优惠、特定地区进口的货物实施的优惠。对实行减免税的进口货物，在进口报关时应向海关交验“减免税证明”。

二、航空公司进港操作流程

进港货物操作是指从飞机到达目的地机场，承运人把货物卸下飞机直到将货物交给货主或货运代理人的全过程。该流程主要包括七个环节。

1. 进港航班预报

航空公司调度部门或其地面代理工作人员填写航班预报记录。以当日航班进港预报为依据，在航班预报中逐项填写航班号、机号、预计到达时间，同时预先了解货物情况，在每个航班到达之前，从查询部门领取电报或传真，了解到达航班的货物装机情况、到港中转货物的情况及特殊货物的处理情况，并按预报出港货物委托信息提供的目的地、件数、重量、体积、委托人等要求，做好记录。

2. 办理货物海关监管

随机业务文件袋收到后，首先检查业务袋的文件是否完备。业务袋中通常包括货运单、货邮舱单、邮件路单等运输文件。检查完后，将货运单送到海关办公室，由海关人员在货运单上加盖海关监管章。

3. 监卸

根据飞机载重电报或货邮舱单，由监卸人员监督卸机人员把货物卸下飞机，一直运送到仓库位置。卸机时应注意轻拿轻放、严格按照货物包装上的储运指示标志作业，防止货物损坏。

如卸机时发现货物包装损坏无法续运，应做好运输记录，及时通知托运人或收货人，征求其处理意见。托运人托运的特种货物、超限货物，承运人装卸有困难，可以请托运人或收货人提供必要的装卸设备和人力。

4. 分拣运单及货物

在每份货运单的正本上加盖或书写到达航班的航班号和日期。认真审核货运单，注意运单上所列目的地、代理公司、品名和运输保管注意事项，如有联程货运单交中转部门处理。

飞机到达 2 小时内须根据货邮舱单和航空货运单将货物分拣完毕，并按照货物的性质、件数、流向或航空货运单的号码尾数等方式将货物分别放置到规定货位的操作流程，最迟不超过 4 小时。送往市区的货物应当日送，最迟不超过 12 小时。

5. 核对运单和舱单

若舱单上有分批货，则应把分批货的总件数标在运单号之后，并注明分批标志。把舱单上列出的特种货物、联程货物圈出。根据分单情况，在整理出的舱单上标明每票运单的去向。核对运单份数与舱单所列份数是否一致，做好多单、少单记录，将多单运单号码加在舱单上，并将多单运单交查询部门。

6. 电脑输入

根据标好的一套舱单，将航班号、日期、运单号、数量、重量、特种货物、代理商、分批货、不正常现象等信息输入电脑，打印出国际进口货物航班交接单。

7. 货物交接

货物卸下后，将货物驳运至货站或航空公司的监管仓库（一级海关监管仓库）。将中转货物和中转运单、舱单交出港操作部门，将邮件和邮政路单交邮局。

习题

1. 简述根据不同的实施主体，可将国际航空货物运输业务流程分为哪几个步骤。
2. 简述哪些货物需要进行预订舱。

3. 简述出口报关的基本程序。

4. 在航空公司出港操作前，需要进行货物组装，组装时有哪些注意事项？

5. 在航空货物进口时，航空货代公司与航空公司需办理交接的内容及出现问题后的处理方式有哪些？

6. 进口货物到港后，到货通知应向货主提供到达货物的哪些内容？

7. 实施法定检验检疫的进口商品主要包括哪些？

8. 进港货物操作主要包括哪些环节？

第八章
特种货物运输

特种货物是指由于货物本身的性质、价值、体积或重量等原因，在收运、储存、保管、运输及交付过程中需要特殊处理，满足特殊运输条件的货物。因此，特种货物除了需要满足一般货物的收运要求外，还应严格遵守每一类特种货物的特殊规定。实际运输过程中，特种货物运输的手册主要有：

IATA Dangerous Goods Regulation（危险品规则，简称 DGR）

IATA Live Animals Regulation（活体动物规则，简称 LAR）

IATA Perishable Cargo Regulation（鲜活易腐货物规则，简称 PCR）

IATA Airport Handling Manul（机场操作手册，简称 AHM）

TACT Rules（航空货物运价规则分册）

第一节　鲜活易腐货物（PER）

鲜活易腐货物（Perishable Cargo）是指在装卸、储存和运输过程中，由于气温变化和运输延误等因素可能导致其死亡、腐败变质或失去原有价值的货物。鲜活易腐品属于紧急货物，一般要求在运输和保管中采取特别的措施，如冷藏、冷冻、保湿、保温、阴凉等，以保持其鲜活或不变质。如水产品、海产品、肉类、花卉、水果、蔬菜类、沙蚕、活赤贝、鲜鱼类、植物、树苗、蚕种、禽蛋类，乳制品、冰冻食品、药品、血清、疫苗、人体白蛋白、胎盘球蛋白等。

一、文件要求

1. 航空货运单

根据 PCR(《鲜活易腐货物规则》）鲜活易腐货物空运时，必须在货运单的“Nature

and Quantity of Goods”栏内注明“PERISHABLE”字样，还应在“Flight/Date”注明已订妥的各航段航班号/日期。

2. 其他文件

在货运单“Handling Information”栏内注明其他文件的名称和注意事项，并将装有各种卫生检疫证明的信封钉在货运单后面，随货运单寄出。其他各类运输文件上也应明显标明“PERISHABLE”字样。

二、收运条件

政府规定需要进行检疫的鲜活易腐物品，托运人应当提供有关部门出具的检验合格证明和卫生检疫证明，还应符合有关到达站国家关于此种货物进出口和过境有关规定。

托运人交运鲜活易腐货物时，应保证到达时良好的品质，应当书面提出在运输中最长允许运输时限和储运注意事项，按约定时间送到机场办理托运手续。除另有约定外，鲜活易腐品运输时限应不少于24小时（从预定航班的预计起飞时间前2小时算起）。一般都是早晨或上午的航班，现场交接。例如，海鲜和水果在国内运输中一般规定在航班起飞前2.5小时交货。

需要特殊照料的鲜活易腐物品，应由托运人提供必要的设施，必要时由托运人派人押运。

鲜活易腐物品在运输、仓储过程中，承运人因采取必要的防护措施所产生的费用，由托运人或收货人支付。

三、包装要求

（1）根据PCR（《鲜活易腐货物规则》），鲜活易腐货物的每个外包装除识别标签外，还应贴上“鲜活易腐”和“向上”标签。

（2）必须有适合此种货物特性的包装。要注意不致因在运输途中包装破损或有液体溢出而污损飞机或其他物品。

（3）凡怕压货物，外包装应坚固抗压；需通风的货物，包装上应有通气孔；需冷藏冰冻的货物，容器应严密，保证冰水不致流出。

（4）带土的树种或植物苗等不得用麻袋、草包、草绳包装，应用塑料袋包装，以免土粒、草屑等杂物堵塞飞机空气调节系统。

（5）为便于搬运，鲜活易腐货物每件重量以不超过 25 kg 为宜。

以带水的海鲜或充氧的鱼苗为例，必须有四层包装：第一层，塑料袋；第二层，泡沫箱；第三层，塑料袋；第四层，纸板箱，其中泡沫箱是主体。大闸蟹可用干冰袋或不拧开的矿泉水冻成冰后用编织袋装，水果基本用纸箱，货物多用托盘，保证外包装不渗漏即可。

四、仓储与运输

为减少鲜活易腐货物在仓库存放的时间，托运人或收货人可直接到机场办理交运或提取手续。

承运前必须查阅 TACT 规则，了解承运人对鲜活易腐的承运规定，以及各个国家对鲜活易腐物品进出口、转口的运输规定。例如，机场能否提供冷库、清关的时间范围等，确定无误后方可承运。

鲜活易腐货物应优先发运，尽可能利用直达航班。

收运鲜活易腐品的数量取决于机型以及飞机所能提供的调温设备。

鲜活易腐货物运达后，应由航空公司或其他地面代理立即通知收货人来机场提取。

如果在周末和节假日无法办理清关手续，应尽量安排货物在工作日到达中转站或目的站。

五、特殊要求

1. 鲜花

鲜花对温度的变化很敏感，所收运的数量取决于机型，通常可采用集装箱运输。托运人应在飞机起飞前的最后限定时间内到机场交货，装机时应注意天气的变化。

2. 蔬菜

由于一些蔬菜含较高的水分，若不保持充分通风状况的话，会导致氧化变质，因此每件包装必须保证通风，摆放时应远离活体动物及有毒物品，以防污染。

3. 新鲜/冷冻的鱼肉

新鲜/冷冻的鱼、肉必须密封包装，不致渗漏液体；必须小心存放，以免造成污染。机舱和集装器内必须洁净；若之前运输过活体动物的话，必须经过消毒处理和经过卫生检查。

4. 海鲜

不同地方需要不同的海鲜包装箱。一般用机场指定的专用箱，单用泡沫箱不能装机，需要外加纸箱并打包带。

5. 干冰

干冰常被作为货物的冷却剂。因此，应在货物包装、货运单以及仓单上注明。由于干冰是固体 CO_2，因此用干冰冷却的货物包装上应有使 CO_2 气体散出的漏孔并根据 IATA 有关对限制性货物的规定，在货物外包装上做好标记或贴上有关标签。

六、不正常运输的处理

1. 延长运输时间的处理

如遇班机延误、衔接脱班，因延长运输时间而对货物的质量发生影响时，航空公司应及时通知收货人或托运人并征求处理意见且尽可能按照对方意见处理。在此期间，对鲜活易腐货物按要求妥善保管。同时，尽可能安排最早的航班运出。

2. 在运输过程中货物腐烂变质时的处理

在运输途中货物发生腐烂变质或在目的站由于收货人未能及时提取使货物腐烂变质时，航空公司将视具体情况将货物毁弃或移交当地海关和检疫部门处理，由此发生的额外费用将通过货运单填制人向托运人收取。

发现此类货物腐烂变质时，航空公司将填写运输事故记录并通知托运人或收货人。

第二节 活体动物（AVI）

活体动物（Live Animal）运输是指活的家禽、野生动物、实验用动物、两栖动物、鱼类、昆虫及其他活体动物的运输。活体动物运输的关键在于，要保证在运输的各个阶段，动物都处于良好的环境中，保证动物以良好的状态到达目的地。由于航空运输的快捷性、安全性，活体动物的运输在整个国际航空运输中占有非常重要的地位。不同于其他货物，活体动物对环境的变化十分敏感。由于活体动物的种类繁多、各具特性等因素，而且活体动物的运输既要体现人道主义又要符合各国的政府规定，因而处理活体动物的工作人员必须经过专门培训，一方面应多了解各种动物的个性，另一方面应熟练掌握和使用有关运输规则。

为了保证活体动物运输的安全，IATA 每年出版一期 LAR（《活体动物规则》），其中对国际航空运输活体动物托运人、承运人的责任，活体动物的分类、容器（包装）设备和制作要求，活体动物装入容器（包装）的数量，文件证明、标记和标签以及操作程序等作了规定。

一、文件要求

1. 活体动物托运证明（The Shipper's Certification for Live Animals）

为了遵守国际航协动物运输规定，并同意由于自然原因而导致动物的死亡、受伤，承运人无赔偿责任。托运人必须填写活体动物托运证明，并在证明上签字。

证明必须由托运人或托运人的委托人签字。不允许代理人或航空公司代替托运人填写或签字。此证明的一个副本由接收此活体动物的承运人保存，另一副本随航空货运单与货物一起到达目的地。

动物种类的俗名将用英文填入动物种类栏内。若不知动物的俗名，可用拉丁文书写当地俗名或学名。

当动物作为行李运输时，是否需要填写活体动物托运证明将由承运人而定。

活体动物托运证明（正面及背面）如附录五所示。

2. 航空货运单

必须按照 IATA 的相关规定要求填开货运单。具体要求见本书第六章“托运书及航空货运单”。

此外，还应该注意以下几点：

（1）活体动物不能与其他货物使用同一张货运单运输。

（2）在货运单的“货物品名及数量”栏中，必须填写活体动物的英文俗名并应注明动物的数量，如图 8－1 所示。

3. 特种货物机长通知单（NOTOC）

必须告知机长飞机上装载的所有特种货物，为符合活体动物规则，机长必须知道机上所有活体动物的种类、装载位置及数量。通过使用特种货物机长通知单告知机长这些信息。

4. 濒危野生动植物种国际贸易公约（C. I. T. E. S）文件

列于 C. I. T. E. S 三个附录之一的任何动物均必须附 C. I. T. E. S 文件。C. I. T. E. S 文件可以是下列之一：

Handling Information SHIPPER' S CERTIFICATION FOR LIVE ANIMALS ATTACHED DO NOT FEED BUT FRESH WATER TO BE PROVIDED								
No.of Pieces RCP	Gross Weight	kg lb	Rate Class	Commodity Item No.	Chargeable Weight	Rate/Charge	Total	Nature and Quantity of Goods (incl.Dimensions or Volume)
1	270.0	K	S	N150	288.0	96.69	27846.72	NORTHEAST TIGER DIMS：240 × 120 × 60cm × 1 LIVE ANIMAL
1	270.0						27846.72	

图 8－1 航空货运单（部分）

出口许可；

进口许可（仅限列入附录 I 中的种类）；

转口（再出口）许可；

原产地证书（只针对列入附录 I 中的种类）；

海洋物种证明；

圈养繁殖（Captive Breeding）；

人工繁殖证书或出自某些团体的动植物检疫证书；

预先公约证书（Pre－convention）；

属于巡展的活体动物证书；

科学家之间或科研机构间互换标签（不适用于活体动物）。

5. 其他文件

托运人有责任提供由进/出口、中转国家的权力机构所要求的有效卫生健康证明、许可证和狂犬病接种证书。这些要求可参看 TACT Rule 7. 3 Import/Transit/Export Regulations 部分。

二、收运条件

接收活体动物必须遵循 LAR 及 TACT Rules 承运人承运活体动物，涉及动物种类、飞机的机型、始发站，运输途中，目的站的气温以及是否需要押运等时的特殊规定。因此，活体动物运输接收前，必须先订舱。除上述基本要求外，接收活体动物还应满足下列各条规定。

1. 健康状况

活体动物必须健康状况良好。托运人对妊娠期以及分娩48h之内的哺乳动物必须申报。妊娠期的哺乳动物一般不得收运，除非兽医证明该动物在运输过程中无分娩的可能。

2. 包装要求

（1）活体动物的包装容器应坚固、轻便、无毒，并符合运输涉及国家、组织及航空公司的有关规定。

（2）包装结构应合理，使用时应根据各物种的体长、体重等物种特征对包装容器大小进行适当调整，保证动物在运输过程中的舒适，从而不妨碍飞行安全和秩序。

（3）包装容器坚固，能防止活体动物破坏，逃逸和接触外界；容器上应有安全的、便于搬运的装置；容器的门应充分考虑动物的特性设计，以方便动物的进出。

（4）包装容器必须加放托盘和吸湿物，防止活体动物粪便漏溢，以免污染飞机、行李、邮件和其他货物；应使用薄海绵等吸附性材料作为内包装容器的吸湿物（严禁用稻草等重量轻、体积细小的物质，以免阻塞飞机的通风和空调系统）。

（5）包装容器必须有足够的通气孔，以防止活体动物窒息；对于不能离水的活体动物，应注意其包装，以防止水的漏溢以及因缺氧而造成活体动物在运输途中的死亡。

（6）容器内活体动物装载密度应参照国际航协《活体动物规则》相关要求。

（7）必要时，包装容器内应备有饲养设备和饲料。

（8）包装容器上应清楚地写明托运人、收货人的姓名、详细地址及联系电话。

（9）每一活体动物容器必须至少粘贴或拴挂一个“活体动物”标签（见图4-18）；或一个“实验室用动物”标签（见图4-19）。且任何标签均不可遮挡容器的通风口。

（10）容器的四个侧面还必须各粘贴或拴挂一个“向上”（“Package Orientation”“This Way Up”）标签（见图4-13）。

（11）如果容器中装载的活体动物可造成叮咬中毒，应标记“有毒”或者“POISONOUS”。

（12）对于注射了镇静剂的动物，应注明所用镇静剂的名称、注射时间、可持续时间等。

（13）装运大型活体动物的包装容器必须适合机械操作和装卸。

三、订舱与预先安排

活体动物必须预先订好舱位方可收运。

1. 航线

应尽可能利用直达航班，避免由于中转而造成的动物多次搬运及温度的变化。应尽可能避免航空公司间的联运，因为后续承运人可以不接受第一承运人的责任。若联运不可避免时，应查阅后续承运人的有关规定（TACT Rule 8.3 承运人特殊规定部分）。确定运输路线时，应考虑的第一要点是运输时间：应保证用最短的时间完成整个运输。例如，当运输刚孵出一天的小鸡时，就必须安排在孵出后最多 72 小时就应到达目的地。因此，精确计算运输时间十分必要。

2. 机场设施和储存

要保证始发站机场、中转站机场及到达站机场具备适宜的储存设施和相应的装卸设备。对于装有动物的容器，当需要特殊的装卸设备时，查阅 TACT Rule 7.3 进口/中转/出口部分的有关规定，以保证机场能提供有效的装卸设备。容器上应有便于搬运的把手，对于大型动物容器要准备叉车装卸。

若海关和兽医不能在周末和公休日提供检验检疫，在这期间要保证动物不要中转或运达目的地。

活体动物都要有足够的通风，特别是当空运较多活体动物时。需要喂养的动物应放在易接近并随时能照料的地方，保证通风空间不被堵塞。

大多数驯顺的家养宠物对陌生环境、噪声、运动能起剧烈反应。因此，在机场应有单独的储藏区，并应设在干燥、安静、通风自由的地方。

动物不应放在干冰、放射性物质、尸体或食品附近。互为天敌的动物不能放在一起。

为了避免任何交叉感染或危险，试验室用动物不应靠近其他动物。

如果使用正规的饲养动物设施，则饲养动物的房屋或区域每隔 24 小时应消毒一次。在清理过程中，不可喂食动物。

3. 预先订舱

由于活体动物运输涉及的规则及操作要求较多，有必要制订详细的计划。因此，在动物运输之前，需订好整个舱位并得到确认。

若整个航程涉及一个以上承运人时，应确保各承运人均接收该活体动物。当预定舱位得到确认时，确定办理货物交运手续的最晚时间。其目的是使整个运输时间缩减到最低限度。

第三节　贵重物品（VAL）

贵重货物（Valuable Cargo）的定义详见本书第五章第五节“公布直达运价”中的等级货物运价。

一、文件要求

1. 航空货运单

货运单上应填制详细的托运人、另请通知人和收货人的名称、地址、联系电话；

在货运单的“Nature and Quantity of Goods”栏内，除与其他货物同样的要求外，还应注明“Valuable Cargo”字样；

应在“Flight/Date”注明已订妥的各航段的航班号及日期。

2. 其他文件

托运人有责任提供有关国家权力机构所要求的其他证明文件。各国的有关要求列在 TACT Rule 7.3 进口/中转/出口规定中。

附在航空货运单上的文件和任何其他处理信息，应在货运单的操作信息“Handling Information”栏中注明。

当这些文件同货物一起发运时，文件应安全地附在货运单后。有些货物（如商品）需要进口许可证书。为了保证运输，事先需要查阅有关国家规定。

二、收运条件

1. 混运货物限制

混运货物中不可包含贵重货物。否则整票货物均按贵重货物计价。

2. 包装要求

贵重货物应使用硬质木箱或铁箱包装，包装要坚固完好，不得使用纸质包装。必要时，外包装上应用“井”字铁条加固，并使用铅封或火漆封志。运输单据和包装上应注明“贵重货物”字样。

除了航空公司的识别标签外和操作标签外，贵重货物不需要其他特殊标签。货物的外包装上不可有任何对内装物作出提示的标记。

三、仓储与运输

为了在库区安全地储存贵重物品，将贵重物品存放于贵重物品库中。任何贵重物品的进、出库，都由相应的办理人员登记并签字。此外，还需要了解始发、中转、目的站机场的贵重物品存储设施的情况，如保险箱或保险库（贵重物品库）。有关机场对于贵重物品的存储设施可参看 TACT Rule 7. 3. 21 机场信息。

由贵重物品组成的货物，要从承运人的保险库护送到飞机上和从飞机上取货护送到承运人的保险库，贵重物品储存在一个有特别安全控制功能的储存装置中（例如容器或箱子）或在承运人指定飞机舱内的区域里。这些装置由被授权的职员锁上并封上。如果具备条件，小的贵重物品可以装在安全柜里，这些柜子通常放在飞机的客舱中。在中转过境和目的站都要检查封条数，卸前必须检查那些封条并且必须注意任何可疑之处。任何一项贵重物品有破损或丢失的迹象，都应立刻考虑到货物已被偷窃，必须迅速采取行动，检查、确定破损范围位置，将现场的货物情况向上级汇报。

四、订舱与预先安排

有些航空公司对于贵重物品的运输，要求预订舱位，而有些航空公司不需要。为了安全，仍然建议与航空公司预订贵重物品运输舱位并确认。当运输中涉及多个承运人时，一般不能接收由贵重物品组成的货物。除非预先已做好安排，并证实所有承运人都同意参与运输该批货物。

第四节　危险品

危险品，是指对健康、安全、财产或环境构成危险，并在 IATA《危险品规则》（DGR）的危险品品名表中列明和根据《危险品规则》（DGR）进行分类的物品或物质。

危险品的运输规则严格且专业性强，此处只介绍危险品的分类。有关危险品运输的规定详见付赟、王国保主编的《航空危险品运输》。

危险品共分为9大类，部分类别又进一步细分为项别。各类别/项别如下：

第1类 爆炸品

第2类 气体

2.1项 易燃气体

2.2项 非易燃、无毒气体

2.3项 毒性气体

第3类 易燃液体

第4类 易燃固体、易于自燃的物质及遇水释放易燃气体的物质

4.1项 易燃固体

4.2项 自燃物质

4.3项 遇水放出易燃气体的物质

第5类 氧化性物质和有机过氧化物

5.1项 氧化剂

5.2项 有机过氧化物

第6类 毒性物质和感染性物质

6.1项 毒性物质

6.2项 感染性物质

第7类 放射性物质

第8类 腐蚀性物质

第9类 杂项危险品

以上危险品的危险性标签详见本书第四章第四节“货物标记与标签”。

第五节 超大或超重货物（BIG/HEA）

一般来说，是否属于超大超重货物需根据机型而定。查阅 TACT Rule 8.3 承运人信息以及8.2装载表，可知一件货物是否超限。依据规则，超大货物是指必须装在两个或更多的集装板上的物品，或者是由于其尺寸或重量的原因需要特殊的搬运设备来装卸的货物。超重货物是指单件超过150 kgs 的物品。对每件超重货物的最大允许重量取决于飞机的机型、机场设施等。

1. 预先安排

对于每件超大、超重的货物，必须预先知道其重量和尺寸。

（1）航线。航线必须根据可适用的飞机类型来选择。

（2）机场设施。保证在始发机场、中转机场、到达机场具有搬运超大或超重货物设施。见 TACT Rule 7. 3 中进口/中转/出口规定。

总之，在接收超大和超重货物的运输时，要与有关的承运人做预先安排。某些承运人不接收这些类型的货物，除非已做预先安排并得到确认。

2. 收运条件

按照 TACT Rule 2. 3. 2 所示的标准货物接收程序办理。特别要注意 TACT Rule 2. 3. 3 中超大或超重货物的接收限制。

如机械、汽车、钢制品等这样的超大超重货物，由于重量和尺寸原因，通常不用包装。因此，必须使货物可用装卸设施操作。这意味着货物必须安装铁棒，或者将货物放在一个平台上，以便可使用铲车装卸。由于某些航空公司仅运输拆卸成零部件的大型机械，这种情况下，必须注意油或其他液体不发生泄漏。装有内燃机的车辆，如汽车、摩托车、低座小摩托车等，在运输前必须将全部燃料排放掉，油箱的盖完全盖好，因为燃料是危险品。当汽车有蓄电池系统（防漏型或非防漏型）时，必须垂直放置，完全扎牢防止同其他物品接触以防短路，蓄电池连线拆断。如果垂直运输不可能，蓄电池必须取出分开运输。关于汽车运输的详细规定可查阅 IATA《危险品规则》。

因飞机尺寸和重量的限制，可能要限制接收超大和超重货物运输。对于具体飞机机型，其最大可接收尺寸见 TACT Rule 8. 2 “装载表”。如果没给这个信息，则须同有关承运人联系。

第六节　灵柩和骨灰

灵柩和骨灰的运输通常由一个承办殡葬者发往另一承办殡葬者，货运代理人很少代理这种业务。人的遗体可以以未火化（遗体放入棺材内）或有火化（骨灰）的形式运输。未火化的遗体必须装在内部用铅皮或锌皮制作的棺材里，连接处应焊接好，然后装入木制棺材内。外加木箱或帆布包裹。外层包装的两端必须装有牢固的拉手以便搬运时方便。火化的骨灰必须装在骨灰盒或骨灰罐中运输，并且要用减少振动的包装方法来有效地防止骨灰盒或罐破损。

一、灵柩运输（HUM）

1. 文件要求

运输灵柩或骨灰需要托运人提供一些必需文件，如有效的死亡证明、殡仪馆的入殓证明、火葬场开的火化证明等，还可能涉及进口许可证、用药料涂尸防腐证明书、太平间证明等。很多国家还需要由派驻始发国（地区）的代表（大使馆领事馆等）开出的证明。

（1）航空货运单。

在货运单“Routing and Destination”栏内要填写指定的运输路线和各航段指定的承运人。

在货运单“Flight/Date”栏内应填写已订舱位的航班及日期。

在货运单“Handling Information”栏内应注明附有死亡证明及入殓证明书各一份。

（2）其他文件。

托运人必须提供医疗卫生单位或其他有关部门出示的死亡证明书、入殓证明书。

①死亡证明书（Death Certificate）应包括下列内容：死者姓名、年龄、性别、国籍；死亡日期；死亡原因，特别注明属于非传染病而死亡。

②入殓证明书（Certificate of Burial）应说明尸体的包装符合要求，棺内除尸体及衬垫外，无其他物品；证明书上的死者姓名等项，应与死亡证明书上所列内容相符。

死亡证明书与入殓证明书一式两份，一份留始发站存查，一份附在货运单后，随货物带往目的地。

2. 收运条件

灵柩不可与其他货物混运，除非整票货都是灵柩。另外，灵柩应装在全货机或有独立货舱的客机上，并经过事先订舱。

如果整个航程涉及一个以上承运人时，需提前申请并证实承运灵柩的各个航程的全部航班的舱位，并得到各个参与运输的承运人的确认。否则不能接收该灵柩的运输。

灵柩是很重的货物，在始发站、中转站和目的站要保证提供如铲车等必要的搬运设施。灵柩必须与其他货物分别贮藏，绝不能靠近动物贮藏，因为某些动物对其反应强烈。

3. 包装要求

许多国家规定，尸体必须经过防腐处理，并在防腐期内；然后装入厚塑料袋中密封，再放入密封的铅制或锌制并经过焊接的金属内棺内。金属棺外应套装木制的容器，也可在铁质棺材或木质棺材外加铁皮箱。内棺内应铺放木屑和木炭等吸湿物，链接处焊牢，以防气味或液体渗溢。最外层还应用帆布或防水油布包裹以防止容器受损。木棺的两侧应装有牢固的把手或环扣以便装卸。

二、骨灰运输

1. 文件要求

（1）航空货运单。

在货运单“Handling Information”栏内应注明附有死亡证明书及火化证明书各一份。

（2）证明文件。

发运骨灰所需要的证明与发运尸体基本相同，但还要提供殡仪馆开具的火化证明。各证明书一式两份，一份留始发站存查，一份附在货运单后，随货物带往目的站。

2. 收运条件

骨灰可以按正常货物存放和搬运，可装在下货舱，亦可由旅客随身携带由旅客自行照管，免收运费，每位旅客只能随身携带一个骨灰盒，超过者作为货物托运。

骨灰的运输应事先通知机组人员。

第七节　无人陪伴行李

无人陪伴的行李（Unaccompanied Baggage）是以航空货物发运的行李，除非事先已做好了安排，否则不必与旅客（托运人）同机。无人陪伴行李的托运人和收货人通常是同一人。与国际航空运输的其他货物相比，无人陪伴的行李在过海关或向海关申报时都比较简单。

1. 文件要求

（1）在货运单“货物品名及数量”栏内填明“UNACCOMPANIED BAGGAGE

（无人陪伴的行李）”字样，同时注明旅客的客票号码、航班日期和航程。

（2）如旅客要求将钥匙带往目的站，应请其装入自备的结实信封内，在信封上写明收货人和托运人的姓名、地址，由收运部门封妥后，随附在货运单上。在货运单“Handling Information”栏注明“KEY OF UNACCOMPANIED BAGGAGE”字样。

2. 收运条件

（1）作为货物运送的行李，只能在旅客客票中所列各地点的机场之间运输，并且行李交付的时间不得晚于旅客乘机旅行当天。

（2）无人押运行李，仅限于旅客本人的衣服和与旅行有关的私人物品。包括小型乐器、小型体育用品，但不包括机器、机器零件、货币、证券、珠宝、表、餐具、镀金属器皿、皮毛、影片或胶卷、照相机、票证、文件、酒类、香水、家具、商品和销售样品。

（3）旅客须如实申报行李内容，提供有关的文件，自行办理海关手续，并支付所需费用。

（4）在运输过程中，为了便于识别旅客交运的行李和作为货物运送的行李，在作为货物运送的行李上应加挂货物标贴（见图 4－16）。

习题

一、简答题

1. 简述鲜活易腐货物的包装要求。
2. 简述托运灵柩时，托运人须提供的材料都有哪些？
3. 简述无人陪伴行李的收运条件。

二、判断题

1. 运输活体动物时，托运人必须填写活体动物托运证明，并由托运人或代理人签字。
2. 活体动物必须单独使用一张货运单运输。
3. 货运单中需要填写活体动物的英文俗名和数量，如不知道动物的英文俗名，可使用中文填写当地俗名或学名。
4. 运输活体动物时必须预先定好舱位，否则不能收运。
5. 混运货物中如果包含贵重货物，将对整票货物按贵重货物计价。
6. 贵重货物应使用硬质纸箱、木箱或铁箱包装，必要时，外包装上应用“井”字铁条加固。
7. 对于所有的超大、超重货物，必须预先知道其重量和尺寸。
8. 部分超大超重货物不需要包装。
9. 骨灰可以由旅客随身携带而不进行货物托运。

第九章 货物不正常运输及处理

第一节　货物的不正常运输

一、货物不正常运输

货物的不正常运输，是指货物在收运及运输过程中由于工作的差错而造成的不正常情况。其可分为货物破损和货物内损。前者是指货物的外部或内部变形，因而使货物的价值可能或已遭受损失，如破裂、损坏或短缺；后者是指货物包装完好而内装货物受损，只有收货人提取后或交海关时才能发现。表 9－1 给出了货物不正常运输的种类和代码。

表 9－1　　不正常运输的操作代码

代码	种类（英文）	种类（中文）	代码	种类（英文）	种类（中文）
OFLD	Offloaded	卸下，拉货	DFLD	Definitely Loaded	确已装机
SSPD	Shortshipped	漏（少）装	FDAV	Found Mail Document	有单无邮
OVCD	Overcarried	漏卸（运过境）	FDMB	Found Mailbag	邮袋多收
—	Mislabeled Cargo	贴错标签货物	MSAV	Missing Mail Document	有邮无单
—	Missing Label	标签脱落	MSMB	Missing Mailbag	邮袋少收
MSCA	Missing Cargo	少收货物	D	Divided Consignment	同航班分批货
FDCA	Found Cargo	多收货物	M	Multi－shipments	多航班分批货
MSAW	Missing AWB	少收货运单	P	Part Consignment	单个航班分批货
FDAW	Found AWB	多收货运单	S	Split Consignment	同航班一票货
—	Damage	破损	T	Total Consigament	一票货总件数

货物破损及其发现环节的处理方法见表9－2。如破损严重，需要及时填制《运输事故记录》。针对不同情况的不正常运输，其处理方法如下：

（1）有单无货：发出查询3日未答复，退回始发站。

（2）有货无单：补原始货运单或货运代单。

（3）少收货物：查询无果，按丢失处理。

（4）多收货物：查询无果，按无法交付货物处理。

（5）漏装货物：舱单注明“漏装货”及运单号。

（6）临时变更装载：通知平衡部门对随机文件变更或电报告知。

（7）分批运输：货邮舱单注明“分批货”及该票货总件数、重量。

（8）无法交付货物：发出提货通知次日起满14日通知到达站，满60日视为无法交付。

表9－2　货物破损的处理方法

发现环节	货物破损处理方法
收运	拒绝收运
出港操作	破损（内物未损坏）——加固包装，继续运输
	严重破损（内物损坏）——停止运输，通知发货人或始发站，征求处理意见
进港操作	填开不正常运输记录
	拍发电报通知装机站和始发站
中转交接	轻微破损——货物转港舱单（TRM）备注栏注明破损情况
	严重破损——拒绝转运

二、无法交付货物

货物到达目的站14天后，由于下列原因造成无人提取时，称为无法交付货物：

（1）所列地址无收货人或收货人地址不详；

（2）收货人对货物到达通知不予答复；

（3）收货人拒绝提货；

（4）收货人拒付应付的费用；

（5）其他。

对于无法交付货物应尽快处理，保存好来往电报和文件，做好详细纪录。

对无法交付的货物，除按货运单上列明的处理办法处理外，目的站应采取下列措施：

（1）填制无法交付货物通知单通知始发站。

（2）特殊情况可用电报通知始发站，随后应填制无法交付货物通知单寄交始发站。

在收到托运人对货物的处理意见后，应按照托运人的意见做如下处理：

（1）将货物退给托运人（按变更运输的有关规定处理）。

（2）改变收货人。如果托运人要求将货物转交给当地另一收货人时，可按照办理。如果托运人要求将货物分别转交给几个收货人时，应拒绝办理。请其另提出处理办法。

（3）变更目的地。如果托运人要求将货物转交给另一地的另一收货人时，按变更目的地的办法处理。

（4）将货物毁弃。如托运人要求将货物毁弃，要注意以下几点：

①应与海关联系按照当地的有关法令、规定处理。

②如果是运费到付货物，应在始发站发来的运费更改通知单上更改。必须证实已将到付改为预付，并证实托运人保证负担在目的站产生的其他费用（包括毁弃所产生的费用）时，方可办理。

③在我国国内凡有使用价值的货物，可折价处理，所收金额应存入承运人账户内。

（5）将货物变卖。如托运人要求将货物变卖，要注意以下几点：

①应与海关联系按照当地有关法令和规定办理。

②始发站必须证实托运人保证不因货物的变卖而使有关承运人蒙受损失。

③变卖货物所得款项扣除各种费用（包括到付运费和在目的站发生的其他费用等）后，暂存待后处理。如所得款项不足抵付时，应向托运人补收。

（6）将货物运费由到付改为预付。如果货物运费原为到付，现托运人要求改为预付必须得到始发站证实后方可照办。

（7）如果托运人还提出其他要求，可按具体情况处理，并将处理结果在货运单“交付收据”联上做详细记录。

在托运人未提出处理办法时，无法交付的货物分别按下列情况处理：

（1）目的站发出的无法交付货物通知单一个月后仍未获得答复，应再次填开无法交付货物通知单。从货物到达后 90 天内仍未获得答复，在征得海关同意后，中国民航可将货物变卖，所得款项存入中国民航账户内。

（2）如果变卖所得款项不足到付运费和在目的站发生的其他费用时，不足部分可向始发站填开货运单的空运企业开账。

（3）货物不易变卖的可直接无价向海关移交。移交货物的到付运费和在目的站发生的各种费用，由目的站空运企业一并向始发站填开货运单的空运企业开账。

第二节　货物运输变更

货物运输变更是指托运人在交运货物后、收货人提取货物前，可以对货运单上除声明价值和保险金额外的其他各项做变动。变更具体分以下两种情况。

一、自愿变更运输

由于托运人的原因改变运输，称为自愿变更运输。货物交运后和提取前，托运人有权对货运单上所列全部货物的运输做如下变更：

（1）发运前在始发站退运；

（2）在航班的任一经停站停运；

（3）由目的站退回始发站；

（4）变更收货人；

（5）变更目的地。

托运人要求变更运输时，应书面提出申请，并出示货运单正本，并保证负担由此而产生的一切费用。自愿变更运输的处理程序为：

1. 发运前退运的处理

（1）向托运人收回货运单正本；

（2）填开退款单，扣除地面运输费、退运手续费、保险费、声明价值附加费等费用；

（3）将扣除后所余金额，同退款单的托运人联一并交托运人。

2. 货物发运后变更运输的处理

（1）始发站应及时发电与有关航站联系：

①对于事先订妥吨位的货物，始发站可根据货物预计到达的日期和地点，直接发报通知有关承运人，要求变更运输，并请其复电证实；

②如货物未订妥吨位，也未指定承运人及运输路线，应首先与第一航班经停点取得联系，在查明运输路线后立即向有关站发电要求变更运输，并请其复电证实；

③有关航站在收到变更运输电报后，应根据情况，及时答复；

④电报中除一般变更货运单电报格式填写外，可在电报更改部分用明语或简语说明需变更运输的内容，如退回始发站、变更收货人等。但如改变目的地时，必须将变更后的运费金额总数通知有关航站。

（2）如运费需更改时，始发站收到证实电报后，应向有关承运人发出“货物运费更改通知单”（CCA）。

（3）收到始发站要求变更运输的通知后，应分别视情况按下列规定处理：

①重新填开货运单。

凡属退回始发站的货物，应重新填制货运单。

a. 货运单上的收货人姓名、地址应按照原始货运单上的托运人姓名及地址填写。

b. 货运单上的运费应以填开新货运单当日有效的运价计算。

c. 应将在目的站所发生的各项费用填写在新货运单内。原货运单已填货物声明价值时，在新货运单中则不填。

d. 在新填开的货运单“储运注意事项”栏内，应注明要求退运的电报号码及发电单位（RETURN TO SHIPPER ACCORDING TO TELEX ××××××）。

e. 无法交付的货物退运时，应事先征求原托运人的意见。凡是中国退运的货物，尽可能指定航空公司为第一承运人。在我国境内发生的各种费用应填在货运单上。

f. 在原货运单交货收据联上应注明，根据××××××号电报，已开新货运单××××××，将货物退回。

g. 应将原货运单撕下一联，同新货运单财务联，货物运费更改通知单（指原货运单为运费到付货物）及电报复印件一并交财务部门。

②更改原货运单。

如变更收货人、目的地的货物，应分情况在货运单上作相应的更改。

a. 仅变更收货人不变更目的地的货物，应根据始发站电报更改货运单上的收货人。

b. 对要求变更目的地的货物，应根据始发站的电报更改目的地及运费总金额。

c. 变更目的地的货物，始发站应重新计算运费，其运价应以原始发站填开货运单之日的有效运价为准。

d. 对于货运单的各联，均需认真进行更改，不得有任何遗漏。

e. 在更改处，应加盖更改站的图章（或签字）并注明其所在城市英文三字代码。

f. 更改时应特别注意，勿将货运单上的其他内容涂掉。

g. 更改站在货运单的“处理情况”栏内注明更改货运单的依据。

h. 应将货运单撕下一联，连同“运费更改通知单”（指变更目的地货物）一并交财务部门。

i. 将处理情况通知始发站。

3. 如遇到退回始发站或变更目的地的货物时，在交付货物时，应注意如货运单上列明尚有需要收取的款项，应及时收取，切勿漏收。

二、非自愿变更运输

由于天气、机械故障、货物积压、禁运和航空公司的其他原因而改变已订妥的航班和运输路线，称为非自愿变更运输。

1. 变更运输的权利

（1）当货物还在填开货运单的承运人监管之下时，航空公司有权变更运输。

（2）因上述定义所列原因货物需要在中途变更运输时，只有货运单上所列在变更运输时的承运人才有权变更运输。

2. 采取的措施

非自愿变更运输时，航空公司应按照货物运输安全、迅速、可靠的原则，尽快将货物运至目的地，应采取下列措施：

（1）利用自己的其他航班将货物运至目的地；

（2）利用地面运输将货物运至目的地；

（3）将货物转交给其他承运人运至目的地。

3. 运杂费的处理

（1）在始发站，运杂费均退还托运人。

（2）在中途站：

①如托运人要求将货物运回始发站的，航空运费退还托运人，其他杂费不退；

②如托运人要求将货物续运（改用其他承运人或用其他运输方式）至原目的站时，运费多退少不补，杂费不退。

③如托运人要求变更目的站时，退回未使用航段的航空运费，另核收新航段的航空运费，杂费不退。

④在发生变更时始发站需要及时征求托运人的处理意见，并将托运人的处理意见反馈给中途站。

三、运费更改

在货物运输过程中，由于托运人的原因或由于承运人（或其代理人）工作差错，需要更改运费的具体数额或运费的付款方式时，应在发现后及时采取措施予以更改。

如托运人在办完托运手续后，要求将运费由预付改为到付，或由到付改为预付的处理。

（1）如货物尚未发运，应重新填开货运单，并分情况退回运费或补收运费。

（2）如货物已发运，可按下列规定办理：

①如该货是预订吨位，货运单上也已填列各承运人及航班日期，则应发电通知指定的承运人和目的站，要求在货运单上作相应的更改，并要求复电证实。

②如该货未预订吨位，货运单上也未填明承运人，则可直接通知货物目的站有关部门，要求在货运单上作相应的更改，并要求复电证实。

③如货物已被收货人提取，则应将情况告托运人，不予办理更改手续。

如因承运人（或其代理人）工作过失而造成运费多收、少收或错列付款方式（运费到付错为运费预付或反之）时，也应发电通知有关承运人和货物目的站有关部门，要求在货运单上作相应的更改，并要求复电证实。无论何种原因造成的差错，除应及时发电通知有关承运人和货物目的站有关部门要求更正并复电证实外，还必须填制“货物运费更改通知单（CCA）”一式若干份（视情况而定）送沿途有关部门，包括在货物目的站交付货物的空运企业和始发站的财务部门，同时应留一份附在货运单存根联后备查。

第三节　货物运输责任与赔偿

一、承运人的责任

根据《华沙公约》和《海牙议定书》，承运人从货物收运时起到交付时止，承担安全运输的责任。

（1）对于交运的货物因毁灭、遗失、损坏或延误而造成的损失，如果造成这种损失的事件是发生在航空运输期间，承运人应承担责任。

其中，货物运输期间，是指包括货物在承运人的保管期间，不论是在机场内、在航空器上或在机场外降落的任何地点。航空运输期间，不包括在机场外的任何陆运、海运或河运。但是，如果这种运输是为了装货、交货或转运以履行航空运输合同，除非有相反的证据，任何损失应该被推定是在航空运输期间发生的事件的结果。

(2) 承运人如果能够证明本人或者其受雇人、代理人为了避免损失的发生，已经采取一切可能合理要求的措施或者不可能采取此种措施的，则承运人不承担责任。

(3) 对下列原因造成的货物损失，承运人不承担责任：

①货物本身的自然属性、质量或者缺陷；

②承运人或者其受雇人、代理人以外的人包装货物的，货物包装不良；

③战争或者武装冲突；

④政府有关部门实施的与货物入境、出境或者过境有关的行为。

(4) 如果损失的发生是由于承运人的有意不良行为；或者由于承运人的过失，而根据受理案件的法院的法律，这种过失被认为相当于有意的不良行为，则承运人无权引用《华沙公约》关于免除或者限制承运人责任的规定。

同样，如果损失是在相同的情况下由承运人的代理人在执行其职务范围内所造成的，承运人也无权引用此种规定。

(5) 如果承运人证明损失是由于受害人的过失所造成或者促成的，法院可按照相关法律规定，全部免除或减轻承运人的责任。

二、托运人及收货人的责任

有下列情形之一，托运人、收货人应承担违约赔偿责任。

(1) 在运的货物内带、匿报危险物品。

(2) 错报货物品名、数量或违反运输包装标准的规定。

(3) 因托运人、收货人的故意和过失行为。

(4) 违反运输过程中有关国家的法律、政府规定、命令和与运输有关的其他规定。

(5) 由于托运人的过错，造成承运人或第三者的损失。

三、赔偿

索赔是指货物或邮件在承运人处理和控制期间，发生丢失、损坏、延误后，索赔人根据运输协议以书面形式向承运人索取经济赔偿的行为。

（一）索赔金额

按照《华沙公约》和《海牙议定书》的规定，承运人对普通货物赔偿的最高责任限额为每千克 17 特别提款权（17SDR）或其等值货币，不得超过此限额。值得注意的是：

（1）如果托运人已办理货物声明价值，并交付了声明价值附加费时，则承运人对货物所负责任以不超过所声明价值金额为限。

（2）运费的处理。对已使用航段的运费，不予退还，对未使用航段的运费应退还索赔人。

（二）索赔地点及时限

托运人、收货人或其代理人均可在货物的始发站、目的站，损失事故发生的经停站以书面或注写在运输凭证上向承运人（第一承运人或最后承运人或当事承运人）或其代理人提出索赔要求。

因货物损失或延误发生索赔，航空货运单上的托运人或收货人应在下列期限内以书面形式向承运人提出：

（1）货物损坏时，收货人应在发现损坏后立即提出，最迟应在收到货物后 14 天内提出；

（2）货物遇有延误时，最迟应于货物交付后 21 天内提出；

（3）货物遗失时，应在自货运单填开之日起 120 天内提出。

除承运人有欺诈行为外，索赔人未在上述期限内提出异议的，不能向承运人提出索赔诉讼。

（三）索赔所需文件

承运人收到索赔申请后，要求索赔人提供下列文件：

（1）正式索赔函两份（收货人/发货人向代理公司、代理公司向航空公司）；

（2）货运单正本或副本；

（3）损失证明（货物商业发票、装箱清单和其他必要资料）；

（4）货物舱单（航空公司复印）；

（5）货物运输事故鉴定书（货物损失的客观详细情况）；

（6）商检证明（货物损害后由商检等中介机构所做的鉴定报告）；

（7）不正常运输事故记录；

（8）来往电传等文件。

（四）索赔程序

1. 货物运输事故鉴定书

当航空公司地面代理人在卸货时发现货物破损，即由航空公司或航空公司地面代理人填写“货物运输事故鉴定书”作为货物不正常的证明。在填写鉴定书之前，收货人需要进一步确认内装物的受损程度，可以同航空公司的货运人员共同开箱检查，确认货物的具体受损程度。在开箱检查时，会出现两种情况：一是外包装破损，内装物完好；二是外包装破损，内装物破损。在第二种情况时，有可能出现由于货主没有按照航空货物包装的要求进行包装而导致的货物受损，这种情况就需要货主和承运人共同承担责任。鉴定书的描述须客观、精确，避免使用模糊性词语。鉴定书由航空公司的货运部门签完后，再由收货人签字。鉴定书一式两份，一份航空公司留存，一份由收货人留存，以便凭此货损证明后续进行索赔。

2. 索赔申请书

自发现货物发生问题后，一定要按照公约所规定的赔偿时限提出赔偿要求并向航空公司提出书面的索赔申请书。

3. 航空公司审核所有的资料和文件

航空公司受理并接受索赔，同时审核所有的资料和文件，进一步进行以下调查工作：

（1）如货物办理了保险，保险公司全额赔偿后，保险公司再向承运人提出，承运人视限额赔偿。

（2）事故调查，判明责任，确定赔偿金额。如货物遗失，查看来往电传；如货物破损、潮湿，查看记录是全部损坏还是部分损坏。

（3）了解相关各站是否收到索赔函，避免双重索赔。

（4）填写国际货物损失事故调查报告。

4. 填写国际航空货物索赔单

由航空公司填写航空货物索赔单，索赔人签字盖章并由航空公司上报审批，表明航空公司正式认可索赔的有关事项。

5. 货物索赔审批单

航空货物的索赔根据索赔货物的金额不同需要各级领导审批。

6. 责任解除协议书

在索赔人结算赔偿费用并由索赔人签署责任解除协议书，即放弃诉讼权及进一步的索赔权。

7. 赔偿金额确定

货物没有办理声明价值，承运人按照实际损失的价值进行赔偿，赔偿的最高限额为毛重每千克17个特别提款权；已向承运人办理货物声明价值并支付了声明价值附加费，则按声明价值赔偿。

货物的内损指货物的外包装完好，但货物本身破损了。对于此类货物的破损，如无确实的证据证明是由于承运人的过错造成的，则承运人不承担责任。但对于外包装破损或有盗窃痕迹，则承运人应负责赔偿。如货物的一部分或者货物中任何物件发生遗失、损坏或者延误，用以决定承运人责任限额的重量，仅为该件或者件数的总重量。如货物的一部分或者货物中任何货物发生遗失、损坏或者延误，以致影响同一份货运单所列的另一包装件或者其他包装件的价值时，在确定责任限额时，另一包装件的总重量也应当考虑在内。

8. 赔偿仲裁

关于赔偿如果协商不成，当事人可以向所在地地方法院提起诉讼。

9. 诉讼时效

自航空器到达目的地点之日、应当到达目的地点之日或者运输终止之日起两年内未提起诉讼的，丧失对损害赔偿的权利。

习题

一、简答题

1. 简述货物不正常运输的处理方法。
2. 无法交付的货物可根据托运人的处理意见进行哪些处理？
3. 简述哪些情况下造成的货物损失，承运人不承担责任。
4. 简述哪些情况下托运人、收货人应承担违约赔偿责任。

二、判断题

1. 无法交付的货物如托运人要求将货物毁弃，目的站可对货物折价处理，并将所收金额存入承运人账户。

2. 在托运人未提出处理办法时，无法交付的货物可直接无价向海关移交或在征得海关同意后将货物变卖，所得款项存入中国民航账户内。

3. 货物交运后和提取前，托运人有权对货运单上所列全部货物变更收货人或目的地。

4. 非自愿变更运输时，如托运人要求将货物运回始发站的，需将所有运费退还托运人。

附　　录

附录一　常见的机型代码

以下几个代码用来更详细地描述飞机，或说明其运输类型：

A－水陆两用飞机/水上飞机

J－喷气式飞机

S－水陆运输

H－直升机

P－螺旋桨飞机

T－螺旋桨式喷气飞机

常见飞机类型及代码

飞机类型	机型中文名	机型 ICAO 代码	机型 IATA 代码
A300	空客－300 型（货机）	A300	AB3
A310	空客－310 型	A310	310
A319	空客－319 型	A319	319
A320	空客－320 型	A320	320
A321	空客－321 型	A321	321
A330	空客－330 型	A330	330
A330－300	空客－330－300 型	A333	333
A340－300	空客－340－300 型	A343	343
AN－12	安－12	AN12	ANF
AN－24	安－24	AN24	AN4
AN－26	安－26	AN26	AN6
B707－320B	波音 707	B707	707
B707－320C	波音 707	B707	707
B727	波音 727	B727	727
B737－200	波音 737－200	B732	732
B737－300	波音 737－300	B733	733
B737－600	波音 737－600	B736	736
B737－700	波音 737－700	B737	737
B737－800	波音 737－800	B738	738
B747－200C	波音 747－200C	B742	74M
B747－200F	波音 747－200F	B742	74F
B747－400C	波音 747－400C	B744	74E

续表

飞机类型	机型中文名	机型 ICAO 代码	机型 IATA 代码
B747－400P	波音 747－400P	B744	744
B747－400Y	波音 747－400 货	B744	74Y
B747－SP	波音 747－SP	B744S	74L
B757－200	波音 757－200	B752	752
B757－300	波音 757－300	B753	753
B767－200ER	波音 767－200ER	B762	762
B767－300	波音 767－300	B763	763
B777－200	波音 777－200	B772	772
B777－300	波音 777－300	B773	773
BAE－146	BAE－146	BA46	146
C－130	C－130	C130	LOH
CRJ	CRJ－200LR	CL65	CRJ
CRJ200	湾流 2	CRJ2	CR2
DC10	DC－10	DC10	D10
DC9	DC－9	DC9	DC9
DHC－8	冲－8	DHC8	DH8
FOKKER－100	福克－100	F100	100
GLF4	湾流 4	GLF4	GRJ
IL－14	伊尔－14	IL14	IL4
IL－18	伊尔－18	IL18	IL8
IL－62	伊尔－62	IL62	IL6
IL－76	伊尔－76	IL76	IL7
IL－86	伊尔－86	IL86	ILW
L1011	大力神	1011	L10
LR45	里尔 45	LR45	L45
MD－11	麦道－11	MD11	M11
MD－80	麦道－80	MD80	M80
MD－82	麦道－82	MD82	M82
MD－90	麦道－90	MD90	M90
SAAB340	萨伯－340	SAAB	SF3
SHORTS360	肖特－360	S360	SH6
TU－134	图－134	T134	TU3
TU－154	图－154	T154	TU5
Y－11	运－11	Y－11	Y11
Y－12	运－12	Y－12	Y12
Y－7	运－7	Y－7	YN7
Y－8	运－8	Y－8	YN8
YK－42	雅克－42	YK42	YK2

附录二 常见的航空集装器类型

1. 普货集装箱

用于载运一般货物、行李和邮件，常见的有以下几种。

（1）AKE 集装箱

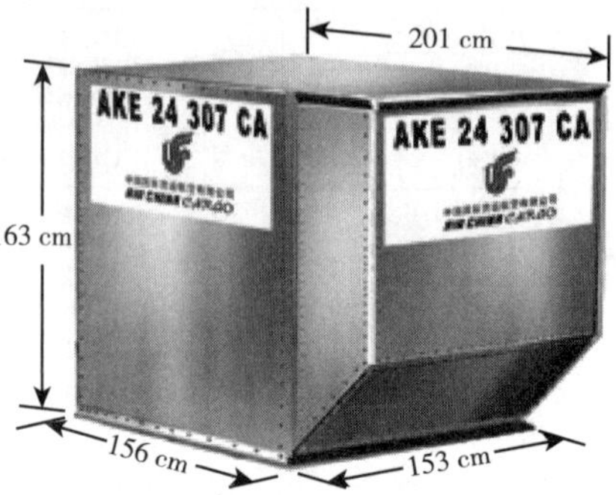

IATA 代码：LD3

规格尺寸：156 cm × 153 cm × 163 cm

可用容积：4.3 m^3

净重：73 kg【布门】/100 kg【金属门】

最大毛重：1588 kg

适用机型：B747、B747F、B747Combi、B767、B777、A330、A340 等机型下货舱

（2）DPE 集装箱

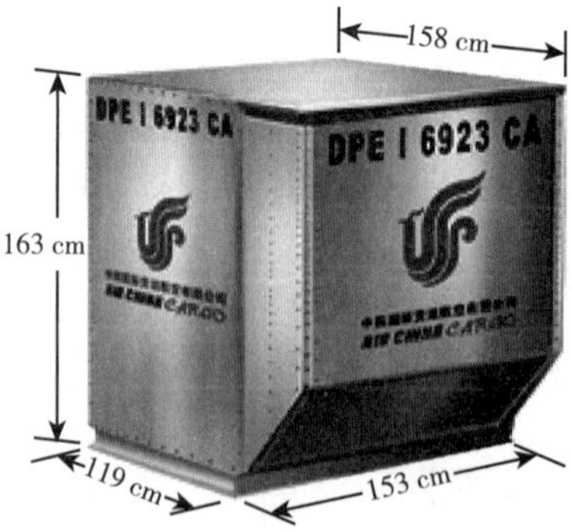

IATA 代码：LD2

规格尺寸：119 cm × 153 cm × 163 cm

可用容积：3.4 m^3

净重：100 kg

最大毛重：1225 kg

适用机型：B767 下货舱，B747、B777 下货舱有条件装载

（3）ALF 集装箱

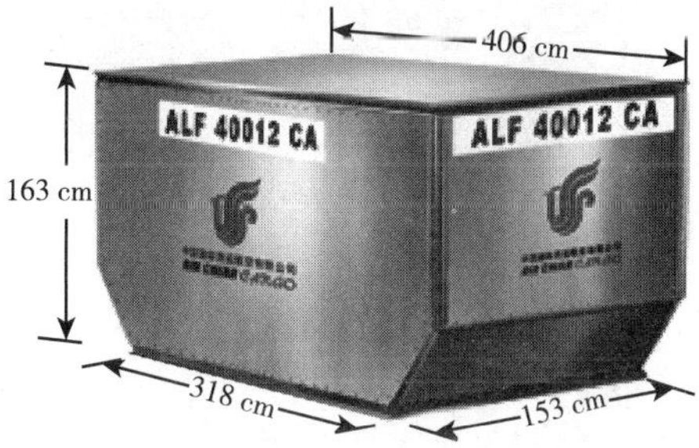

IATA 代码：LD6

规格尺寸：318 cm × 153 cm × 163 cm

可用容积：8.9 m^3

净重：160 kg

最大毛重：3175 kg

适用机型：B747、B747F、B747Combi、B777、A330、A340 等机型下货舱

（4）AMP 集装箱

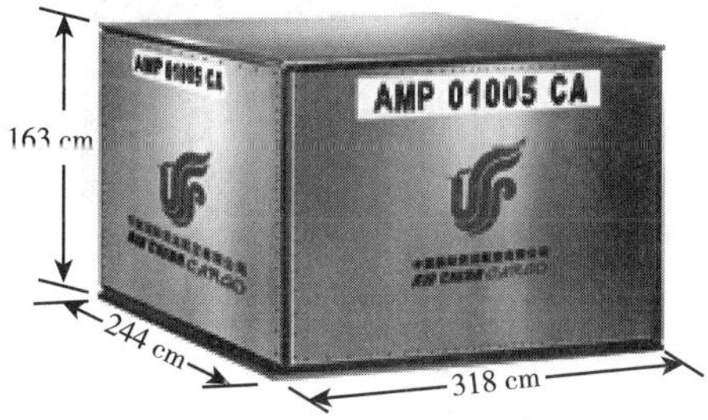

IATA 代码：AM

规格尺寸：318 cm × 224 cm × 163 cm

可用容积：11.5 m^3

净重：200 kg

最大毛重：6804 kg

适用机型：B747、B747F、B747Combi、B767、B777、A330、A340 等机型下货舱

B747F、B747Combi 主货舱

（5）DQF 集装箱

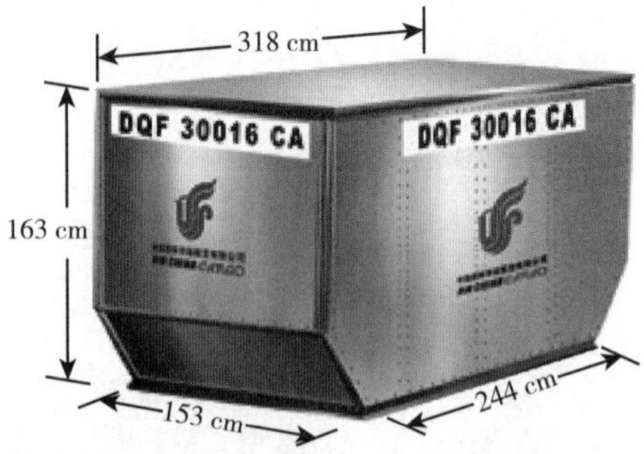

IATA 代码：LD8

规格尺寸：244 cm × 153 cm × 163 cm

可用容积：7.2 m^3

净重：125 kg

最大毛重：2449 kg

适用机型：B767 下货舱

（6）AMA 集装箱

IATA 代码：AM

规格尺寸：318 cm × 244 cm × 244 cm

可用容积：17.5 m^3

净重：379 kg

最大毛重：6804 kg

适用机型：B747F、B747Combi 主货舱

2. 冷藏集装箱

主要运送鲜活易腐物品，如水果、蔬菜、海鲜等。这类集装箱内部设有干冰箱恒温。

（1）冷藏集装箱－RKN－LD3

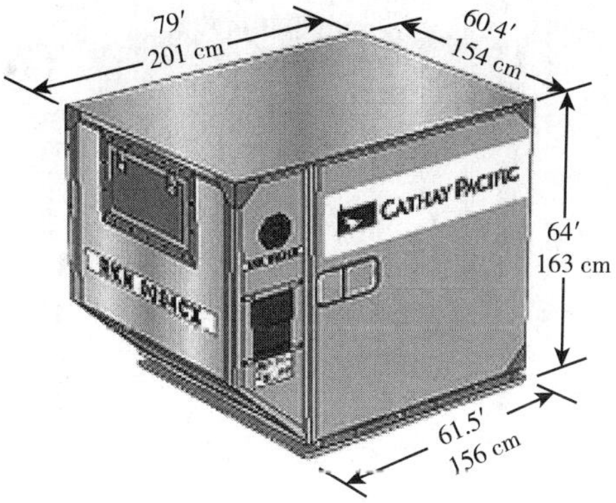

集装箱类型：RKN Container

ATA 代码：LD3

集装箱容量：3.55 m^3

集装箱重量：190 kg

集装箱最高可容重量（包括集装箱重量）：1588 kg

集装箱适载机型：747、747F、777、Airbus

（2）冷藏集装箱－RAP－LD9

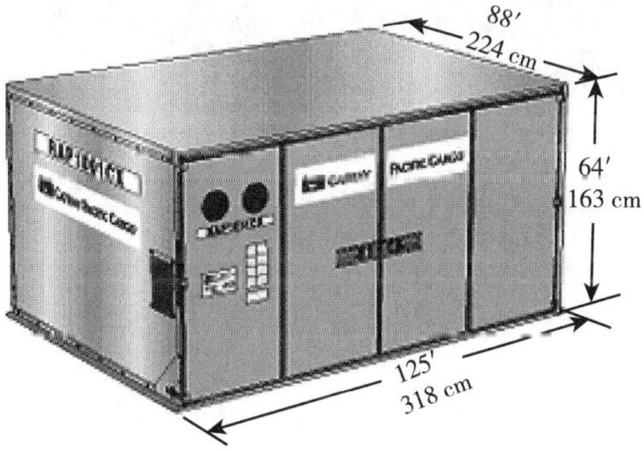

集装箱类型：RAP Container

ATA 代码：LD9

集装箱容量：9.2 m^3

集装箱重量：330 kg

集装箱最高可容重量（包括集装箱重量）：4626 kg

集装箱适载机型：747、747F、777、Airbus

3. 集装板

集装板是一块平面的铝板，货件放置在板上，由绳网固定。分类 PGA、PMC、PQP、P6P、PEB、P1P、PAG、PLA。

（1）集装板 – PEB

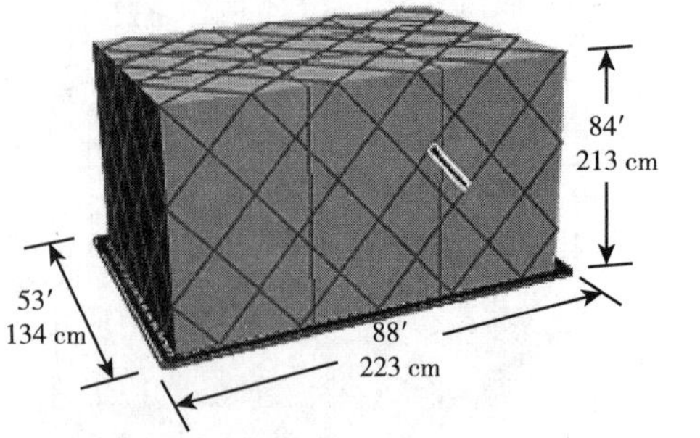

集装板类型：PEB Pallet

集装板尺寸：Base：53 ×58 Height：84

集装板重量：55 kg

集装板最高可容重量（包括集装板重量）：1800 kg（B – HIH – 1300 kg）

集装箱适载机型：747F

（2）集装板 – PGA

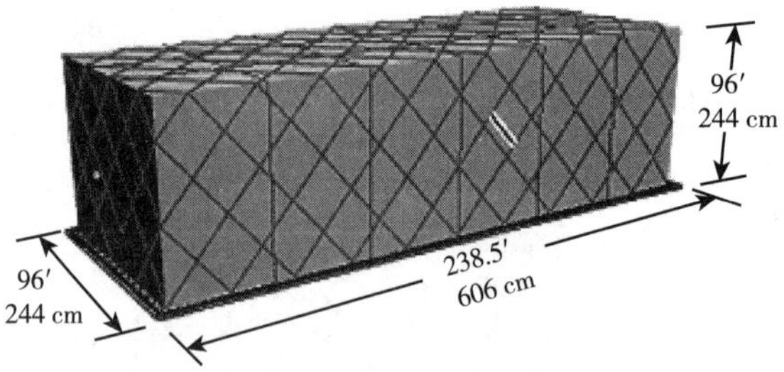

集装板类型：PGA Pallet

集装板尺寸：Base：96 ×238. 5 Height：96（Q6 Contour），118（Q7 Contour）

集装板重量：480 kg

集装板最高可容重量（包括集装板重量）：11340 kg

集装箱适载机型：747F

（3）集装板 – PLA

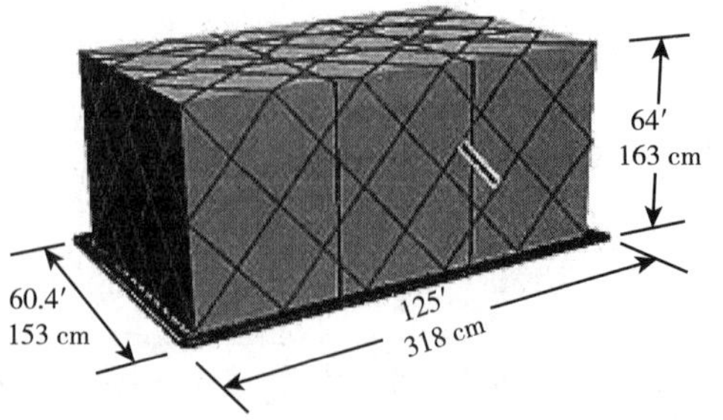

集装板类型：PLA Pallet

集装板尺寸：Base：60.4×125 Height：64

集装板重量：103 kg

集装板最高可容重量（包括集装板重量）：3175 kg

集装箱适载机型：747、747F、777、Airbus

（4）集装板－P1P、PAG

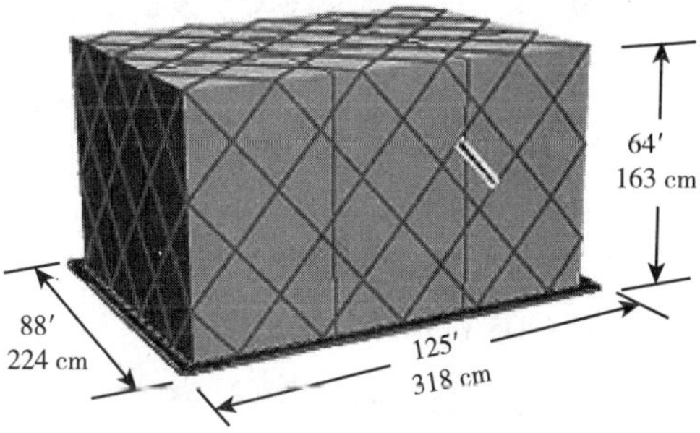

集装板类型：P1P、PLA Pallet

集装板尺寸：Base：88×125 Height：64（Passenger flight），96（Q6 Contour），118（Q7 Contour）

集装板重量：105 kg

集装板最高可容重量（包括集装板重量）：4626 kg（LD），6033 kg（MD）

集装箱适载机型：747、747F、777、Airbus

（5）集装板－PMC、PQP、P6P

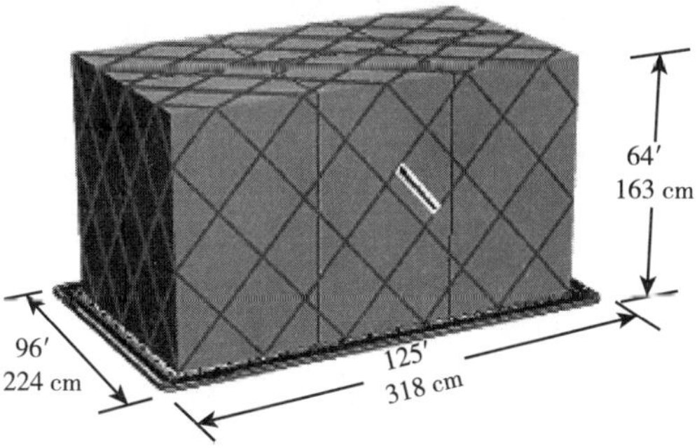

集装板类型：PMC、PQP、P6P Pallet

集装板尺寸：Base：96×125 Height：64（Passenger flight），96（Q6 Contour），118（Q7 Contour）

集装板重量：105 kg

集装板最高可容重量（包括集装板重量）：5035 kg（LD），6804 kg（MD）

集装箱适载机型：747、747F、777、Airbus

4. 车架

车架放置在 PGA 集装板，使两辆车可以相叠放置。

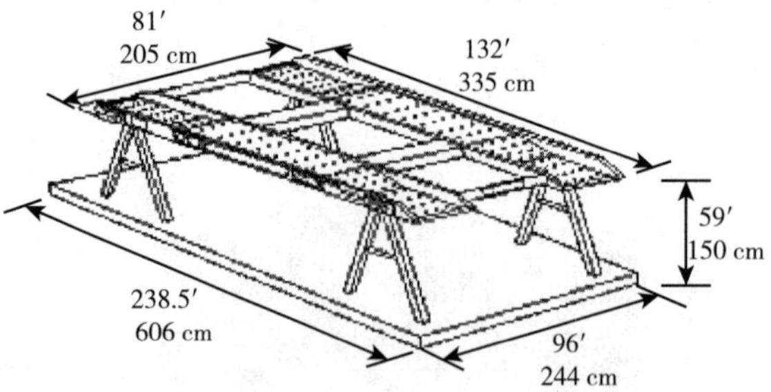

尺寸：适用于 PAG20 呎的集装板

下层车辆的最大宽度：81/205 cm

下层车辆的最大中心高度：59/150 cm

最大轮距：312 cm

载具重量：319 kg（2 支架 139 kg，平台 180 kg）

最高可容重量（包括载具重量）：2500 kg（上层车辆），9300 kg（最高总重量）

适载机型：747F 主货舱

附录三　常见机型货舱数据

机型	舱门尺寸 cm（宽×高）		最大装载量（散货仓容积 m^3）	地板承受力（kg/m^2）	危险品装载	可装动物舱位
B737－200	前下货舱 122×89		10.48 m^3/2491 kg	732	1～9 类 不含 CAO	可以
	后下货舱 122×122		14.31 m^3/2921 kg	732		可以
B737－300	前下货舱 121×88		12.0 m^3/2269 kg	732	1～9 类 不含 CAO	可以
	后下货舱 117×88		18.2 m^3/3462 kg	732		可以
B737－800	前下货舱 122×89		19.6 m^3/3558 kg	732	1～9 类 不含 CAO	可以
	后下货舱 122×84		25.5 m^3/4850 kg	732		可以
B747－200F	主货舱	鼻门 264×249	29PAP/PMC	1952	1～9 类	可以
		侧门 340×305				
	前下货舱侧门 264×168		5PAP/PMC 或 16LD3	976		不可以[1]
	后下货舱侧门 264×168		4PMC 或 4PAG＋2LD3	976		可以
	散装舱侧门 119×112		15.8 m^3/6749 kg	732		可以
B747－400	前下货舱 280×168		5PMC/PAG；26489 m^3	976	1～9 类 不含 CAO	不可以[1]
	后下货舱 280×168		4PMC＋2LD3 或 4PAG＋4LD3；26081 kg	976		可以
	散装舱 112×119		4408 kg	732		可以
B747－400F/400ERF	主货舱	鼻门 264×249	30/29PAP/PMC 或 12PGE＋6PMC/PAG；738 m^3	1952	1～9 类[2]	可以
		侧门 340×305				
	前下货舱侧门 280×168		5PMC/PAG；100 m^3	976		不可以[1]
	后下货舱侧门 280×168		4PMC＋2LD3 或 4PAG＋4LD3；93.4 m^3	976		可以
	散装舱侧门 119×112		15 m^3/6749 kg	732		可以
B747－400COMBI	主货舱侧门 340×305		7PMC/PAG	1952	1～9 类	可以[3]
	前下货舱侧门 280×168		5PAP/PMC	976		不可以[1]
	后下货舱侧门 280×168		4PMC＋2LD3；或 4PAG＋4LD3	976		可以
	散装舱侧门 119×112		12.3 m^3/4408 kg	732		可以
B747－SP	前下货舱 264×168		3PAG 或 10LD3	976	1～9 类 不含 CAO	不可以[1]
	后下货舱 264×168		3PMC/PAG；或 2PMC＋2LD3	976		可以
	散装舱（无门）		9.6 m^3/2694 kg	732		可以
B757－200/200ER	前下货舱侧门 140×107		21.6 m^3/4672 kg	976	1～9 类 不含 CAO	不可以[1]
	后下货舱前门 140×112		24.7 m^3/7393 kg	976		不可以[1]
	后下货舱尾门 122×81		24.7 m^3/7393 kg	732		不可以[1]

续表

机型	舱门尺寸 cm（宽×高）	最大装载量（散货仓容积 m^3）	地板承受力（kg/m^2）	危险品装载	可装动物舱位
B767－200/200ER	前下货舱 340×175	3PMC/PAG 或 12LD2；40.8 m^3/9797 kg	976	1～9 类不含 CAO	不可以[1]
	后下货舱 187×175	10LD2；34 m^3/8165 kg	976		可以
	散装舱 119×97	12.2 m^3/2926 kg	732		可以
B767－300/300ER	前下货舱 340×175	4PMC/PAG 或 16LD2；54.4 m^3/19595 kg	976	1～9 类不含 CAO	不可以[1]
	后下货舱 187×175	14LD2；47.6 m^3/13090 kg	976		可以
	散装舱 119×97	12.2 m^3/2926 kg	732		可以
B777－200/200ER	前下货舱 270×170	18LD3 或 6PMC/PAG；30617 kg	976	1～9 类不含 CAO	不可以[1]
	后下货舱 270×170	14LD3 或 4PMC/PAG；22226 kg	976		可以
	散装舱 97×119	17.0 m^3/4082 kg	732		可以
A300－600F	主货舱 358×259	20PMC 或 21PAG；330 m^3	1050	1～9 类	可以
	前下货舱 270×178	51 m^3/18500 kg	1050		可以
	后下货舱 181×175	40 m^3/12180 kg	1050		不可以
	散装舱 95×95	12 m^3/2770 kg	732		可以
A310－200	前下货舱 270×170	3PAG/PMC；38 m^3	1050	1～9 类不含 CAO	可以
	后下货舱 181×168	6LD3；24 m^3	1050		不可以
	散装舱 95×63	12 m^3/2770 kg	732		可以
A320	前下货舱 181×122	13.3 m^3/3402 kg	732	1～9 类不含 CAO	不可以
	后下货舱 181×121	18.3 m^3/4536 kg	732		可以
	散装舱 95×76	5.9 m^3/1497 kg	732		可以
A330－200	前下货舱 273×168	63 m^3/18870 kg	1050	1～9 类不含 CAO	可以
	后下货舱 273×168	51 m^3/15240 kg	1050		不可以
	散装舱 95×95	19.7 m^3/3465 kg	732		可以
A330－200F	主货舱 340×249	22PMC 或 23PAG；415 m^3	1050	1～9 类	可以
	前下货舱 273×168	4PMC/PAG＋2LD3 或 14LD3；64 m^3	1050		不可以
	后下货舱 273×168	4PMC/PAG 或 12LD3；51 m^3	1050		可以
	散装舱 95×95	3465 kg（19.7 m^3）	732		可以
A330－300	前下货舱 273×168	76 m^3/22861 kg	1050	1～9 类不含 CAO	可以
	后下货舱 273×168	64 m^3/18507 kg	1050		不可以
	散装舱 95×95	19.7 m^3/3465 kg	732		可以
A321	前下货舱 181×123	5670 kg（25.4 m^3）	732	1～9 类不含 CAO	可以
	后下货舱 181×123	5670 kg（25.1 m^3）	732		不可以
	散装舱 94×86	1497 kg（7.5 m^3）	732		不可以

续表

机型	舱门尺寸 cm（宽×高）	最大装载量（散货仓容积 m^3）	地板承受力（kg/m^2）	危险品装载	可装动物舱位
A380-800	前下货舱 252×175	20LD3 或 7PMC/PAG；89 m^3	1050	1~9 类不含 CAO	可以
	后下货舱 252×175	16LD3 或 6PMC/PAG；76 m^3	1050		不可以
	散装舱 110×99	14.3 m^3	732		可以
DC10-30	前下货舱 264×168	5PAG 或 16LD3；72.5 m^3	732	1~9 类不含 CAO	不可以
	后下货舱 178×168	8LD3 或 36.2 m^3	732		不可以
	散装舱 76×122	22.8 m^3/5760 kg	732		可以
MD-11F	主货舱 356×259	26PMC/PMC；599.3 m^3	1500	1~9 类	可以
	前下货舱 264×168	18LD3 或 6PMC/PAG；80.52 m^3	732		可以
	后下货舱 264×168	14LD3 或 4PMC/PAG；62.58 m^3	732		不可以
	散装舱门 76×91	14.4 m^3/3402 kg	732		不可以
	后货舱门 141×75	1.6 m^3			

注：①货舱内没有通风系统，只允许装载少量依靠外界供氧的活体动物，可装载自带氧气的冷血动物、水产品等。

②仅限货机的可装危险品种类中，只有 6、7、9 中Ⅲ级包装且无次要危险性的是装在全货机的下货舱内运输。

③不允许装载有不良气味和发出叫声的活体动物。

附录四　航空货物组装单

货物组装单

CARGO BUILD – UP SHEET

始发站：　　　　到达站：　　　　日期：　　　　航班号：

DEP.：__________ ARR：__________ DATE：________ FLT NO：________________

货运单号 AWB NO.	件数 PC.	重量 WT.	容器号 ULD ID	备注 REMARKS
合计 TOTAL				

我在此声明：

上述包括集装板、集装箱与拖斗在内的集装器已进行适航性检查、没有发现破损、破坏或遗失部件等不适航现象，均处于适航状态。

I declare that hereby：The above unit load devices including pallets and containers have passed the airworthiness inspection and are all airworthy. No unairworthy condition such as damage or part – loss of ULD are detected.

上述包括危险品在内的所有货物均已正确装载，件数准确，并且包装件完好，无任何破损、泄漏和渗漏的迹象，货物确保固定装载，不会在飞行中因移动导致方向改变或污染损坏其他物品。

I certify that all above mentioned shipments including dangerous goods are in correct pieces, without evidence of damaged or leakage on any piece, and are properly loaded and secured as requird to prevent any movement in flight that would change the orientation or damage any package.

注：破损和发生泄漏的货物必须从飞机上或集装器上卸下并安全处置。发生泄漏时，必须保证该交运货物的其余部分状况良好并符合航空运输要求，并保证其他包装件未受污染。

Note：Damaged and leaking Cargo must be removed from the aircraft and/or ULD and safe disposal arranged. In the case of leakage, verification is required to ensure that the remainder of the consignment is in a proper condition for transport by air and that no other package has been contaminated.

组装人 LOADING SUPERVISOR：______________________________

附录五　活体动物运输托运人证明

活体动物运输托运人证明样式（正面）

活体动物托运人证明

SHIPPER'S CERTIFICATION FOR LIVE ANIMALS

货运单号码： Air Waybill No.：	始发站： Airport of Departure：	目的站： Airport of Destination：

此证明书用以证明（在合适的空格内划√）This is to certify that（check appropriate box）：

☐ 除做好所有的预先安排外，该货物已正确描述和包装，且符合现行的国际航协《活体动物运输规则》的规定，符合适用的承运人的要求及国家的有关法规。该动物健康状况良好，适于航空运输。In addition to having completed all advance arrangements，this consignment is properly described and packed，and is in proper condition for carriage by air according to the current edition of the IATA Live Animals Regulations and all applicable carrier and governmental regulations. The animal（s）of this consignment is（are）in good health and condition.

☐ 从野外捕获的动物已为运输进行了适当的驯化。
Animals taken from the wild for shipment have been appropriately acclimatized.

☐ 该票货物含有受濒危野生动植物物种国际贸易公约（CITES）保护的物种，适用的许可/证明书附在货运单后。This consignment includes species as described in the Convention on International Trade in Endangered Species of Wild Fauna and Flora（CITES）. Applicable permits/certificates are attached to the air waybill.

☐ 该票货物含有受其他适用国家法律保护的物种。
This consignment includes species as described in other applicable national legislation.

☐ 该票货物中含有的爬行类与两栖类动物均健康，已预先检查，并无明显伤害与易于识别的疾病。亦无外部寄生虫，包括在正常照明条件下容易发现的螨虫、扁虱与水蛭。In the case of reptiles and amphibians，the animals contained in this shipment are healthy and they have been examined prior to shipment and are free of any apparent injury and readily recognizable diseases. They are also free of external parasitic infestation，including mites，ticks and leeches，that can readily be seen under normal lighting conditions.

托运人同意接受下列条款：

①由于自然原因造成的动物死亡或由于动物本身的或与其他动物间的相互行为，如：咬、踢、角抵、牙刺或窒息而造成的动物死亡或受伤以及由此产生的一切费用，承运人不承担责任。The shipper accepts that carriers will not be liable for any loss，damage or expense arising from death due to natural causes，or death or injury of any animal caused by the conduct or acts of the live animal itself or of other animals，such as biting，kicking，goring or smothering，nor for that caused or contributed to by the conditions，nature or propensities of the animals.

②由于动物自身原因或其行为而造成动物押运人员的死亡或伤害，承运人不承担任何责任。In no event will carrier be liable for death or injury to an animal attendant caused or contributed to by the condition，conduct or acts of animals.

Number of Package（s） 包装件数	Specific Container Requirement Number（see IATA Live Animals Regulations） 包装容器要求编号 （见 IATA 活体动物运输规则）	Species（description and names – scientific and common）and Quantity of Animals 动物的种类（学名、普通名称）及数量

续表

Name and address of shipper ______ 托运人姓名及地址______ Signature of shipper: 托运人签名______ Date 日期______ Year/Month/Day 年/月/日 (See reverse side for special conditions 请参阅背面托运人责任)	Shippers failure to comply in all respects with the applicable IATA Live Animals Regulations and any other international and/or national government regulations, may be in breach of applicable law and subject to legal penalties. (Refer to Chapter 1, Section 1.2.) 托运人如果违反了国际航协《活体动物运输规则》的有关规定与国际和/或国内政府有关法令而触犯法律，将承担相应的法律责任。（参阅第1章，1.2节）

活体动物托运人证明样式（背面）

托运人责任

SHIPPER'S RESPONSIBILITES

托运人指南载于IATA《活体动物运输规则》的第一章、第七章、第八章、第九章、第十章和第十一章。在准备空运而将活体动物装箱前，托运人必须确保：

Instructions for the shippers are given in Chapters 1, 7, 8, 9, 10 and 11 of the IATA Live Animals Regulations. Before any package containing live animals is tendered for transport by air, the shipper must ensure that:

☆ 待运的动物，不是有关政府禁止运输的；

The animals being tendered for transportation are not prohibited bygovernments;

☆ 待运的动物附有所有必要的文件，如出口、进口和/或中转的健康证明书、许可证、证明等；

All the required export, import, and/or transit health certificates, licenses or permits, etc. are accompanying the shipment;

☆ IATA 活体动物托运人证明书已正确填妥，一式两份；

The IATA Shipper's Certification for Live Animals has been properly completed in duplicate;

☆ 怀孕动物，如果没有具备相当资格的兽医开具的动物在整个航程中没有分娩风险的证明书，不得运输；（注：不收运怀孕的猴类、带有幼仔的哺乳雌性及未断乳的动物）

Pregnant animals must not be tendered for transportation without official veterinary certificate certifying that the animals are fit to travel and that there is no risk of birth occurring during the entire journey; (*Note*: Pregnant monkeys, nursing females with sucking young and unweaned animals are not accepted for air transport.)

☆ 在飞机起飞前48小时之内分娩过的动物，不能运输；

No animals are to be tendered for transportation having given birth in the last 48 hours before the start of the journey;

☆ 动物运输准备已经完成（详细信息见具体包装容器要求）；

The animals have been properly prepared for transportation (see specific container requirements for further information);

☆ 没有兽医的许可、监督，不得对动物使用镇静剂；

The animal is not tranquilised without veterinary approval and supervision;

☆ 收货人已收到有关航班的详细资料，以便能在动物到达时，立即安排动物的接收；The consignee has been advised of the flight details in order to arrange immediate collection on arrival;

☆ 航空货运单上必须写有24小时供联络用的电话号码，在发生紧急情况时，承运人可从托运人或其代理人处得到指示。

A 24 – hour phone number that the air carrier can obtain instruction from the shipper or his agent in the event of an emergency, and such information is written on the Air Waybill.

☆ 托运人确保了解承运人的规章并按其要求运输动物。

It must be assured that the shipper has understood the carrier's regulations and consigned animals accordingly.

附录六 活体动物运输收运检查单

IATA LIVE ANIMALS ACCEPTANCE CHECK LIST

Air Waybill No.: ____________ **Origin:** ____________ **Destination:** ____________

Note 1: *Prepare form in duplicate.*
Note 2: *If goods are rejected, hand the original of this form to the Duty Officer and show the shipper's and agent's name below.*
Note 3: *Never reject a shipment until all items have been checked.*
Note 4: *If goods are accepted, attach the original of this form to the air waybill. The duplicate must be placed on the appropriate file.*
Note 5: *Answer "not applicable" only where an "N/A" box is provided.*
Note 6: *If any question is answered "NO", do not accept the shipment and give the duplicate copy of this form back to the shipper or agent together with the consignment.*

General Acceptance

	YES	NO*	N/A
1. Have advance arrangements/bookings been made with all the carrier(s) participating in the carriage of the live animals?	☐	☐	
2. When laboratory animals, such as monkeys, which may carry diseases communicable to humans are being shipped, has the carrier(s) been advised in order to make the necessary arrangements?	☐	☐	☐
3. Have advance arrangements been made at the airport of destination, i.e. for quarantine and delivery?	☐	☐	
4. In the event of attendants accompanying the animal(s), have advance arrangements been made with all the carriers concerned?	☐	☐	☐
5. Does the shipment comply with current regulations in force at transit stations?	☐	☐	
6. Where applicable, have carrier/governmental exceptions been complied with?	☐	☐	☐
Air Waybill			
7. Are the live animals the only entries on the air waybill?	☐	☐	
8. Are all the flight numbers for which bookings are held for the entire routing indicated?	☐	☐	
9. Is the 24 hour emergency telephone number shown in the "Handling Information" box?	☐	☐	
10. Is the quantity of animals in the consignment, as well as their common names, which must as far as possible correspond with that listed in the IATA Live Animals Regulations, shown in the "Nature and quantity of goods" box?	☐	☐	☐
11. Are all relevant permits, including CITES where necessary, licences and certificates required for export, transhipment and import, securely attached to the air waybill and copies of those required affixed to the container?	☐	☐	☐
Shipper's Certificate			
12. Is it completed in full and in duplicate?	☐	☐	
13. Does the description and quantity of animals agree with the information on the air waybill?	☐	☐	
14. Is it signed by the shipper or his authorised agent? (Check that this is not an IATA cargo agent, consolidator, forwarder or indirect carrier.):	☐	☐	
Container			
15. Does it comply with the specific container requirement(s) as detailed in the IATA Live Animals Regulations?			
(a) Is the size suitable for the particular type of animal?	☐	☐	
(b) Does it provide for sufficient ventilation?	☐	☐	
(c) Is the construction adequate?	☐	☐	
(d) Does it contain adequate handholds/lifting devices to facilitate handling and to prevent the handler from coming into close proximity of the animal(s).	☐	☐	
(e) Is it leak and escape proof?	☐	☐	
(f) Is the container clean?	☐	☐	
(g) Does it contain sufficient absorbent material? (Check that this is not straw, as some countries prohibit the importation of straw.)	☐	☐	
(h) Does the container have suitable feeding/watering facilities?	☐	☐	☐
Labelling and Marking			
16. Is the consignee's name, street and city address as per air waybill, and a 24 hour contact phone number shown on each container?	☐	☐	
17. Is the correct number of "Live Animals" and "This Way Up" labels attached to each container?	☐	☐	
18. Has each "Live Animals" label been completed, i.e. reflecting the correct contents?	☐	☐	
19. For live animals which can inflict a poisonous bite or sting, is the container marked in bold letters "POISONOUS"?	☐	☐	☐
20. For Specific Pathogen Free (SPF) animals for laboratory use, are "Laboratory Animals" and "This Way Up" labels attached to each container?	☐	☐	☐

IATA LIVE ANIMALS ACCEPTANCE CHECK LIST

	YES	NO*	N/A
21. When the animal has been tranquillised have details been affixed to the container, i.e. time given, type of sedation, dosage and estimated duration?	☐	☐	☐
Feeding and Watering			
22. If it is required that the animal(s) must be fed/watered en route, have arrangements been made by the shipper/carrier with the other carriers/personnel downline?	☐	☐	☐
23. Are the feeding instruction affixed to the container and are supplies (if required) attached to the outer top side of the container?	☐	☐	☐
24. Food or bedding (if provided) for the animal(s) is in accordance with the regulations of the country(ies) of transit or importation?	☐	☐	☐

Comments:

CHECKED BY:
NAME (BLOCK LETTERS)

Place: SIGNATURE:

Date: AT (STATION):

Time: SHIPPER/AGENT:

***IF ANY QUESTION IS ANSWERED WITH A "NO", DO NOT ACCEPT THE SHIPMENT AND GIVE THE DUPLICATE COPY OF THIS FORM BACK TO THE SHIPPER OR AGENT TOGETHER WITH THE CONSIGNMENT.**

参考文献

［1］国际航协．航空货物运价（The Air Cargo Tariff）．Rules：72，Rates：186.

［2］Air China Cargo. 中国国际货运航空［EB/OL］．http：//www. airchinacargo. com，2023－6－30.

［3］国际航协．2024 年全球航空客运量有望复苏［EB/OL］．https：//www. iata. org/contentassets/0276e81943f34f12b515bf84eb42b60b/2022－03－01－01－cn. pdf，2022－3－1.

［4］中国南方航空．货物运输手册．2017.

［5］曹允春，赵柯焱，于靖波，张文杰．航空货运市场发展与展望［J］．综合运输，2023，45（01）：143－149.

［6］肖瑞萍．国际航空货物运输［M］．北京：科学出版社，2016.

［7］中国国际货运代理协会．国际航空货运代理理论与实务［M］．北京：中国商务出版社，2020.

［8］陈文玲．民航货物运输［M］．北京：中国民航出版社，2010.

［9］顾丽亚．国际货运代理与报关实务（第 3 版）［M］．北京：电子工业出版社，2012.